陸奥安倍氏累代の古文書が語る

逆説　前九年合戦史

プロローグ

平成29年8月8日、迷走する台風5号が四国沖をゆっくりと北上する中、私は福岡空港発、日本航空3523便で花巻空港に向け出立しました。

およそ、2時間後に降り立つであろう奥州の大地が、私をどのように迎え入れてくれるのか。また、安倍宗任《あべのむねとう》の末裔で、「豊後安倍氏の伝承」著者でもある某氏《ぼうし》にどれほどの関心が寄せられるものなのか。

厨川《くりやがわ》陥落から九百五十年という歴史の重みを如何に伝えるべきかなど、掴みどころのない不安を抱きながらも、先祖の地である奥州の大地に募る思いを感じていました。

そのおよそ十日ほど前の事、夏草の刈込みから帰宅するなり

「お父さん、岩手の方《かた》から電話があったわよ」と、娘に言われ、

「誰だろうね、もしかして本の注文かな?」と答えながら、娘から渡されたメモを見たところ

「岩手県歴史研究会、細矢様、TEL019…」とあり、歴史研究会ということは本の内容に関するお問い合わせかな、と思いつつダイヤルを回しました。

受話器の向こうから聞こえてきた声はとても優しく、お心遣いの伝わるもので、拙著に対する関心と盛岡での講演の依頼でした。

二つ返事でお引き受けしたものの、講演の経験など一度もない私です。

急に不安が込み上げてきて、お断りすべきかなと弱気になってしまいました。

しかし、ここで盛岡へ行かなければと、私を強く突き動かしたのは、大分の安倍一族に守り継がれた次の伝承を、岩手の皆様にお話ししなければならないという思いでした。

一つ目は、奥州安倍氏の出自が、正三位大納言《しょうさんみだいなごん》、安倍安仁《あべのやすひと》の系譜とある事。

二つ目は、貞任《さだとう》には松若丸《まつわかまる》という忘れ形見がいた事。

三つ目は、前九年合戦において厨川《くりやがわ》の柵《さく》が陥落した日が十一月九日である事。

四つ目は、宗任《むねとう》が源義家《みなもとのよしいえ》に請われて奥州に帰り、後三年合戦に参戦した事。

この四つの伝承をお話し出来たなら、近い将来において歴史が塗り替えられるかも知れません。

そんなことを考えていたところ、思いがけない方からの電話が鳴ったのです。

電話の主は、岩手県金ヶ崎町《かねがさきちょう》在住で、国指定史跡、鳥海《とのみ》の柵の地主でもある小野寺恵喜氏で、拙著の購入希望のお電話でした。

「私ごとで恐縮ですが、今月の八日から盛岡に伺い、十一日に講演をする予定です」とお話しすると、

「金ヶ崎でも九日に、安倍氏の関連文化財保存協議会の設立総会が開かれる予定です」とのこと。

話が進むうちに、どちらからということもなく、私がその会に出席させていただく方向で話が纏《まと》まり、「とはいっても、盛岡の歴史研究会様がどうお考えになるか、そもそも八日からの日程も細矢様で組まれているようですから」と申すや否や、

「私から細矢さんに電話を掛けてみます。電話番号を教えてください」と、小野寺さんから申し出があり、いつの間にか八日、九日は金ヶ崎、十日、十一日、十二日を盛岡で、との行動日程

が組まれたのでした。

もちろん、岩手県歴史研究会の会長や細矢さんのご理解があっての事でした。

この偶然にしては希ともいうべき、お二人との出会いが、前九年の合戦の真実に迫る発見につながるとはこの時点では思いもしませんでした。

飛行機が島根の上空に差し掛かるころ、台風の影響か小型の機体が僅かに揺れ始めました。

私の思いも同様に行ったり来たりを繰り返していました。

というのも、今の歴史的常識からは逸脱する大分の安倍氏伝承を、そのままお話しすることで、波紋が広がることは目に見えています。

今回の講演でこのことをズバリ話すべきか、はたまた自己紹介程度に留めるべきか。

たわいないことですが、古文書や口伝の開示に当たっては、慎重な上にも慎重を期すべきもの、との思いがあったからです。

それに加え、大分の安倍氏を代表して行く立場として、要らぬ話が過ぎれば、大分の安倍一族に関する、私の知見のすべてが空回りしてしまう危険性があったからです。

飛行機に乗るまで、私を突き動かした強い決意は、いつの間にか不安へと変わっていたのでした。

しかし、この迷いも先ほどのお二人との出会いによって払拭されることになるのです。

花巻空港への着陸態勢に入った飛行機の窓からは、圃場整備された美しい田園風景が目に飛び込んできました。

それを縫うように、北上川が蛇行しながら北から南へと流れ、雄大な奥州の大地がすぐ足元に広がっていることを実感しました。

安倍貞任、宗任が馬でこの大地を駆け抜け、人々の暮らしを見守り、見守られた当時が、私の脳裏に微かながら蘇り、滑走路に車輪が「ぎゅっ」という音を響かせ接触した、まさにその瞬間、何とも言えぬ安らぎを得られたことを覚えております。

花巻空港には小野寺さんが迎えに来てくださいました。

金ヶ崎までの道すがら、自己紹介を兼ね、大分の安倍氏伝承について話をしました。

鳥海柵の首塚

鳥海の柵を経由し、ご自宅を訪問した私は、小野寺さんから衝撃的な話を聞いたのです。
その話とは「私が所有する鳥海の柵の雑木林の中に、自然石を並べた首塚があるんですよ」というものでした。
首塚？　と一瞬耳を疑いましたが、由縁を尋ねると、「以前お付き合いのあった霊能者が、この場所に塩漬けにされた首が見えるというので、川から石を拾ってきて祀ったんです」とのこと、「塩漬けの首」ということは、ここで首実検が行われたということか、いや待てよ、陸奥話記には、源氏と清原の連合軍が鳥海の柵を囲んだ時には、この柵はもぬけの殻で、樽酒が残されていたと記されているはず。
つまり、戦闘の無かったこの柵で首実検とはどうゆうことか、頭を抱えたその時、私の脳裏に大分の安倍系図に記された一文が閃いたのです。

それは「九月十七日、衣川《ころもがわ》敗軍」の記述でした。確かに、前著「豊後安倍氏の伝承」では、この記述を基に、鳥海の柵の放棄によってこの戦の勝敗が決したのではないかと記しましたが、「陸奥話記」との齟齬《そご》についてはそれを証する決め手は有りませんでした。

「陸奥話記《むつわき》」では厨川の柵が陥落した日を九月十七日と記しています。

その厨川で、貞任は大楯《おおたて》に乗せられ頼義《よりよし》の前に置かれ、一面して死すとあり、経清《つねきよ》は鈍刀をもってその首を漸斬《ぜんざん》すると記されています。

頼義の目の前で殺されているわけですから、首実検の必要はないわけです。

けだし、小松の柵及び衣川の関をめぐる戦闘で戦死した者の首実検ならば、頼義の陣幕の中で行われたはずです。

要するに、この時点において、鳥海の柵での首実検などありえないということになります。

一瞬、霊能者の話が眉唾《まゆつば》ものではないかと疑い、小野寺さんが騙《だま》されたのかなと考えました。

しかし、この鳥海の柵で首実検が行われたとしたならば、この場所で誰かが、誰かの首を待っていたということになります。

「そうか、その塩漬けにされた首とは貞任、又は経清、いや双方の首だったかもしれません」と、小野寺さんご夫婦の前で突然口から飛び出した言葉に、「いやー鳥肌が立ちました」と奥様がおっしゃられ、私は続けて「この二人の首が届くのを待っていたのは源の頼義、そう頼義以外には考えられません。きっと、頼義は高齢であったので、自身はこの鳥海の柵に留まり、貞任、経清の首が届くのを待っていたのでしょう」と、言った後、再び閃《ひらめ》きが襲い「頼義が鳥海柵に留まり、後の戦を義家や清原武則に任せたとすれば、衣川の関をめぐる戦闘こそ、安倍氏と源氏清原連合軍の雌雄を決する戦いであり、九月十七日という日付は、衣川合戦において安倍氏が滅亡した日と考えられるのではないでしょうか」と、そう言い終えると、私自身大分の安倍系図に記された「九月十七日、衣川敗軍」の意味がはっきりとみえてきたのです。

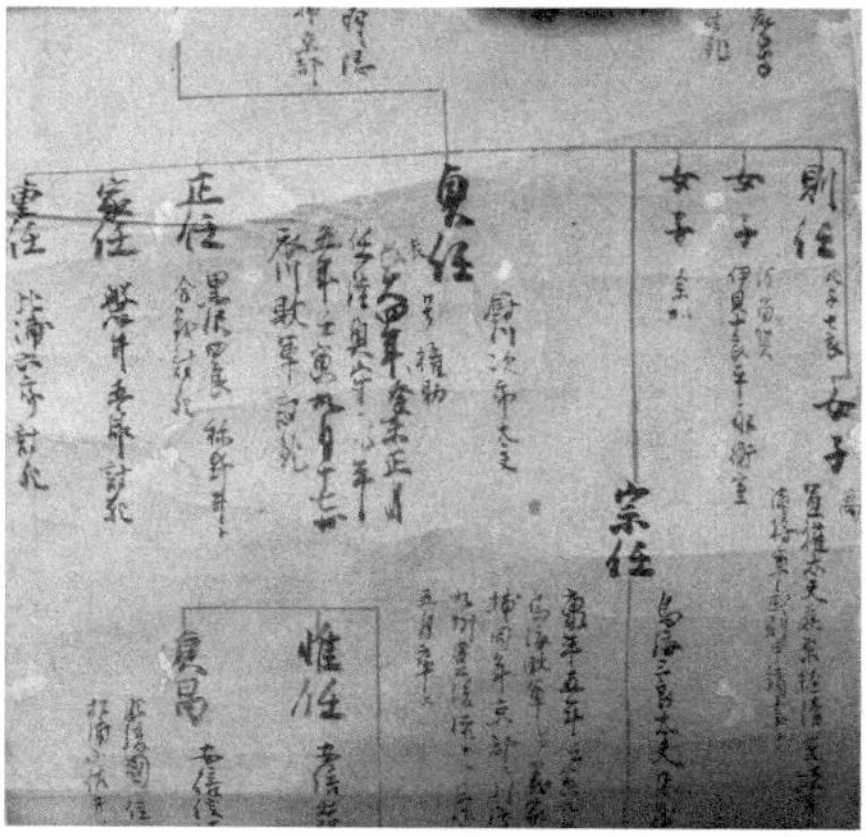

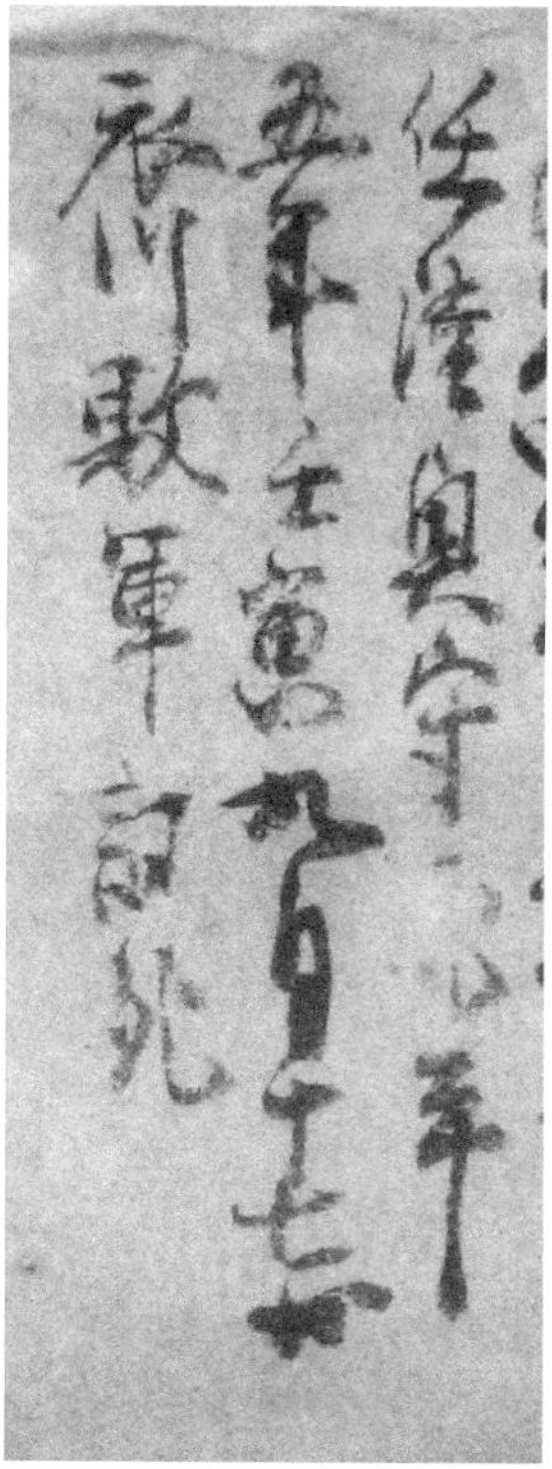

安部豊治氏家蔵系図

「そうか、今回金ヶ崎にも立ち寄ることとなった理由は、このことを私に知らせるためだったのか」

私は心の中でそう思いながら、「ならばきっと、他にもそれを証明する伝承が残っているはずだ」と確信し、密かな期待感を持って小野寺邸を後にしたのでした。

次の日は、金ヶ崎町の高橋由一町長を尋ねご挨拶を申し上げ、その後、鳥海柵跡と安倍氏の関連文化財保存協議会々長西久雄氏とお会いして、安倍舘跡や本宮観音堂を巡り、夕刻には要害歴史館で行われた設立総会に参加、併せて一時間ほどお時間を頂き講演をさせて頂きました。

この間も、鳥海の柵の首塚のことが頭から離れず、宿に着いてから、「陸奥話記」を読み返してみると、その中に気になる一文を見つけたのです。

それは、鳥海の柵に初めて足を踏み入れた頼義に清原武則《たけのり》が語ったという次の一文です。

「但見将軍形容白髪返半黒。破厨川柵得貞任首者。鬢髪悉黒形容肥満矣」

（ただ、将軍の姿を見るに白髪だった髪が半分は黒く変わっています。もし厨川の柵で貞任の首を取ることが出来たならば、将軍の髪はことごとく黒に変わり、お姿もふっくらとなることでしょう）

陸奥話記の作者が、この鳥海の柵での二人の会話の中に、「貞任の首」という言葉を使っているところに何かのメッセージを感じざるを得ません。

翌日、金ケ崎の宿に細矢さんが迎えに来てくださいました。小野寺さんも朝早くからのお仕事を途中抜け出して、わざわざ見送りに来てくださいました。その際、小野寺さんからもう一つ、気になる伝承があることを教えて頂いたのです。それは「夕顔瀬橋《ゆうがおせばし》」という地名に因んだ伝承でした。

この夕顔瀬の名は、康平五年九月に、安倍氏が嫗戸《うばど》柵に追い込まれた際、見方を多く見せんがために夕顔瓜に目鼻を付けて藁人形《わらにんぎょう》を造り、それを川並に立てて置いたことに由来するというのです。

夕顔瀬一帯

となれば、嫗戸の柵には、この柵を守るだけの十分な兵力が無かったのかと疑わざるを得ません。

やはり、嫗戸や厨川の柵には安倍氏の総力と言える十分な兵力は残っていなかったのか…

そんな思いを抱きつつ、盛岡へ向けて出立しました。

盛岡に着いてまず尋ねたのは、盛岡タイムズ社で、社長の宮野裕子氏、常務の鎌田大介氏と面会し、奥州安倍氏に対する思いの丈《たけ》を述べさせていただきました。

細矢さんが次に案内してくださったのは、厨川の柵の擬《ぎ》定地《ていち》とされる安倍舘跡《あべたちあと》と天昌寺《てんしょうじ》のある高台でした。

天昌寺は安倍氏の時代には既にこの地に在り、天照寺と号していたと由緒書に記されていました。

この寺が広大な厨川の柵の一部であったということは、安倍氏が建立《こんりゅう》し、戦ともなれば陣所としての機能を有していたと考えられます。

細矢さんと勝手口の階段を下り、墓地に向かって緩い上り坂を歩きながら、「右手に広がる電車基地のはるか向うに雫石川《しずくいしがわ》と北上川《きたかみがわ》の合流点があるんですよ」と説明を受けました。なるほど、ここなら北上川に沿って攻め上ってくる源氏と清原の連合軍の動きが手に取るように判ります。

市街地化する前の地勢を窺い知る術はありませんが、きっと急峻な崖《がけ》が連なり、安倍氏の詰《つ》め城《じろ》として威風を放っていたものと想像できます。

天昌寺

「ここが厨川の柵の中心だったんではないでしょうか」と、突然発した私の問いかけに、細矢さんは頷きながら
「この厨川の柵について古老の口伝《くでん》があるんですよ」と言われ、続けて
「貞任が厨川の合戦の前に、蔵を開放し、家臣や領民に米などを分け与えた上で、ここから出来るだけ遠くに逃げるように命じたそうです」
「え、それは本当ですか」私は耳を疑いながらも、その口伝の内容に愕然としました。
この口伝は雫石町（当時・現盛岡市繋）の御所湖《ごしょこ》の建設工事を前に、岩手県が文化遺産の保全のため、悉皆調査《しっかいちょうさ》を行ったらしく、その時の調査で古老から聞き取りされた口伝であるというのです。戦の前に蔵を開放するなど、あり得ないことです。

しかし、有り得ないことが口伝として残るものでしょうか。

私は、この口伝と、夕顔瀬の伝承、そして鳥海の柵の首塚、この三つの伝承とのめぐり合わせは決して偶然ではない、きっと何か目には見えない不思議な力が、私に知らせようとしている。

そんな思いを強く持ちました。それに加え、大分の安倍家に伝わる衣川合戦の日付、九月十七日。私は宿に着くなり、パソコンのスイッチを入れ、安倍氏の伝承史料のファイルを開き、前九年合戦に関するものを拾い出してみました。

そこで、前著「豊後安倍氏の伝承」と合わせ、次のような推論を導き出したのです。

一、安倍氏と源氏清原連合軍は、小松《こまつ》の柵《さく》から衣川《ころもがわ》の関《せき》までの一連の合戦を以て雌雄《しゆう》を決したと思われる。その日付が九月十七日であった。

二、衣川の関が破られた日、貞任は宗任に遺言《いごん》を残し安倍家の再興を託した。

三、愛妾《あいしょう》「象《きさ》の方《かた》」にも遺児松若丸《まつわかまる》と共に落ち延びるよう遺言した。

四、貞任は陸奥の領民の安全が確保できるまで源氏清原連合軍を諸所の柵で迎え撃った。貞任に随ったのは正任、重任、則任の兄弟、そして藤原経清、それに貞任を慕う股肱《ここう》の臣からなる僅かな兵力であった。

五、死を決し厨川の柵に入城した貞任は、ここまで附いてきてくれた家臣や領民に感謝を述べ、蔵を開放して皆に分け与え、出来るだけ遠くに逃げるよう命じた。

六、厨川の柵は一日で陥落し、貞任、経清、重任《しげとう》、そして嫡子千代童子《ちよどうじ》はその生涯を閉じた。
康平五年十一月九日の事であった。


翌日、講演を無事終えた私は、別の会場で催された歓迎会に出席させていただきました。

その会場で、今回の岩手訪問で経験した成果を次のような言葉で述べました。

「このたびの岩手訪問では、現地でなくては知りえない貴重な伝承の数々を得ることが出来ました。この伝承と、大分の安倍一族に伝わる史料とが結ばれ、新たな歴史の発見に繋がることを確信いたしました」と。


この日から、私は新たな使命を感じ始めていました。

前著を自費出版した際は、一つの使命が果たせたとの満足感で、もう二度と本を書くようなことはないだろうと思っていました。

今思えばそれは満足感というものではなく、達成感とでも表現したほうが良いのかもしれません。

大分県下の安倍一族から収集した史料を、このまま私の手元で眠らせてはならないという責任感に迫られ、一途に書き続けたことで、単に書くことに疲れ果ててしまったと言ったほうが当たっていると思います。

しかし、今回の使命感は心の底から湧き出てくるものなのです。

盛岡での口伝が真実であったならば、貞任という人は、当時の武将として在り得ない、いや信じられないほど慈愛に満ちた人物であったことになります。

貞任が自分の命と引き換えに、家臣や領民の命を守り、宗任等家族の安全を確信して最後の時を迎えたとしたならば、このことを明らかにして、長く逆賊と呼ばれた汚名を晴らさねばなりません。

私が岩手に呼ばれ、体験させせられた本当の理由がここに有ると思えてならないのです。

大分市白木の龍雲寺本堂

「陸奥話記」の終わりに、京に送られた貞任の首が民衆に晒《さら》される前に、担夫《たんぷ》（荷物を担ぐ人夫）が貞任の乱れた髪を梳《す》きたいと嘆願した場面が描かれています。
首を献じた使者から、髪を梳きたければ自分の持っている櫛《くし》で梳けと促され、担夫が己の垢《あか》の付いた櫛で貞任の髪を梳くことに戸惑い、嗚咽《おえつ》し、涙を流して次のように語りました。
「我が主《あるじ》、存命の時、これを仰ぐこと高天の如し。恐れ多くも垢の付いたこの櫛で、主の髪を梳くことになろうとは」
この一文の意味するところは、貞任という人が、担夫という身分の低い人々にまで、損得を抜きにして慕われ、愛され、尊敬されていたということではないでしょうか。

宗任が、豊後白木《しらき》で貞任の菩提《ぼだい》を弔《とむら》うために建てた龍雲寺《りゅううんじ》には、貞任の位牌が残されています。その位牌には、寶山院殿月心常観大居士《ほうざんいんでんげっしんじょうかんだいこじ》と諡《おくりな》されています。この戒名に貞任の人柄が表わされているのではないでしょうか。

「月（誰に対しても平等に）のように穏やかな心で常に人々を見守り続けた偉大なる人」

それが貞任その人だったのです。

はじめに

奥州に花開いた藤原三代の栄華は、初代藤原清衡《ふじはらのきよひら》の数奇な運命の下《もと》に齎《もたら》された宝珠《ほうじゅ》のようなもので、奥州の大地に、いつき祀《まつ》られた種々《しゅしゅ》の神々からの贈り物でした。

中尊寺金色堂

清衡は、その宝珠を大切に磨き、輝かせようと、平泉の地に仏国土の建設を画したのです。

中尊寺《ちゅうそんじ》の中尊とは、まさに極楽浄土の阿弥陀如来であり、清衡は自らが法蔵菩薩《ほうぞうぼさつ》となり一切《いっさい》の衆生《しゅうじょう》を救おうとしました。

それは、地獄の中で養われた仏性《ぶっしょう》の成せる功徳《くどく》と言えるでしょう。しかし、この思想は清衡の波乱の人生からのみ生まれたものではなく、祖父、安倍頼良《あべのよりよし》から、母を通して受け継いだものでした。

安倍氏の仏教に対する信仰は厚く、奥州に一大聖地を築きあげたのです。

仏法の説いた「和をもって尊しと為し、忤《さからう》こと無しを宗と為せ」という思想の源流は、安倍氏の出自に起因するのですが、清衡の体内を流れる血脈として受け継がれ、中尊寺の建立という実を結びました。「中尊寺建立供養願文」の中に記された「弟子者東夷遠酋《とういおんしゅう》」の東夷という言葉を、敢えて自称《じしょう》したとするならば、安倍氏に対する敬慕の念であり、古代中国から見た倭国《やまとのくに》、つまり日本そのものの意味であったのではないでしょうか。

藤原三代の栄華の陰には、安倍氏の女があり、その女の後《うし》ろには、奥州の人々に慕われた一族累代の遺徳があったことはいうまでもありません。

しかし、この栄華は三代秀衡《ひでひら》の死をもって終焉《しゅうえん》を迎えます。奇しくも安倍氏を滅ぼした源頼義の来孫、頼朝《よりとも》によって。

この後、頼朝は鎌倉に幕府を開き、長く続く武家政権の先駆けとなるのです。

源氏の仇《かたき》となった安倍一族は、九百五十年という長い忍従《にんじゅう》の歳月を強いられました。

この間、陸奥の安倍一族は出自《しゅつじ》を隠し、別姓を名乗り、記録を抹消して生き延びたと伝え聞いております。

ところで、前九年合戦は、長らく前九年《ぜんくねん》の役《えき》と呼ばれ、安倍氏が恰《あたか》も異民族であるかのような扱いを受け続けてきました。

その理由は「陸奥話記《むつわき》」の冒頭にある「祖父忠頼東夷酋長」の一文により、安倍氏を蝦夷の酋長と印象付け、蝦夷なるが故に朝廷に歯向かうは当たり前、問答無用とばかりに、勝者側の論理で歴史研究が為されてきたことに依ります。

私たちは、「陸奥話記」によって、平安時代の東北地方を「蝦夷の支配する化外の地」と印象付けられ、発掘される文化的遺構も「なぜここに、誰が？」と、迷宮に惑わされる錯覚を植え付けられたのです。

この一級の文献史料とされる「陸奥話記」ですが、成立から九百年余、作者不明のまま現在に至っています。

ただし、文中に、中国の史書に造詣《ぞうけい》の深い部分が多くみられることから、作者は当時一流の文人《ぶんじん》であったものと思われます。

一流の文人である作者が、自分の名を明かさずに、人の話を聞いて書いたという場合、何かの意図が隠されているとみるべきでしょう。

つまり、作者は安倍氏に対し深い知識を持ち、この合戦の真実をも知っていたということです。

さて、前九年合戦と呼ばれる一連の合戦は、永承六年（一〇五一）から康平五年（一〇六二）までの十二年間のもので、承久二年（一二二〇）成立の愚管抄《ぐかんしょう》等には「奥州十二年合戦」と記されています。

年代順に整理してみますと、

永承の頃、鬼切部において陸奥国司、藤原登任と戦った「鬼切部の合戦」

天喜五年の夏、安倍頼良が流れ矢に当たり鳥海柵で死んだ「栗坂の合戦」

同、天喜五年の冬、源氏軍と安倍軍が最初に激突した「黄海《きのみ》の合戦」

康平五年九月、源氏清原連合軍との小松の柵から衣川《ころもがわ》の関を廻ぐり繰り広げられた「衣川の合戦」

そして、貞任、経清、重任《しげとう》の終焉の地、厨川《くりやがわ》の柵を舞台にした「厨川の合戦」

この五つと言えます。

本来、この五つの合戦はそれぞれに合戦に至る原因と結果があり、一つの合戦として捉えるべきではないと考えるのですが、「陸奥話記」の作者が捉えた、次の二つの合戦を比べてみますと、安倍氏最後の合戦と言われる「厨川の合戦」に割かれた文字は、七百字余りであるのに対し、「衣川の合戦」は優に二千字を超えています。これは一体何を意味するのでしょう。

厨川の柵において、安倍氏の総力を結集した合戦が行われたのか、それとも貞任、経清の誇りと尊厳を掛けた戦いだったのか。

そこで、大分の安倍氏伝承を踏まえ、群書類従本「陸奥話記」をもう一度読み返しながら、奥州安倍氏の実態と、前九年合戦の真実に迫りたいと思います。

注

一、当家系図とは野津原の安部家一統に伝わる系図です。

　大分の安倍系図とは当家系図を含む大分県内の安倍家に伝わる系図です。

二、第三章「宗任大島終焉説の虚」の頁をお読みいただく前にお断りしておかねばならないことがあります。

それは、自由であるべき学問的研究において、本来であれば、私が他説を非難する立場にないということです。

私は、先祖が残した古記録を保持し、伝える立場として奥州安倍氏の歴史を研究し、当家に残された史料の信憑性を長く問い続けてまいりました。

その間に、先人の研究や論文、史跡や遺物、考古学的発見、奥州安倍氏を採り上げた小説や伝承等、ありとあらゆる分野の情報を出来得る限り収集してまいりました。

その内容は多岐にわたり、安倍氏の出自一つを取ってみても、様々な説が論じられていることは周知のとおりです。

その中で、宗任の大島終焉説だけは、宗任を祖とする我が一族の系譜に関わる問題である事、また、このまま看過すれば後世に禍根を残す恐れがあると判断し、読者の信を問うために、敢えて本著において明文化いたしました。

三、本稿は、私が当家史料並びに大分の安倍一族に伝わる伝承や史料を読み解き、各地に伝わる傍証を基に導き出した推論です。

なお、本書は二〇一五年四月に自費出版した「豊後安倍氏の伝承」より一部文章を引用して記しております。

目次

第三章　宗任の使命……157

第一章　衣川の落日

奥州安倍氏の系譜

「六箇郡之司有安倍頼良《よりよし》者．是同忠良《ただよし》子也。父祖忠頼《ただより》東夷酋長《とういしゅうちょう》。威風大振。村落皆服。」

右は「陸奥話記」の冒頭部分ですが、この冒頭にある東夷酋長という名称が、後の安倍氏研究に大きな影響を及ぼし、安倍氏が、蝦夷の族長的一族であるかのように扱われた時代が長く続きました。

しかし、平安中期の貴族で、平範国《たいらののりくに》が書いた日記「範国記《はんこくき》」の、長元《ちょうげん》九年十二月二十二日条に、「陸奥《むつ》権守《ごんのかみ》安倍《あべ》忠好《のただよし》」なる者が確認され、安倍氏の出自に対する認識に変化が生まれました。

当家の系図（写し）にも、忠良の頁には、奥州六郡司、陸奥守とあり、長元九年十一月二十一日病死とあります。

この系図に、長元九年という年が記されていることは驚きです。

ただ没年が「範国記」の陸奥権守就任の年と重なりますが、この系図の元は「安倍宗任本国より持参の巻を写す」とあり、長元九年という年が、安倍一族にとって記念する年であり、記憶され記録されたのかもしれません。

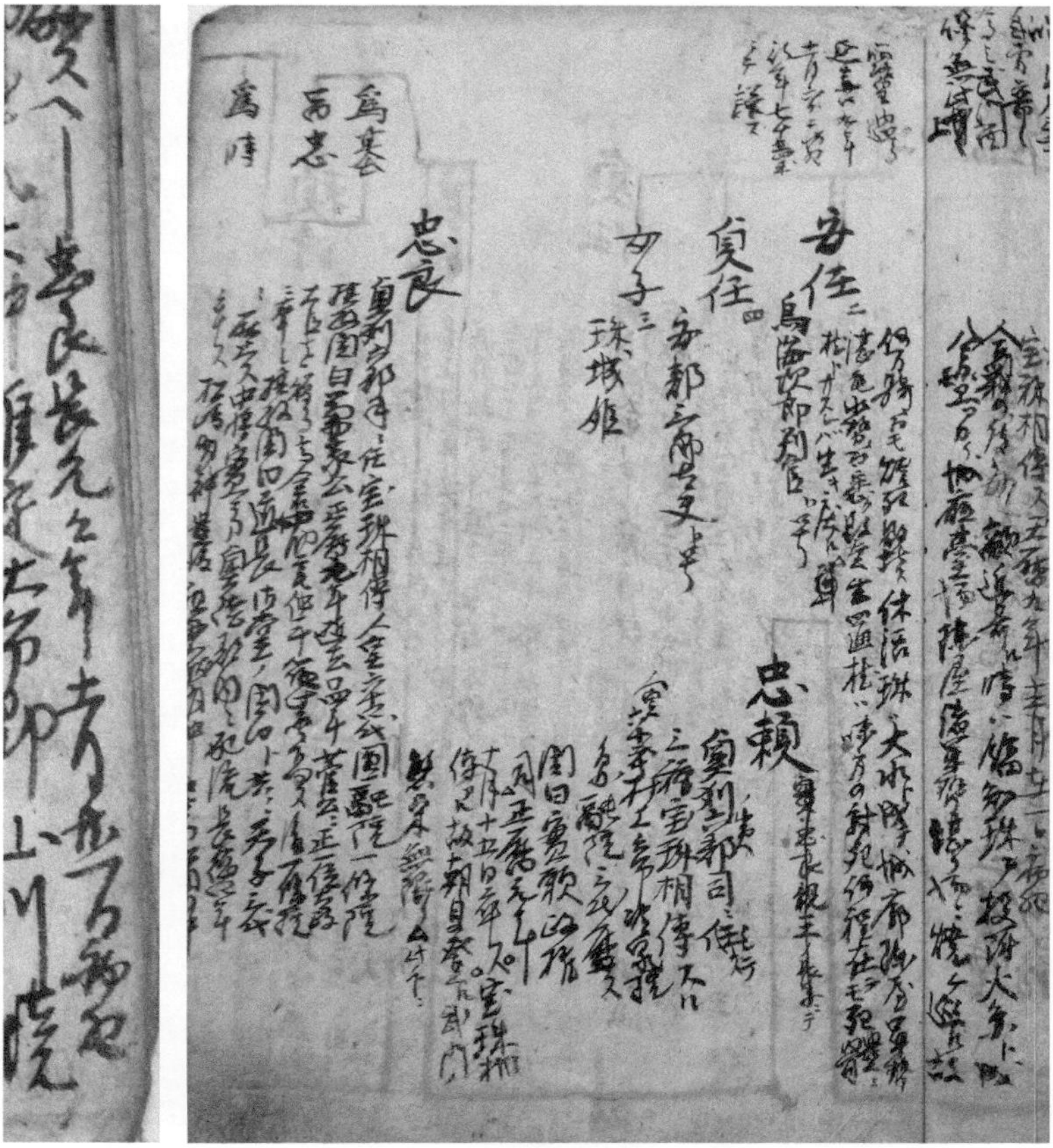

「忠良長元九年十一月廿一日病死」と記されている

また、頼良は「陸奥話記」にあるように六箇郡の郡司で、太夫《たゆう》の官位を得ていたとあることから、陸奥守に匹敵する財力、政治力を有していたものと思われます。

大分の安倍系図では、奥州安倍氏の祖は、正三位大納言《しょうさんみだいなごん》に任じた安倍安仁《あべのやすひと》の子、安倍清行《あべのきよつら》であると記されており、当家の系図では清行の子、頼任《よりとう》が初めて奥州に土着し、崇任《たかとう》―忠頼《ただより》―忠良《ただよし》―頼良《よりよし》と続いて、貞任、宗任が登場します。

大正十三年に出版された、山田宇吉著「安倍宗任と緒方惟栄《おがたこれよし》」にも、阿倍比羅夫《ひらふ》の系譜が示され、仁和《にんな》二年正月に陸奥守《むつのかみ》となった安倍清行の子か孫が、延長《えんちょう》八年（九三〇）に陸奥国磐井《いわい》郡に移動し、貞健《さだたけ》、国致《くにとう》、忠頼と代を継いで、忠頼の時に衣川の柵を築いたと記されています。

ところで、古代阿倍系図を参照しますと、どの系図にも安倍安仁は阿倍比羅夫の末と記されています。

阿部比羅夫は、越国守《こしのこくしゅ》、後将軍《こうしょうぐん》、太宰帥《だざいのそち》等を歴任し、阿倍引田臣《ひきたのおみ》と称されますが、引田臣とは斉明《さいめい》天皇の時代に、布施《ふせ》氏と並ぶ阿倍氏を代表する氏族の一つで、他の臣が、勢力圏にある地名を採って氏の名としていることから、引田臣も引田という土地の名から採ったものと思われます。

この引田という地名は奈良県奈良市と葛城市に疋田町、桜井市白河に乗田（ひきた）神社等があり、このあたりかと思われます。

ここで、当家系図に記された倉橋麻呂《くらはしまろ》からの系譜を補足して次に示しますと、

古代阿倍系図

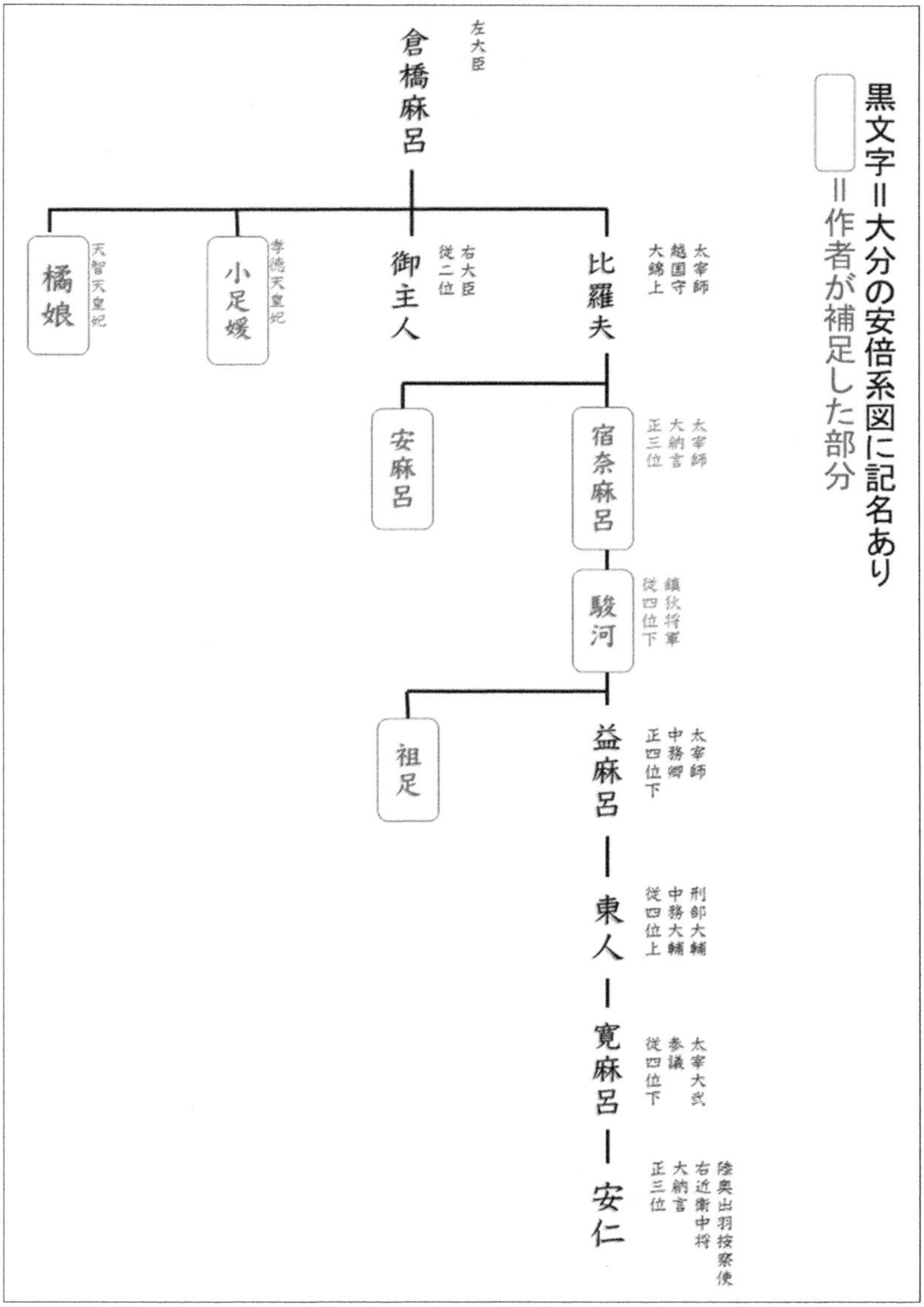
黒文字＝大分の安倍系図に記名あり
＝作者が補足した部分
左大臣
倉橋麻呂
橘娘
天智天皇妃
小足媛
孝徳天皇妃
御主人
右大臣
従二位
比羅夫
太宰師
越国守
大錦上
安麻呂
宿奈麻呂
太宰師
大納言
正三位
駿河
鎮狄将軍
従四位下
祖足
益麻呂
太宰師
中務卿
正四位下
東人
刑部大輔
中務大輔
従四位上
寛麻呂
太宰大弐
参議
従四位下
安仁
陸奥出羽按察使
右近衛中将
大納言
正三位

当家系図では、比羅夫の後に益麻呂―東人と続くのですが、二世代ほどの欠落が有るものと判断し、比羅夫の子、宿奈麻呂と、その子の駿河を補足して記しました。

「公卿補任《くぎょうぶにん》」「日本後紀《にほんこうき》」によりますと、安仁の父、寛麻呂《ひろまろ》は、治部卿《じぶきょう》東人《あずまひと》の子として生まれ、延暦二十二年（八〇三）中務少尉に補任されたことが記されています。

寛麻呂は大同《だいどう》三年（八〇八）五十二歳で、従五位下《じゅごいのげ》に叙任されたと言いますから、遅咲きの官吏といった感じでしょうか。

ところが、晩年亡くなる前の四年間、異例の昇進を果たすのです。

その理由を考えてみますと、どうも嵯峨《さが》天皇の存在があると思われます。

寛麻呂と嵯峨天皇との直接の関わりは、寛麻呂が侍従《じじゅう》になった頃からと思われますが、この後、民部少輔《みんぶしょうゆう》、斎宮頭《さいぐうのかみ》、伊勢権介、を歴任し、弘仁《こうにん》八年（八一七）正五位下《しょうごいのげ》治部卿《じぶきょう》を拝受し、弘仁九年（八一八）従四位下、翌年には参議《さんぎ》兼太宰大弐《だざいだいに》となり公卿《くぎょう》に列しました。

「菅家文草」貞観十一年九月二十五日条に、安倍安仁の妻は多治比《たじひ》氏と有り、嵯峨天皇の妃に多治比高子《たかこ》が見えることから、安仁の妻を通じて、寛麻呂が嵯峨天皇の信任を得たものかもしれません。

寛麻呂の亡き後を継いだ安仁も嵯峨天皇の寵愛をうけ、鴻漸《こうぜん》の如き出世を果たすのです。

そこで、奥州安倍氏の祖である頼任の祖父、安倍安仁の人物像を通して、奥州安倍氏に貫かれた思想的背景に迫りたいと思います。

大納言、安倍安仁の思想（太字の部分は特に注意深くお読みください）

「大日本史《だいにほんし》」巻之一百二十七　列傳第五十四には安倍安仁の記述が収められています。その内容を現在語に約すると、次の通りとなります。

一　安倍安仁は左京の人、治部卿東人の孫、父の寛麻呂は参議太宰大弐。

二　**「身長六尺三寸」**身長は六尺三寸（１９０㎝）**「姿貌攘偉《しぼうじょうい》」**容姿は大きく頑丈な体格であるが、性格は落ち着いていて思慮深く、威厳に満ちていた。

三　天長《てんちょう》年間に近江権大掾《おうみごんだいじょう》となり、近江介の藤原弟雄《おとたか》から親任厚く政務を任される。安仁の政策隅々にまで行き渡り、やがて任期満たさぬうちに従五位下信濃介に補任《ぶにん》される。信濃介の在任中、国内は粛然《しゅくぜん》とし、任期満了の年蔵人頭《くらんどがみ》となる。

四　承和《じょうわ》年中には兵部大輔《ひょうぶだゆう》、刑部大輔《ぎょうぶだゆう》を歴任し、嵯峨上皇《さがじょうこう》の信任を得て嵯峨院別当《さがいんべっとう》となるが、大小を問わず行われた安仁の執政《しっせい》は、それまでの院の諸事の滞《とどこお》りを見事に解決し、別当に任じて数か月のうちに平常を取り戻した。嵯峨上皇はこれを深く喜び安仁を治部大輔《じぶだゆう》に抜擢した。

五　嵯峨上皇は諸国の官吏の評価を下す際、安倍安仁の信濃介として発揮した能力を褒め称え、牙笏《げしゃく》、玉帯《ぎょくたい》、金魚袋《きんぎょたい》、及び御衣《ぎょい》一襲《かさね》を下賜《かし》した。識者たちは安仁の宰相としての器を鴻漸《こうぜん》の例えを以て祝った。

六　安仁は毎日朝早くから官に出仕し、公務を終え退庁してから嵯峨上皇の元へ通い院の諸事をこなした。朝廷はその**懸命な姿を憐れみ**、負担を考慮して大蔵卿へ転じた。
七　文徳《もんとく》天皇の即位に伴い正三位となり、**陸奥出羽按察使《あぜち》**、権《ごん》大納言を拝受す。
八　安仁は志《こころざし》が**謙虚で周囲の人々を家族のように**思ったという。
ある時、子弟に対して
「諸国の調、庸といった税は多くが、その地の領主が得ているので国の収入は少ない。**私も大納言として頂く収入は身に余るほどであるので中納言の収入に減額を請いたい**」

との思いを語った。

それを知った文徳天皇は、安仁の謙譲の心を察し**特別に許した**という。

このことは大納言と右近衛大将を兼任して間もなく、大将を辞したことからも真となすものである。
九　貞観《じょうがん》元年（八五九）六十七歳にして逝去す。
十　安仁は政務に熟達し、朝廷内の仕来りにも通じており、天皇への奏文《そうぶん》が出される度に滞りなく応対した。**暇を見ては子孫に戒めを説いた**。
この記述から、安倍安仁という人は、質実剛健でいて慈愛に満ち、心穏やかながら鋭利機敏《えいりきびん》な才を発揮し、数多《あまた》の諸問題を難なく処理し、鴻漸《こうぜん》の如く出世したにもかかわらず、決して奢《おご》らず、威張らず、子孫を誡め己《いまし》を律する。まさに高士と呼ぶにふさわしい人で、この人を安倍氏中興の祖と慕い、尊敬し、自ら政治の手本としたのが、安倍頼良だったのではないでしょうか。

安倍安仁関係略系図

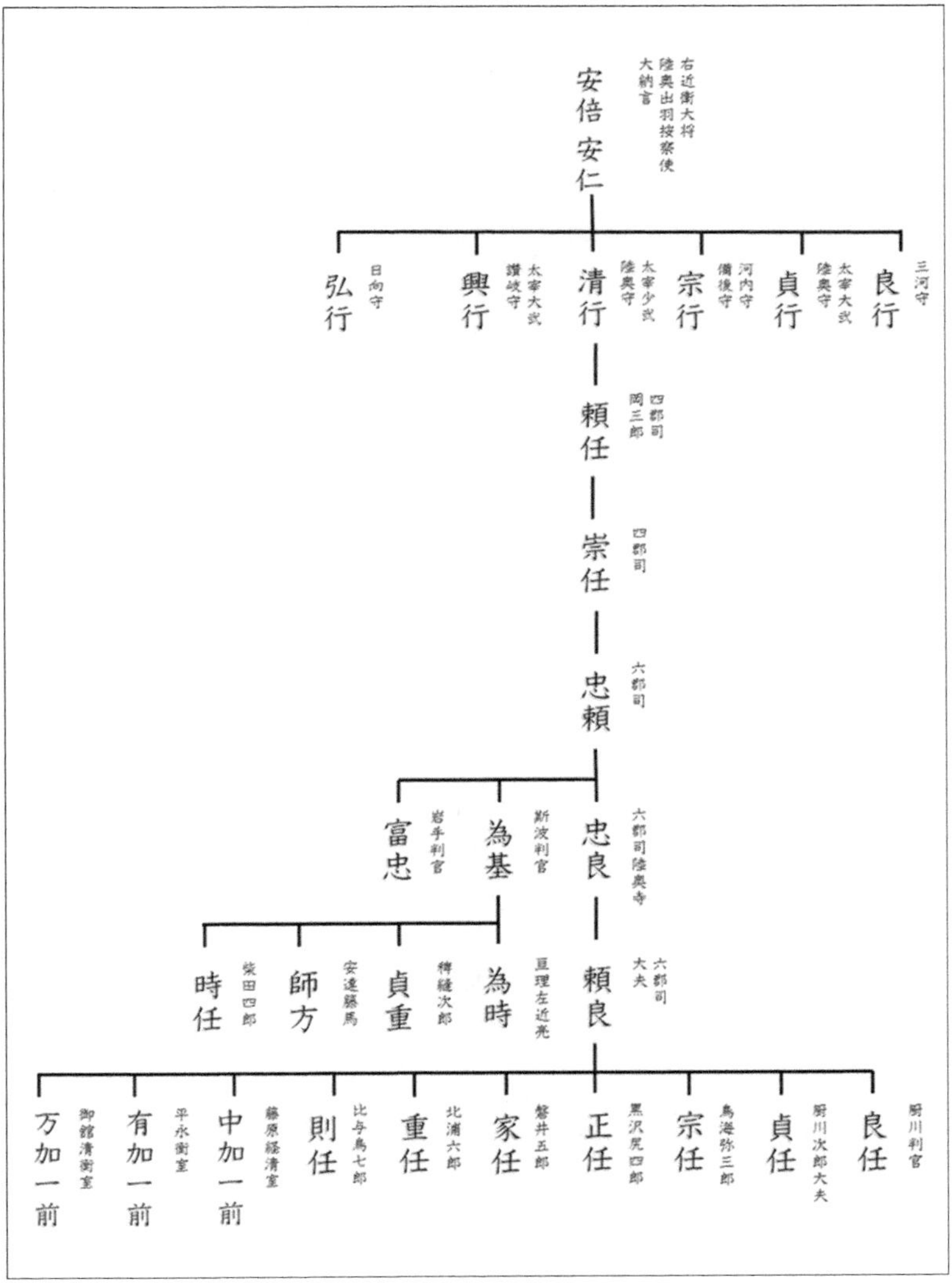
安倍安仁
右近衛大将
陸奥出羽按察使
大納言
良行
三河守
貞行
太宰大弐
陸奥守
宗行
河内守
備後守
清行
太宰少弐
陸奥守
興行
太宰大弐
讃岐守
弘行
日向守
頼任
四郡司
岡三郎
崇任
四郡司
忠頼
六郡司
忠良
六郡司陸奥寺
為基
斯波判官
富忠
岩手判官
頼良
六郡司
大夫
為時
亘理左近亮
貞重
稗縫次郎
師方
安達藤馬
時任
柴田四郎
良任
厨川判官
貞任
厨川次郎大夫
宗任
鳥海弥三郎
正任
黒沢尻四郎
家任
磐井五郎
重任
北浦六郎
則任
比与鳥七郎
中加一前
藤原経清室
有加一前
平永衡室
万加一前
御館清衡室

安倍頼良は当家の系図上では、安仁から数えて七代目となります。

その頼良が、わが子に付けた名前が良任《よしとう》、貞任、宗任と、まるで安仁の子良行《よしつら》、貞行《さだつら》、宗行《むねつら》に因んで付けたとしか思えないほどよく似ているのです。

また、源頼義と同じ名では申し訳ないと、頼良を頼時《よりとき》と改めた逸話も、安倍安仁の謙虚な人柄を模してのことと思われます。

陸奥話記に記された、貞任の命か、合戦かの決断を下す際に述べた「人倫《じんりん》世に在るは、皆妻子のためなり」の言動に安仁の教訓を重ねてしまうのは思い過ごしでしょうか。

また、盛岡の悉皆《しっかい》調査で明らかとなった古老の口伝にある通り、家臣や領民、そして家族を思う優しさ、人に対しては平等に、権力に対しては勇敢に戦った貞任の生き方そのものが、実に高士と呼ぶにふさわしいと言えます。

その兄の遺言を忠実に守り、謙虚に生き抜くことを決断した宗任の忍従の生涯も、頼良を通じて、子供等に受け継がれた安仁の教訓そのものだったのではないでしょうか。

つまり、奥州安倍氏に貫かれた思想とは、正に安倍安仁の生涯に通じる、平等《びょうどう》、博愛《はくあい》、謙譲《けんじょう》の精神であったと思われます。

陸奥国と安倍氏

安倍安仁は、斉衡《さいこう》二年（八五五）正月、陸奥《むつ》出羽《でわ》按察使《あぜち》となり、陸奥守や出羽守、鎮守府《ちんじゅふ》将軍を監督する立場として東北地方の行政を任されました。

その子の貞行、清行兄弟も陸奥守として赴任していますので陸奥との関りは深いものがあります。

当時の陸奥の状況を簡単に記しますと、

承和　四年（八三七）玉造温泉石神、雷響振動《らいきょうしんどう》昼夜止まず。百姓妖言《ようげん》し騒擾《そうじょう》止まず。

斉衡　元年（八五四）百姓困窮し、兵士逃亡す。

斉衡　二年（八五五）俘囚等同種を殺す。援兵二千人を差発《さはつ》さす。

斉衡　二年（八五五）安倍安仁を陸奥出羽按察使に任ずる。

貞観　七年（八六五）安倍比高《これたか》を陸奥守に任ずる。

貞観十一年（八六九）陸奥国地大震動。流光如畫隠映。貞観地震起こる

貞観十四年（八七二）安倍貞行を陸奥守に任ずる。

貞観十五年（八七三）夷俘に対する授叙の数を毎年二十人以下とする。

元慶　二年（八七八）夷俘が蜂起し秋田城を襲う。

元慶　二年（八七八）安倍比高を鎮守府将軍に任ずる。

元慶　八年（八八四）安倍三寅を鎮守府将軍に任ずる。
仁和　二年（八八六）安倍清行を陸奥守に任ずる。
安仁が、陸奥出羽按察使となった斉衡二年に、俘囚同士の争いの鎮定に援兵二千人が差発されています。

この援兵が差発されたということは、俘囚同士の争いが朝廷にとって重大な事件と判断された訳で、この事件の解決、処理の最高責任者として安仁が赴任したものと思われます。

貞行《さだつら》は、「日本三代実録《にほんさんだいじつろく》」によりますと、貞観十五年（八七三）、陸奥守在任中に夷俘叙階《いふじょかい》の法や不正の官吏処罰の法を起請し、太政官に許されているのですが、これは国の財政を憂いての事で、他に太宰大弐の職にある時は、筑後、豊後の国司の出国を制限したり、筑後の国司が群盗に襲われた事件を早期解決するなど、安仁の教えを忠実に守り、官吏としての能力に優れていたことが窺えます。

これより先、貞観八年（八六六）、上野介《こうずけのすけ》在任中、百姓を動員して四百四十七町歩もの田を開墾するという実績を上げています。

この実績は陸奥守時代にも発揮され、天変地異によって疲弊した奥州の復興に成果をもたらしたものと思われます。

次に、貞行の後、仁和《にんな》二年（八八六）、陸奥守となったのが弟の清行《きよつら》です。

この清行が陸奥守に就いたことで、安倍氏と陸奥の人々との絆は、より強いものとなったと思います。

清行は、陸奥守の前に、伊予守、周防守、播磨守等の国司を務めていますので、地方官としての経験も十分あったものと思います。さて、諸説では陸奥守や鎮守府将軍を歴任した安倍比高《あべのこれたか》を奥州安倍氏の祖とするものがあるようです。比高は貞観七年（八六五）に陸奥守、元慶《がんぎょう》二年（八七八）鎮守府将軍に任じています。これは、鎮守府領の諸郡と安倍氏の支配地域が密接な関係にあることからの考察ではないか思われますが、元慶八年（八八四）には安倍三寅が同じく鎮守府将軍に補任されています。いずれにしても九世紀後半の陸奥国は中央貴族安倍氏によって統治されていたと言えそうです。

安倍頼任奥州に土着す

当家系図を見ますと、清行《きよつら》の子、頼任《よりとう》については次のような記述があります。

「岡三郎《おかのさぶろう》卜号。塩飽嶋冠者《しわくしまかじゃ》。奥州一宮塩竈《しおがま》明神化身若宮。始賜安倍姓宮本居館。陸奥太守。天竺摩阿陀《てんじくまかだ》国宇天大王第三王子。生来《せいらい》備兵道。嵯峨天皇御宇《ぎょう》。松嶋明神神勅《まつしまみょうじんしんちょく》有。忠良親王代参松嶋境内。賜国津神三種宝珠《くにつかみみしゅのほうじゅ》世々相傳。延喜《えんぎ》二十一年十一月六日逝去。」

つまり、「安倍頼任は岡《おか》の三郎と名乗り、塩飽嶋《しわくしま》の冠者でした。元々は奥州一之宮である塩竈神社の主祭神、塩土老翁《しおつちおじ》の化身として天竺摩阿陀国宇天大王の第三王子として生まれた若宮でしたが、武人としての素質を持って生まれ、始めて安倍の姓を賜り宮本という所に住み、陸奥の太

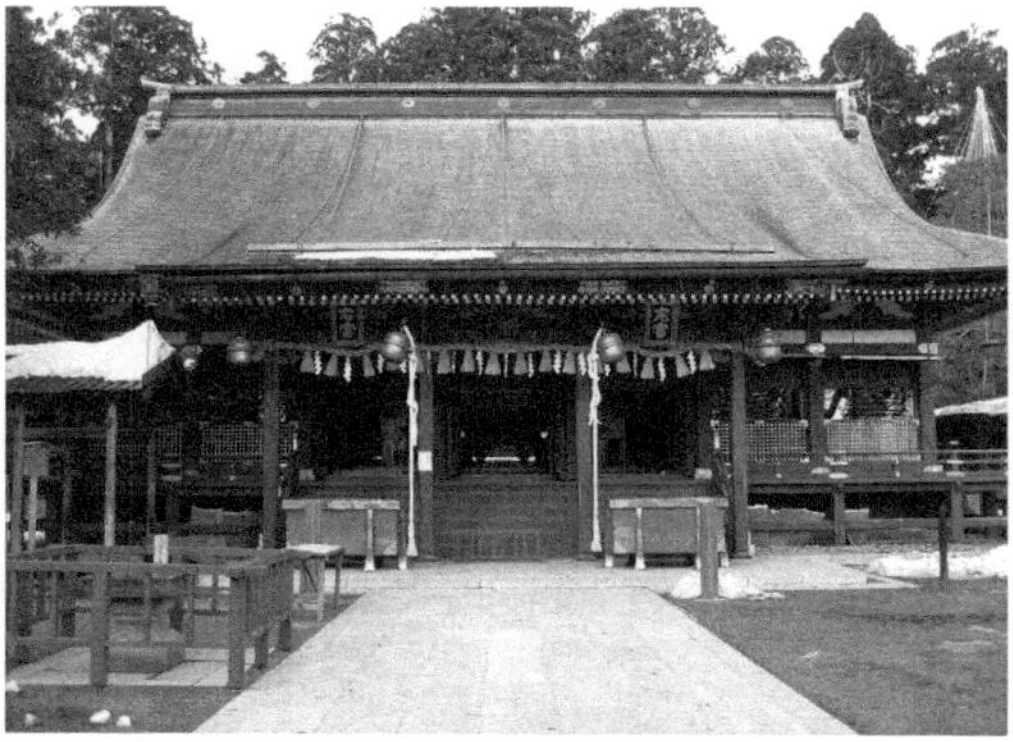

塩釜神社

亀甲に鷹の羽違いの紋

守となりました。」

と、記されているようです。

「豊後安倍氏の伝承」では、この記述を基に、頼任の出生地を瀬戸内海の塩飽島とし、当時の婚姻が妻問婚《つまどいこん》であったことから、瀬戸内地方の国司を歴任した清行と、塩飽島の娘との間に頼任が生まれたのではないかと推察しました。

また、宮城県の塩釜神社と松島明神は、安倍氏の祖神、塩土老翁を祀る神社であるとした上で、この神社を中心に、その周辺に奥州安倍氏の発祥に関わる地名、伝承を拾い出し、頼任の土着した地は、現在の宮城県角田市岡から柴田郡柴田町の船岡山辺りと推定しました。

また土着の時期は、伯父貞行が、陸奥守に任じた貞観十五年（八七三）から、父である清行が、陸奥守に任じた、仁和二年（八八六）の間とし、理由は貞観地震による被災地の復興のためと記しています。

塩釜神社の祭神、塩土老翁が安倍氏の祖神であるというのは、塩釜神社の最も古い社家が阿部氏であり、当家の家紋の一つ、亀甲に鷹の羽の違いが、此処の阿部家と同じ紋である

武内宿祢（想像画）

ことから間違いないものと思われます。

この塩釜神社の社家阿部家は、十四世紀中葉の観応《かんのう》元年（一三五〇）九月の塩竈神社文書に「左宮禰宜安大夫時常目安状案」とあることから、創建以来の社家との伝承は確度の高いものと思われます。

大分では、この塩土老翁が、事勝国勝長狭神《ことかつくにかつながさのかみ》という別名を持つことを取材し、大分の安倍一族に共有する祖神であったことを証明しております。

そのうえで、この神が武内宿祢《たけうちすくね》と同一神であり、日本武尊《やまとたけるのみこと》とも同一神であることを述べ、結論として、奥州安倍氏は古代豪族阿倍氏の末裔であり、祖神として日本武尊を祀り、安倍安仁以降の系譜の考証からも明らかなように、陸奥国との深い関係から、まず宮城県の塩釜神社を中心とする一帯に土着し、栗原郡、磐井郡に続いて胆沢郡、和賀郡と支配地域を拡大していったとし、安倍忠頼の代には斯波、岩手を含む六郡を支配し、軍事貴族として、また行政官として優れた能力を発揮した安倍安仁や貞行、清行の遺徳を以て奥州を支配するに至ったと推論しております。

奥州六郡の司

当家史料では、松島、塩釜神社を中心とする地域（宮城県中央部から角田市にかけての海岸部）を拠点として、奥州に勢力を拡大した安倍氏は、頼任の子、崇任の代には栗原、磐井、胆沢、和賀の四郡を支配し、次の忠頼の代には、栗原、磐井、胆沢、和賀、斯波、岩手の六郡を支配したとあります。

これが現在のところ多くの研究者の論説をみますと、六箇郡の司の六箇郡が奥六郡と解され胆沢、江刺、和賀、稗貫、紫波、岩手の六郡となっています。

これは鎮守府領と安倍氏の支配地域が密接に関係していたことによるものと思われますが、能々「陸奥話記」を読み返してみたところ奥六郡とは何処にも書いていません。

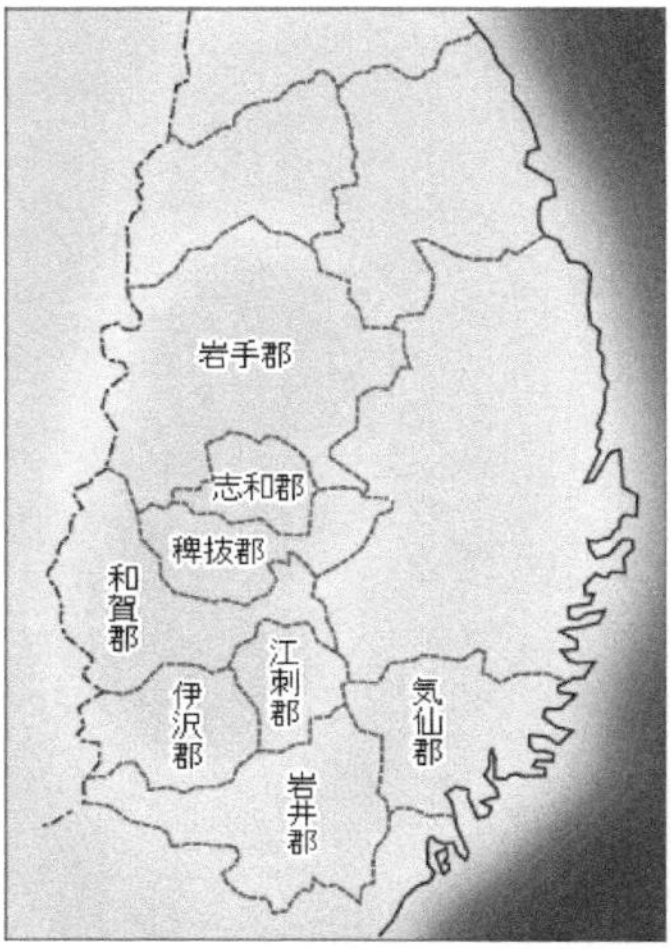

奥六郡関係地図

当家の史料にある六郡と、奥六郡の違いを見ますと、栗原郡と磐井郡×江刺郡と稗貫郡です。

このどちらかが安倍氏の勢力圏であったか否かで安倍氏が郡司を務めた六箇郡が定まるのではないでしょうか。

そこで「陸奥話記」をみますと、磐井郡については次のような記述があります。

「磐井郡中山の大風沢についた。翌日には同じく磐井郡萩馬場に到る。小松の柵から六〇〇メートルほどあろうか。この柵は宗任の叔父良昭の柵である。」

ここで、磐井郡にある小松の柵が良昭の柵と書かれています。

また、当家系図には頼良の五男、家任が岩井五郎と号していますので、良昭と共に磐井郡を治めていたものと思われます。

良昭は頼良の弟で、この頃既に出家していたため僧良昭と記述されたものでしょう。

良昭は、当家系図には磐瀬入道と記されており、小松柵を甥の家任（良昭の後継者）に任せ、福島県の岩瀬郡に居を移し、この地を治めていたものと考えられます。

良昭、家任の拠った小松館跡

この小松の柵は現在一関市にその擬定地があります。

次に、栗原郡については陸奥話記に次のような記述があります。

「永承の頃、太守藤原朝臣登任数千の兵を発して之を攻む。出羽秋田城介平朝臣重成先鋒たり。太守夫士を率いて後たり。頼良諸郡の俘囚を以て之を拒む。大いに鬼切部にて戦う。太守の軍敗績す」

この記述が示す所は、栗原郡の鬼切部が安倍頼良の支配地域であったということです。なぜなら、俘囚を以て藤原登任の軍を「拒む」と記されているからです。

また、「俘囚を以て」という文章もすごく大切な意味があるように思えます。

つまり、「俘囚を以て」というのは、領民を強制的に駆り出して従軍させたという意味ではなく、領民の自主的な自衛軍の統率を安倍頼良が担ったということではないでしょうか。

国司登任の「俘囚」に対する圧政を頼良が非難し、代弁者となった頼良を、登任が陸奥と出羽の常備軍を率いて攻めたが、安倍氏の支配地域である鬼切部で迎え撃ったというのが実態ではなかったでしょうか。

他にも

「また霖雨に遭い数日を送る。兵糧が尽き軍中は飢えた。磐井以南の郡々では宗任の誨《おしえ》によって補給路を断たれ、宗任の輩《やから》を捕えるために兵千人を栗原郡に遣わした。また磐井郡の中村は田畑を耕作する人々が豊かで、そこにも兵士三千人を遣わし、稲を刈り取らせ軍の兵糧とした。」

この記述から窺い知ることは、栗原郡も磐井郡同様に宗任の息のかかった人々がいて、安倍氏に協力的な行動をとったという事です。

また、磐井郡仲村の農家がいくら豊かだからと言って、三千人もの兵士を使って稲を刈り取るとは盗むも同然、中村が安倍氏の支配地だったため、敵（安倍氏側）の兵糧になる前に刈り取り奪ったということでしょう。

このように「陸奥話記」の記述から栗原、磐井の両郡は安倍氏の勢力下にあったと言えそうです。

一方、江刺郡と稗貫郡については「陸奥話記」に、和賀郡の黒沢尻の柵を攻略した官軍が次に落としたとされる鶴脛の柵の擬定地が、稗貫郡（花巻市鳥谷ケ崎）と、江刺郡（江刺区稲瀬）にあるものの、この鶴脛の柵の規模や、安倍氏の館があったかどうかなど不明な点があり、安倍氏の支配地であったかどうかはわかりません。安倍氏の支配地には柵があり館があるはずです。

そこで貞任の兄弟がどこに居館したかを当家の系図（写し）で見てみますと、

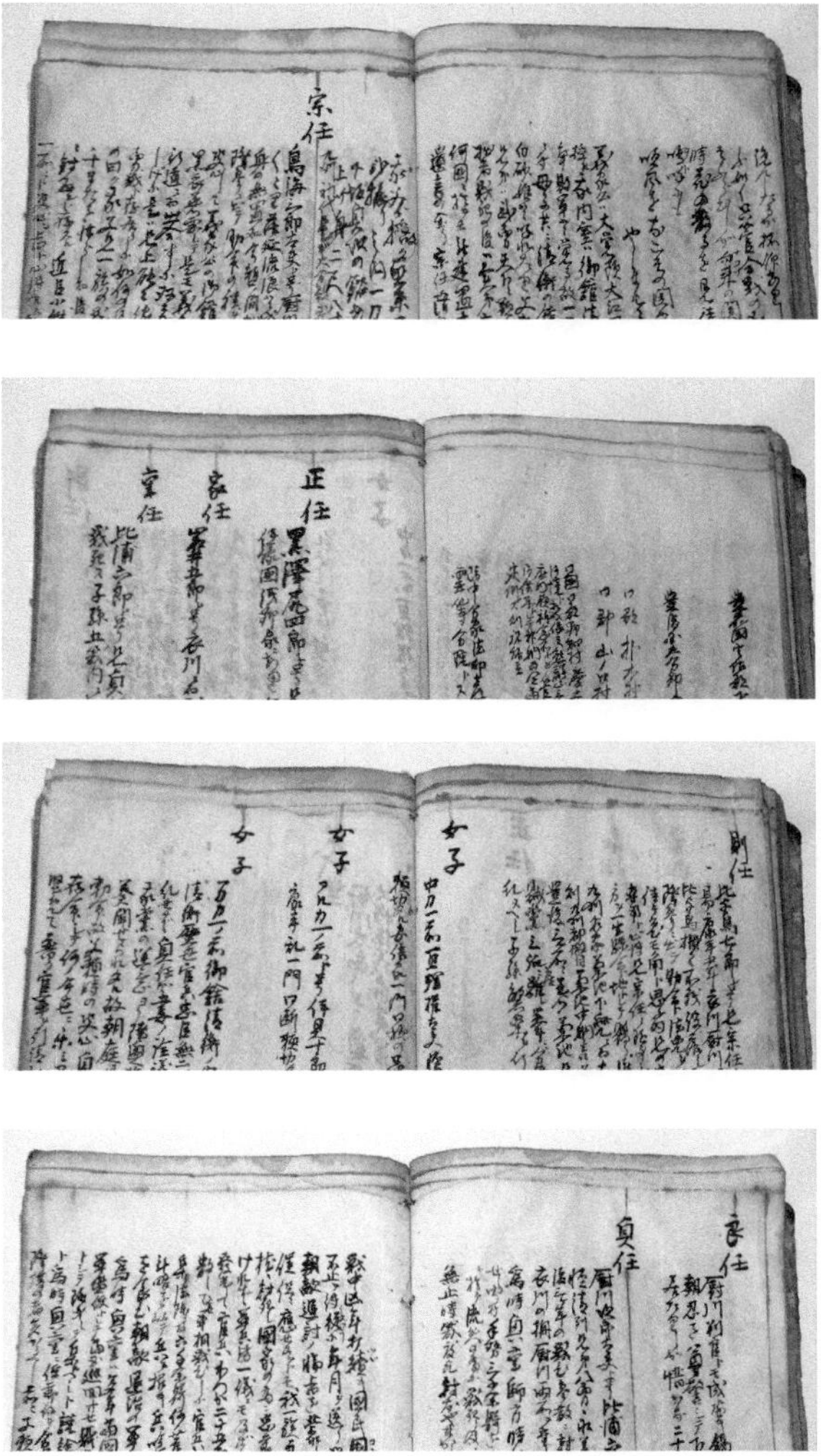

当家の系図

長男良任は厨川にて早世したとあり、貞任は岩手郡の厨川、宗任は胆沢郡鳥海、正任は和賀郡黒沢尻、家任は磐井郡小松、則任は比與鳥七郎で斯波郡となります。重任は当家系図には比浦（北浦の誤記か）六郎と記されています。比浦か北浦か、また重任がどこに居館していたのか定かではありません。また、比与鳥の柵については、江刺郡稲瀬の正源寺台とする説もあり、有力な擬定地が定まっていない状況では確証とは言い切れませんが、いずれも北上川の流れに沿った場所で、以上の郡内には安倍館の跡も伝えられています。

ここで、気になるのが当家系図にある忠良の弟、為基の四人の子供に付けられた号《よびな》です。為基には、長男為時、次男貞重、三男師方、四男時任がありますが、次男の貞重が稗縫次郎とあります。（安倍安仁関係略系図参照）

稗縫は、稗貫の古称ですから、この貞重は稗貫郡に勢力を張っていたことが判ります。忠良の弟、為基は、安倍氏と同族の金氏の婿となって金姓を名乗るわけですが、となると、貞重は金氏の支配地域に柵を構え稗縫次郎と号したと考えられます。

つまり、稗貫郡は金氏の支配地域で、金貞重が郡司職に就いていたのではないでしょうか。この貞重は、「陸奥話記」に記された貞任、宗任の一族安倍貞行の父ではないかと考えられます。というのは、同じく貞任、宗任の一族として戦死した金師通、金依方という人物が、三男師方の子に当たるのではないかと考えられるからです。

父である師方の一字づつを貰って師通、依方と名乗ったのではないでしょうか。父師方が安倍師方と記され、子の師通、依方が金姓で記されていることに違和感を覚えられるでしょうが、金氏は元々安倍倉橋麻呂に出自を有する安倍一族ですから、安倍姓を名乗ってもおかしくありません。四男の時任も、金為基の子であるのに安倍時任と記されています。

この四人の兄弟の興味あるところは、前九年合戦において、二人づつが敵味方となったことです。長男為時と三男師方は源氏、次男貞重（貞行の父）と四男時任は安倍氏にそれぞれが分かれて戦ったようです。

この合戦は、兄弟、親子で袂を分けるという、金氏の存続を掛けた戦いでもあったようです。当家系図から見えてくるのは、当時の陸奥において奥六郡以外の郡も含め、多くが安倍氏と一族による支配が確立されつつあったということです。

貞任達の義理の兄弟になる藤原経清は亘理郡、平永衡は伊具郡、小松柵攻防で戦死した安倍時任は柴田郡、安倍師方が安達郡、そして頼良の弟、良昭が岩瀬郡と、全て阿武隈川沿いの要衝に居館していたことがわかります。

以上の通り、一般には奥州安倍氏の勢力圏は奥六郡と言われておりますが、私には陸奥話記の記述にある「漸出衣川外」の一文によって意識づけられたものではないかと思います。

つまり「父祖忠頼東夷酋長」も同じことで、長い期間、奥州安倍氏が蝦夷の酋長と信じられてきたのです。

よって、漸く衣川の外に出るなどという事もなかったのです。

安倍氏は毎日のように北上川をそして、阿武隈川を行き来していたと考えます。

合戦の起こり

「永承之頃。太守藤原朝臣登任發数千兵攻之。出羽秋田城介平朝臣重成為先鋒。太守率夫士為後。頼良以諸郡俘囚拒之。大戦于鬼切部。太守軍敗績。死者甚多。」

右は、前述のとおり、陸奥守藤原登任が大軍を持って頼良を攻めたものの大敗を喫した鬼切部の合戦の記述ですが、この藤原登任は、齢《よわい》六十を過ぎてから陸奥守となった人で、六十四歳でこの敗戦を喫し、陸奥守の任期を残して更迭されました。

宮城県鳴子町鬼首に建つ鬼切部城跡の説明板

その恨みは想像を絶するものであったろうと思います。ただ、税を治めず、人民を強略し、支配地域を拡大しようとした安倍氏を討つという大義名分がありながら、何故に追討戦での敗因が陸奥守更迭にまで及んだのでしょうか。

おそらく、朝議において登任の私的な合戦と判断された為と考えられます。

登任が率いた兵は数千とありますから、胆沢城と秋田城の常備軍に援兵や俘囚等からの徴兵を合せて安倍氏を攻めたということでしょう。陸奥守が官軍を進めれば、安倍氏が簡単に負けを認め、私的な収奪が可能になるとでも考えたのでしょうが、「俘四」の人々が支援する安倍氏の軍事力は想像以上のものだった。

しかし、この挑発とも取れる軍事行動に安倍氏側も本気になって相手をしてしまった。

登任が自己を擁護するため、安倍氏の軍事力を強調して吹聴したことで、結果的に安倍氏の脅威を知らしめることとなったのではないでしょうか。

私は、どうもこの藤原登任が、京の都で暗躍し、源頼義を担ぎ出したのではないかと思っています。

その事を示す人間関係図を次に示します。

登任は藤原公任《ふじわらのきんとう》の家人であったことが栄花物語《えいがものがたり》（道長、頼通親子を賛美する）に出ています。

藤原公任の娘が、度々登任の屋敷を訪問する様子が描かれています。

藤原公任の娘は、藤原頼通《ふじわらのよりみち》の弟である藤原教通《ふじわらののりみち》に嫁いでいます。

藤原道長の嫡男、頼通と4歳年下の教通は、共に従一位、関白、太政大臣を務めるのですが、教通という人は、常に頼通の後を追う人生を歩んだようです。

能力は共に拮抗していたようですが、頼通が兄というだけで思うに任せない境遇にあったことは確かなようです。

つまり、頼通と教通は兄弟であったが故に確執も深かったものと思われます。

永承6年（一〇五一）の二十三年前、長元《ちょうげん》元年（一〇二八）に、長元の乱（平忠常《たいらのただつね》の乱）が起こっていますが、発端は忠常が安房守平維忠《あわのかみたいらのこれただ》を焼き殺すという事件を起こし、それに国人が加担したことで、暴動が房総三国に広がるという事態が起こったのです。
朝廷は、追討使《ついとうし》として候補に挙がった源頼信《みなもとのよりのぶ》（頼義の父）、平正輔《たいらのまさすけ》、平直方《たいらのなおかた》、中原成通《なかはらのなりみち》の中から平直方、中原成通の二人が選んだのですが、この人事は、関白藤原頼通の裁断で行われたようです。

藤原登任人間関係図

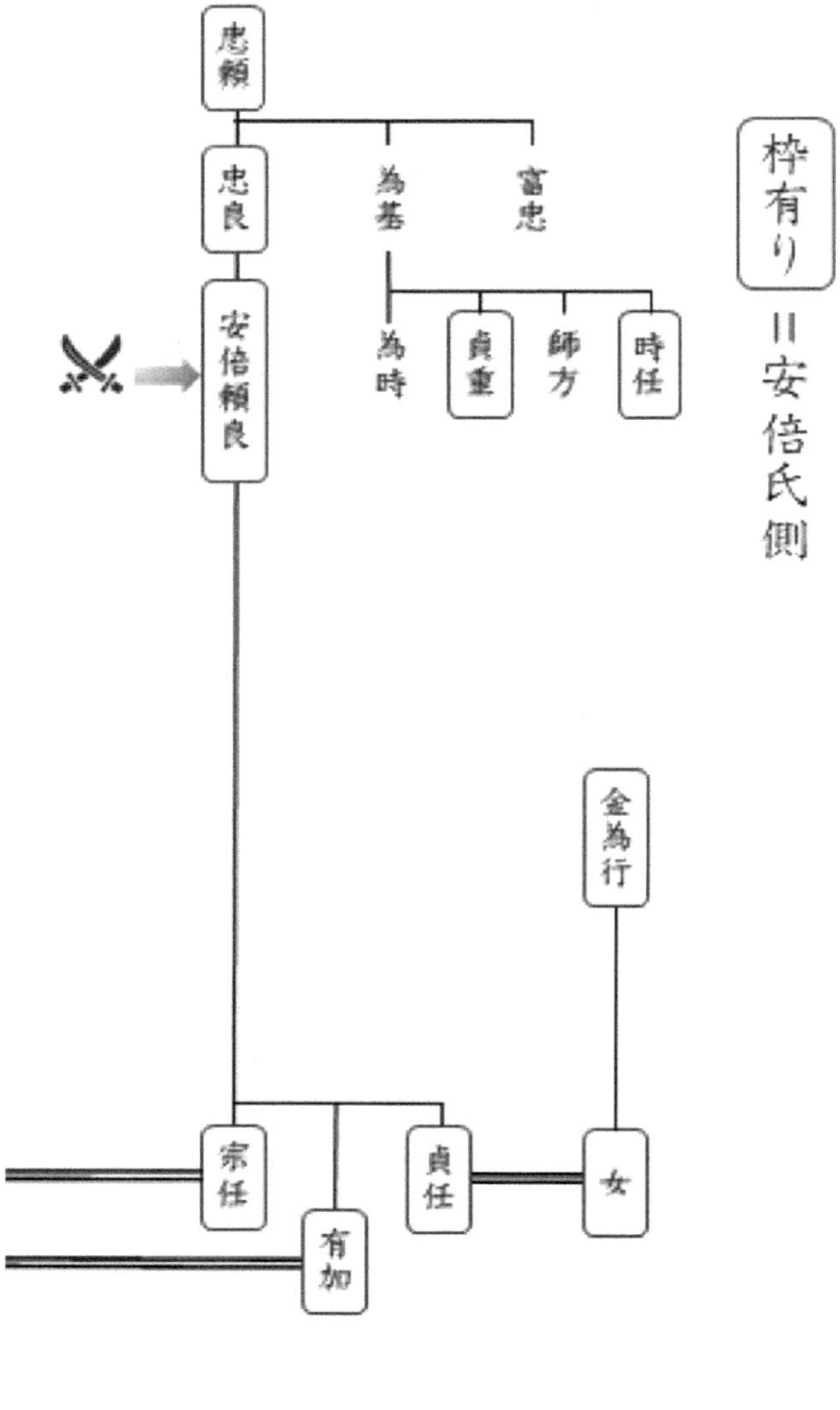

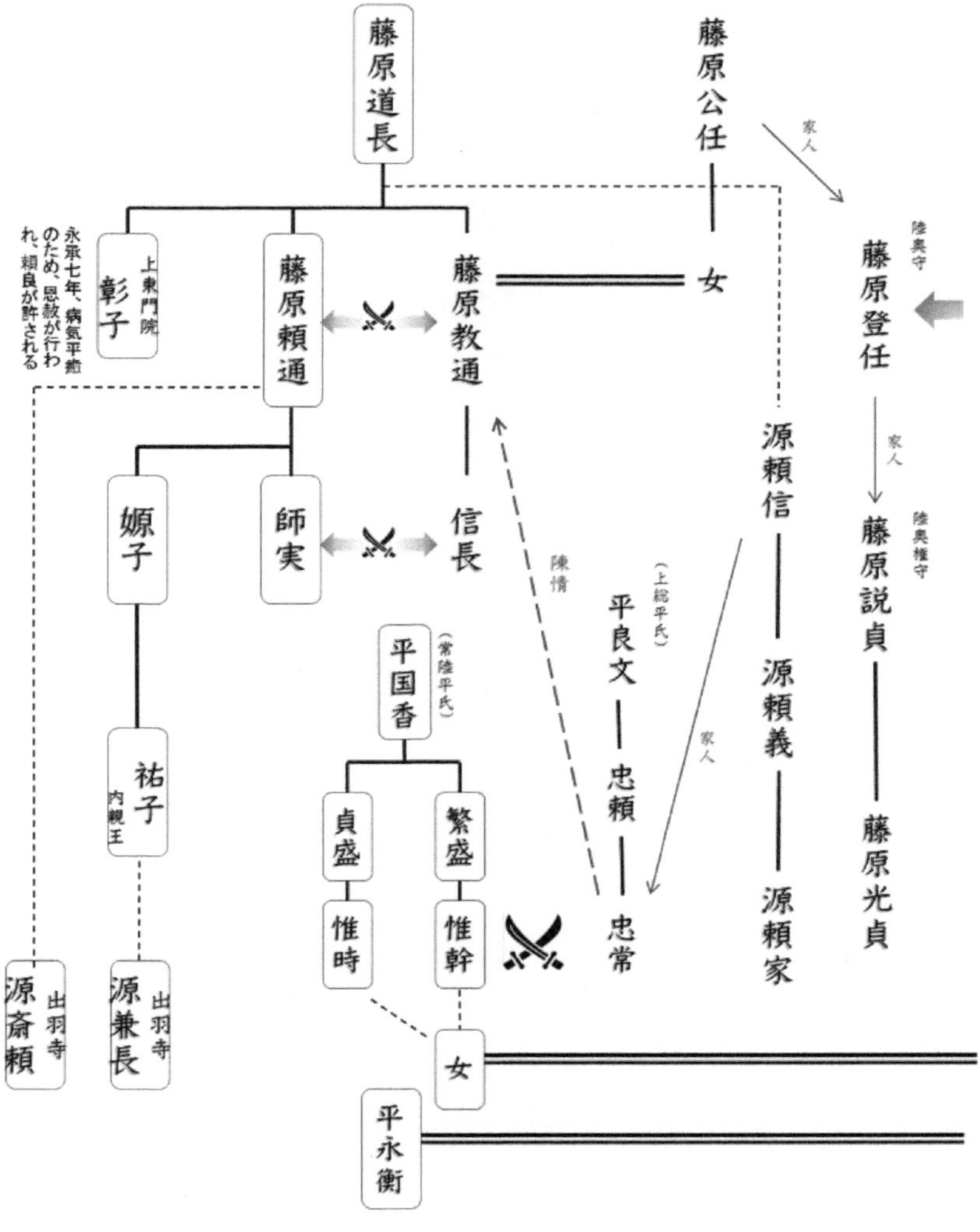
藤原道長
藤原公任
家人
陸奥守
藤原登任
上東門院
彰子
永承七年、病気平癒のため、恩赦が行われ、頼良が許される
藤原頼通
藤原教通
女
源頼信
家人
陸奥権守
藤原説貞
嫄子
師実
信長
陳情
(上総平氏)
平良文
忠頼
忠常
家人
源頼義
源頼家
藤原光貞
平国香
(常陸平氏)
貞盛
繁盛
惟時
惟幹
祐子
内親王
出羽守
源斎頼
出羽守
源兼長
女
平永衡

藤原登任人間関係図

これは平直方が、頼通の家人であったことが主たる要因と思われますが、直方は平貞盛の直系の曾孫ですから、常陸平氏と深い関係にあり、連携して忠常を責める公の立場を得たわけです。

忠常も常陸平氏の平維幹《たいらのこれもと》を親の仇《かたき》のように思っていたようです。

一触即発の状況下に、忠常は郎党を京に送り藤原教通に追悼の不当を訴えています。

つまり、このころから頼通と教通は門閥の領袖《りょうしゅう》として存在が認められていたものと思われます。

平直方は奮戦するも、これと言った実績を残せずに長元三年九月に解任されます。

後任には源頼信が付くわけですが、元々頼信と忠常は主従関係にあり、頼信は無血で乱を鎮めることとなります。

忠常は護送中に美濃の国野上で病死し、梟首《きょうしゅ》されたそうです。

この病死というのもおかしな話ですが、阿弖流為《あてるい》や母禮《もれ》の例によく似た話です。

因みに当家系図では宗任の妻が平惟時《たいらのこれとき》の娘とあります。

平維時とすれば平貞盛の孫であり、維幹の誤記とすれば忠常の宿敵なわけです。

いずれも常陸平氏ですから、忠常にとっては親の仇であることに変わりはありません。

そこで前出の関係図をもう一度見て頂き、永承六年の鬼切部の合戦に始まる朝廷側の軍事行動が、頼通派と教通派の権力闘争が裏に在ったと考えると、藤原登任の訳の判らぬ挙兵や、源頼義が執拗なほどに仕掛けてきた理由が見えてくるのではないでしょうか。

「範国記」によって安倍忠良が陸奥権守であったことが判明した以上、俘囚の反乱というお墨付きは崩壊したわけです。

安倍氏が国府を襲い、国司を殺す事件でも起こしたというなら判りますが、衣川を越えたとか、公租公務を怠ったとかの理由で、朝廷が官軍を派遣することはないでしょう。

事実、延暦八年（七八九）、阿弖流為が起こした反乱を鎮定するために、紀古佐美《きのこさみ》に与えられた官軍の兵力は、「続日本紀」によると、軍士の食するところ一日に二千斛《こく》とありますから、少なくとも数万人規模の派兵であったことが記されています。

それに比べ、登任軍と頼義軍の総力は、共に数千とありますから官軍とは名ばかりで、朝廷の許可も得ず、国府や、鎮守府に詰めた兵力で安倍氏を攻めたわけです。

登任も頼義も私戦を仕掛け、あわよくば安倍氏の反乱と見せかけ、奥州の利権を奪おうとしたものと思われます。もちろん登任も頼義も手先に過ぎず、後ろで糸を引く人間がいたとみるべきでしょう。

それが証拠に、前九年合戦の後、義家は不遇の時を十年間の長きに渡り過ごすのです。

鬼切部の合戦に始まる十二年におよぶ奥州安倍氏の興亡史の裏には、摂関家の内なる争い、清和源氏、特に河内源氏の主流をめぐる争い、常陸平氏と上総平氏との骨肉の争い、清原氏内部の主導権争いなど、種々の人間関係が絡み合った醜い権力闘争があったものと考えられます。

藤原説貞《ときさだ》の女

「頼時長男貞任以先年欲娉光貞妹．而賤其家族不許之。貞任深為恥．推之貞任所為矣。此外無他仇。」

（頼時の長男貞任は先年光貞が妹を娶《めと》らんと欲するに、その家族を賤《いや》しみて之を許さざるを、貞任深く恥となす。之を推《お》しはかるに貞任の為す所ならん、この外に他の仇《あだ》無しと）

阿久利川夜襲事件の舞台、栗原市志波姫町

これは、この合戦の発端となった阿久利《あくと》河夜襲事件の下手人《げしゅにん》に見覚えないか、と問われた藤原光貞《ふじはらのみつさだ》が源頼義に答えて述べた場面です。

つまり、貞任が自分の妹を妾《めかけ》にくれと言ってきたが、安倍氏の出自が卑しいので嫁にやれぬと断ったところ、そのことを恨んで人馬を殺傷したというわけです。

この事件の先年と言いますから、天喜《てんき》三年から遡《さかのぼ》っても四～五年前の事でしょうか。

ところがその頃、貞任には千世童子《ちよどうじ》という嫡子《ちゃくし》が生まれていますので、既に正室がいたわけです。

鎌倉時代の説話集「十訓抄《じっくんしょう》」には金為行《きんのためゆき》の事を貞任の舅《しゅうと》とあることから、正室は金氏から迎えていたものでしょう。

金氏は、安倍倉橋麻呂《あべのくらはしまろ》を遠祖とする安倍一族であるとの伝承があり、磐井、気仙郡を地盤としていたようです。

郡内の金山から金を産出し朝廷に献上したことで「金」姓を下賜されたという伝承もあるようです。

郡内の金山と言えば「玉山金山」の事と思われますが、奈良時代から金を産出した古い金山で、東大寺の大仏建立や、藤原三代の栄華を支えたといわれています。

明治時代、日本銀行の副総裁であった高橋是清が、この金山を抵当にして欧米から八億円の借金をしたという逸話が残っているほど、長きにわたって産出された金は膨大な量であったことが偲ばれます。

頼良は貞任の正室を、同族であり、この金山を掌握する金氏から迎えることが何よりも重要と考えたに違いありません。

仮に、陸奥権守藤原説貞の娘を妾《めかけ》にくれと要求したとすれば、安倍氏の実力が説貞を上回るものであった証拠です。恥をかいたのは貞任ではなく、説貞の方だったのでしょう。

また、この時代の婚姻は政略婚であり、家同士の婚姻ですから、貞任個人の好き嫌いで求婚できるわけがなく、太夫の官位にある安倍氏からの求めを断るとすれば、それ相当の配慮を持って断ったと思われますから恨みを持つというのもおかしな話です。

六郡の司、安倍氏と気仙郡司の金氏の婚姻は、陸奥に蠢《うごめ》く権門勢家《けんもんせいけ》にとって何より羨望の的であったと思われます。

貞任と金氏の娘との間に生まれた千代童子を、「陸奥話記」の作者が「容貌美麗なり」と記していますが、この美麗という言葉にそのことが暗示されているような気がします。

貞任は、いや安倍頼良は、決して藤原説貞の娘を貞任の妾になど望んではいなかったでしょう。

私は、「俄有天下大赦」で安倍氏追討のチャンスを挫《くじ》かれた頼義の焦りが、戦争回避に徹する安倍氏の非の打ちどころない態度に業を煮やし、この謀略事件を起こしたものと考えます。

貞任愚かと言えども

「人倫在世皆為妻子也。貞任雖愚。父子愛不克弃忘。一旦伏誅吾何忍哉。」

（人が人として正しき道を生きようとするのは妻や子の幸せを思うからである。光貞の讒言《ざんげん》によって貞任の命を差出し、あくまで頼義に恭順《きょうじゅん》する事が人の道と言えるだろうか。）

この部分は頼良の貞任に対する愛情によって、戦争やむなしの決断をしたという場面です。

「これは無実の罪を着せられ、誅殺《ちゅうさつ》される貞任を憐《あわ》れみ、人の親として当然とるべき行動であった」と思うのは、この文章を安倍氏の側に立って読む者だけです。

これを読んだ後世の人々は、「貞任という罪人を親子の情で匿《かくま》い、郡司としての職責を放棄した頼良が、身内を説得するため人間愛に訴え、戦争を起こして国に逆らった」と思ったでしょう。つまり、「貞任《さだとう》雖《いえども》愚《おろかと》」を、頼良の口から言わしめたことによって阿久利河事件の犯人を、安倍氏側が貞任であると認めたと解されたことでしょう。

長く、安倍氏を逆賊と捉《とら》えてきた理由の一つがここに有るような気がします。

安倍氏側から見れば、あれほど頼義との衝突を避け、恭順の姿勢を貫いた父の姿を見ていた貞任が、任期を終え、帰京間近の頼義に対し、こんなバカな行動をとるはずは無いと言えますが…。

「陸奥話記」の作者は、本当に「頼義の国解《こくげ》と人々の話」だけを題材にして記したのでしょうか。

「はじめに」で記した通り、作者は当時一級の文人であったはずです。

私は、「貞任雖愚」は、作者が勝者側の目をごまかすためにわざと挿入したもので、実は「人倫在世皆爲妻子也」という一文こそ、頼良の人物像を浮き上がらせるために、記さなければならないと考えたのではないかと思っています。

「陸奥話記」の文中にあって、読み手の心に感動を与える場面であり、源氏との全面戦争に突入する緊張感と「戦争已む無し」との正義感をも抱かせる場面であります。

この一文の価値は、九百有余年経った現在でも、奥州安倍氏の「平和をもって尊しとする」という思想を彰《あきら》かにし、安倍頼良がそれを実践していた証拠として高く評価されるべきと思います。

永衡誅殺の訳

「将到衣川之間。永衡被銀冑。有人説将軍曰。永衡為前司登任朝臣郎従下向當国。厚被養顧勢領一郡。而娉頼時女以後貳于太守。合戦之時與于頼時不属舊主。不忠不義者也。」

（まさに、衣川に到らんとする間に永衡《ながひら》は銀の冑《かぶと》をかぶる。人有りて将軍に説きて曰く、永衡は前の陸奥守藤原登任朝臣の郎従《ろうじゅう》となりて当国に下向す。厚く養顧《ようこ》を被り勢力は一郡を領す。而るに頼時が娘を娶り、以後太守にそむく。合戦の時、頼時に組し旧主に属さず。不忠不義なる者なり）

これは頼良の娘婿、平永衡を誅殺した理由を記述した部分ですが、私は先に藤原登任が暗躍し、と述べましたが、この永衡の誅殺事件がそれを物語っているように思います。

というのは、「陸奥話記」の記述に戻りますが、「永衡為前司登任朝臣郎従」とあるとおり、永衡はもともと藤原登任の家来であり、登任の厚い信任を得て一郡を領するまでに成ったのに、前の鬼切部の合戦では安倍氏側についた。

登任の恩を、仇で返した永衡には信用が置けないから殺してしまおうと言うわけです。

この時点で、源頼義が率いた軍は正式に官符を得た官軍でしたから、国衙の役人でもあった永衡が、官軍に援兵として参加することは当然の事で、前任の陸奥守との因縁など本来であれば関係のない話です。

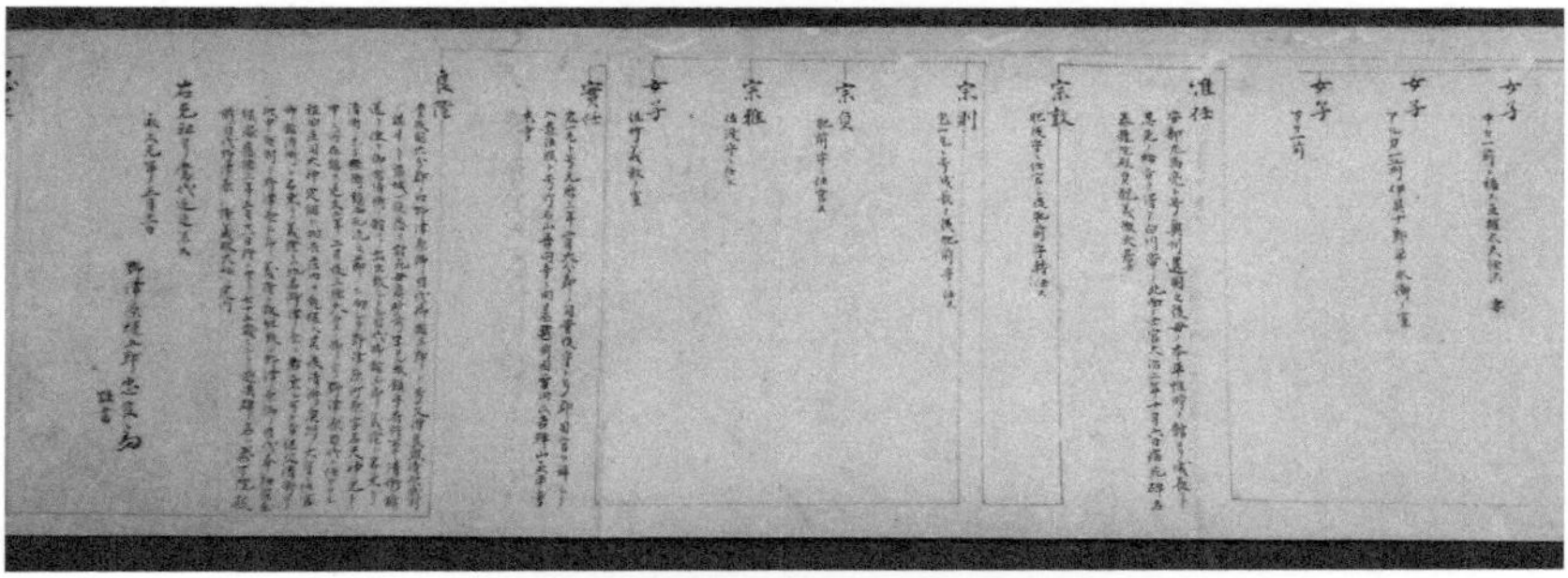

当家安倍系図「安倍惟任」

頼義が、そのことを踏まえた上で、永衡を誅殺したとなれば私的な恨みが介在したとしか考えられません。

先の阿久利河夜襲事件の証人、藤原光貞の父説貞は、陸奥権守として登任に仕えていた直属の部下であった、と考えられることから、藤原登任の安倍氏、平永衡に対する執拗な恨みが、宗家と仰ぐ、藤原公任《ふじわらのきんとう》の人脈をして源頼信の子、頼義を担《かつ》ぎ出し、まず永衡を血祭りに挙げたという構図は考えられないでしょうか。

藤原公任本人は、既に世を去っておりましたが、娘は太政大臣藤原教通の妻で、この教通の家人であった平忠常を、戦わずして降伏させたのが頼信であったとなると、頼信と忠常の間に親密な関係があったと考えられます。（頼通と教通関係図参照）

藤原光貞―藤原登任―藤原公任―公任の娘―藤原教通―平忠常―源頼信―源頼義のラインが直線で結ばれるわけです。

それとは知らず，朝命に従い従軍した永衡は「飛んで火にいる夏の虫」の如く、内応の罪を着せられ誅殺されてしまいました。

ここで気になるのが、当家の系図にある宗任の妻の出自です。

系図には宗任の嫡男、惟任《これとう》の項に「康平五年奥州退国後。成長於母方平惟時館」とあり、この平惟時を平氏の系図に捜したところ、

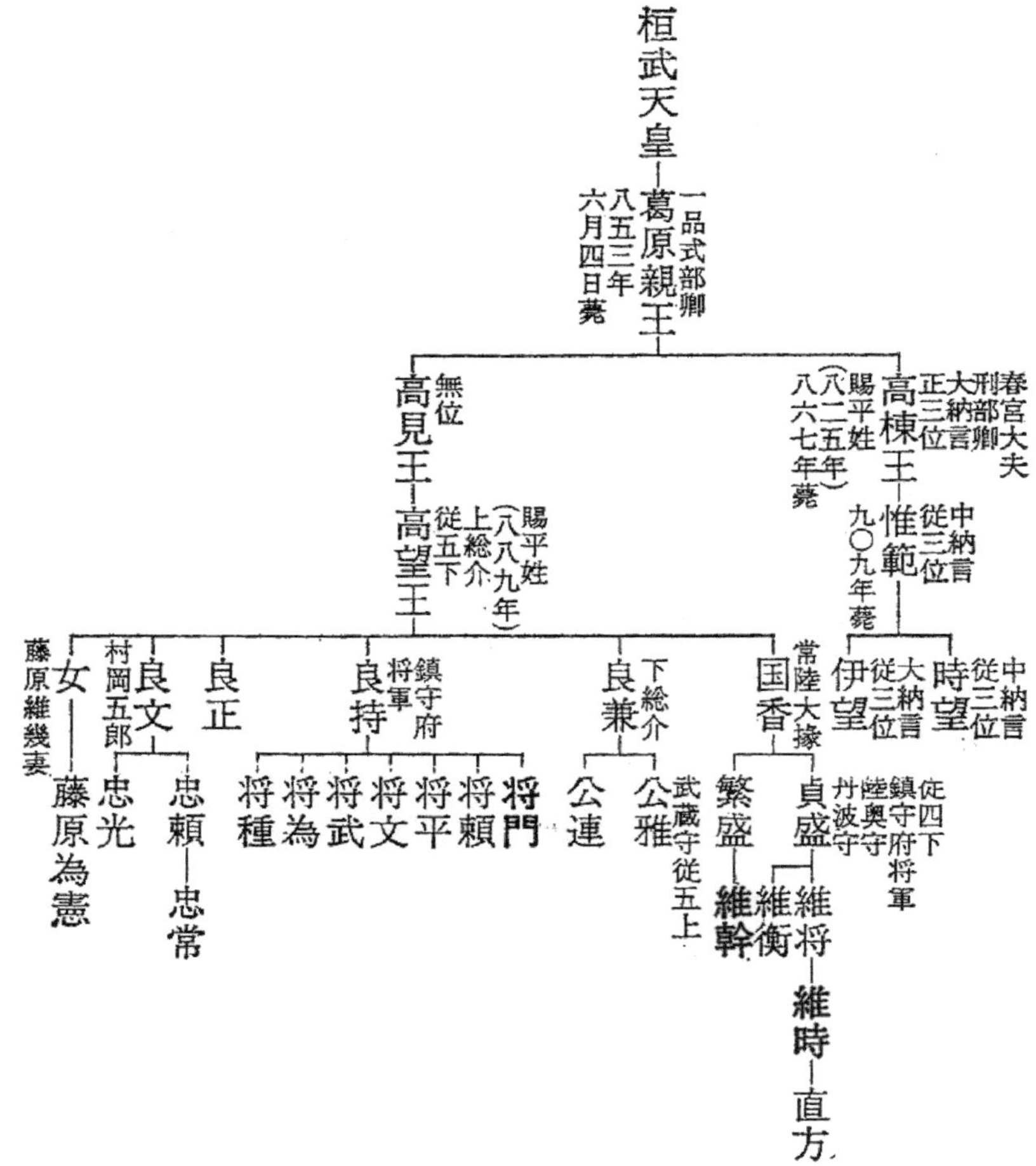
桓武天皇
葛原親王
一品式部卿
八五三年六月四日薨
高棟王
春宮大夫
刑部卿
大納言
正三位
賜平姓
（八二五年）
八六七年薨
惟範
中納言
従三位
九〇九年薨
時望
中納言
従三位
伊望
大納言
従三位
高見王
無位
高望王
賜平姓
（八八九年）
上総介
従五下
国香
常陸大掾
貞盛
従四下
鎮守府将軍
陸奥守
丹波守
繁盛
維将
維時
直方
維衡
維幹
良兼
下総介
公雅
武蔵守従五上
公連
良持
鎮守府
将軍
将門
将頼
将平
将文
将武
将為
将種
良正
良文
村岡五郎
忠頼
忠常
忠光
女
藤原維幾妻
藤原為憲

平氏略系図

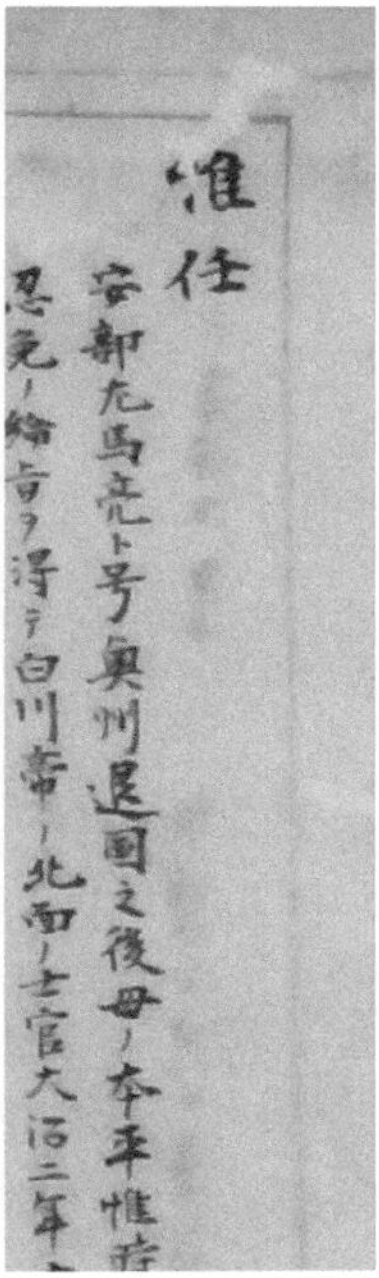
惟任
安部左馬亮ト号奥州退国之後母ノ本平惟時
恩免ノ綸旨ヲ得テ白川帝ノ北面ノ士官大治二年

同時代にこの名を持つ人物は見つからなかったのですが、「維」という字を持つ人物を探してみると、常陸の豪族平国香《たいらのくにか》の子、貞盛《さだもり》の孫に維時があり、同じく国香の子、繁盛《しげもり》の子に維幹《これもと》（基）という人物が居ます。

維基は今昔物語に平忠常の宿敵として登場します。

ここで先ほどのラインを見直してみると、親密な関係を持つ源頼信と平忠常にとって、常陸平氏は宿敵となり、常陸平氏と姻戚関係の安倍氏に対して、敵愾心《てきがいしん》を抱いてもおかしくありません。系図を写す過程で、この維時や維幹を惟時と誤記した可能性は十分考えられることです。もしかして、平永衡も常陸平氏を出自に持つものであったのかもしれません。

頼義の私戦

「今年朝廷雖補新司。聞合戦告辞退不赴任。因之更重任頼義朝臣。」
（この年、朝廷は新しい国司を補任《ぶにん》しましたが、頼義から「合戦中である」と聞き、陸奥守を辞退して赴かなかった。これにより、源頼義を重任した）

天喜四年、朝廷は任期を終えた源頼義に替えて、新しい国司を補任しました。

ところが，新任の国司は陸奥での戦争を理由に辞退をしました。

朝廷が、この時期に新しい国司を補任したということは、安倍氏追討の大義は、恩赦によって既に消滅していたということになり、阿久利河夜襲事件以後の軍事行動は、源頼義側の私的な挑発行為とみなすべきと考えます。

なぜなら、「陸奥話記」には、頼良が衣川の関を閉じ、一切の交渉を拒絶するという構えを見せたことで、「将軍いよいよ怒る。大いに軍兵を発す。坂東の猛士雲集雨来す。歩騎数万」とありますが、本当に数万の兵士が野を覆い、国内が騒然としたのでしょうか。

「陸奥話記」に記されたその後の合戦の記述を見ても、数万の兵が合戦を繰り広げた記述がありません。

ただ一文、合戦らしい記述は、金為時が頼良の弟、良昭を攻めたというもので、後援が無かった為に一戦して退いたと記されています。

そして、「今年騒動し国内飢饉す。糧食給せずして大衆一散す」と、雲集雨来した猛士が、戦わずして国に帰ってしまったというのです。

朝廷が発した官軍であったなら、このような戦いぶりを看過するはずは有りません。

官軍の兵糧は、鎮守府や多賀城にある程度は備蓄されていたと思いますが、数万の兵を養うとなると奥羽だけでなく坂東の諸国からも徴収したはずです。

何の戦果も上げられずに軍を解散させたとなれば、頼義の処分が下されたはずです。

その処分が無かったということは、頼義の率いた軍は私兵であったということでしょう。

平永衡は、頼義の大義の無い私戦に召集され、前司藤原登任の差し金で殺されてしまったのです。

永衡の妻の悲痛は如何許りかと、察するに余りあります。

朝議が安倍氏の処分をめぐって紛糾したというのも、頼義たちの強引な手口に閉口しての事でしょう。

新任の国司が都に帰った件も、朝廷の対安倍氏政策を無視した上で、頼義側から仕掛けた軍事行動を、あたかも合戦の最中と誇大に吹聴し既成事実化を計ったものと考えます。

戦争回避を貫く安倍氏側の思いは頼義によって踏みにじられてしまったのです。

栗坂の合戦

「富忠設伏兵。撃之険阻。大戦二日頼時為流矢所中還鳥海柵死」
(富忠《とみただ》伏兵を設け、之を険阻《けんそ》に撃つ。大いに戦うこと二日。頼時流れ矢の当たる所となり、鳥海の柵に帰りて死す)

天喜五年、頼良は、源氏に加担しようとする安倍富忠を説得するため、二千の兵を率いて富忠の許へ向かいました。

当家系図では富忠は、忠良の弟で岩手判官《はんがん》と記されています。岩手郡の三等官であったということでしょうか。

郡司は安倍頼良ですから、叔父でありながら身分は頼良の下であったようです。

この富忠は、金為時と行動を共にし安倍氏を裏切る行為にでます。

金為時は当家系図では、忠良の弟、為基の長男とあります。

(当家略系図参照)

つまり、富忠と為時は叔父、甥の関係となります。富忠は「陸奥話記」に、鉋屋《かねや》、仁土呂志《にとろし》、宇曽利《うそり》三郡の俘囚を召集し、為時に従軍させる計画を実行に移そうとしていたものです。

これを知った頼良は、叔父や従弟の裏切りに対し、説得で臨もうとしたわけです。

頼良は富忠の待ち伏せを予期せず、不意に襲われ流れ矢に当たり鳥海の柵で亡くなります。

この流れ矢に当たった戦闘を、当家では「栗坂《くりさか》の合戦」と伝え、頼良の亡くなった日を、九月五日と記しております。

この時、頼良は臨終の床で、貞任と宗任を呼び、きっと次のように語ったのではないでしょうか。

「良いか、たとえこの戦で源氏に勝利し、頼義殿を生け捕ったとしても、決して首を刎ねてはならぬ。安倍は古《いにしえ》より、帝《みかど》を守り、国の存亡ある時は命を懸け戦ってきた一族である。逆賊となれば末代の恥ぞ。時が来れば必ず許され、この国にも平和が訪れるはず」

安倍頼良が残したこの言葉が、この後の合戦の成り行きを決定することとなるのです。

安倍氏が、俘囚から興った豪族であったなら、合戦の情勢は大きく変わっていたことでしょう。

頼良の心中を知ってか知らずか、この死によって、源氏軍は色めき立ち、諸国の兵士を挑発して一気に安倍氏を滅ぼさんとし、朝廷から官符を賜り、兵糧と軍兵を動かす後ろ盾を得るのです。

ところが「陸奥話記」には「但群卿之議不同」とある通り、公卿たちの意見は、この時点においても「安倍氏追討」の一色では決して無かったのです。

侵略戦の黒幕

「将軍従兵或以散走。或以死傷。所残纔有六騎。」中略「賊衆二百余騎。張左右翼圍攻。飛矢如雨。将軍馬中流矢斃。景通得馬援之。義家馬亦中矢死。」

（将軍の従兵は、逃げたり、傷を負い死す者もいた。残る騎馬はわずかに六騎。中略。賊衆は二百余騎。左右に翼を張り是を囲む。飛矢は雨のごとし。将軍の馬は流れ矢に当たり死に、景通《かげみち》が別の馬を得て将軍を助けた。義家の馬も矢を受けて死んだ）

「黄海合戦の舞台となった一関市藤沢町黄海川」

源頼義は義家と共に源氏軍千八百余を率いて、河崎柵に拠る貞任の軍四千余を攻めました。

しかるに、道程困難な上、兵糧不足の源氏軍は、二倍を超す兵力を有する貞任軍に、散々に打ち負かされ、頼義率いる兵はわずか六騎のみとなりました。

二百余騎の貞任軍に囲まれ頼義、義家の馬は矢を受けて死に、頼義親子は絶体絶命のピンチを迎えるのです。

これは源氏軍と安倍軍との初めての軍事衝突、「黄海《きのみ》の合戦」の様子を記した部分です。この戦の敗戦理由は、兵力の圧倒的劣勢に加え、兵糧不足による士気の低下とし、その中において将軍および義家は「騎射如神」の活躍をしたと記されています。

源氏軍の敗戦理由は簡単で、大義のない侵略戦争であったこと、安倍氏の軍事力を過少評価していたこと、そして何より頼義の将としての器に問題があったということでしょう。

それは、清原武則の援軍を得て、貞任を厨川に追い込むまでの戦況を見れば明らかです。

頼義にとって、この敗戦によって源氏の力だけでは到底安倍氏は討てないと自覚したことと思います。

また、安倍氏側の態度は、この黄海の合戦でも明らかなように、あくまで和議によって戦争回避の方法を模索していたと思われます。

圧倒的優位な戦闘において、頼義、義家の命を奪わなかったことがその証です。

貞任、宗任の胸の中には、鳥海柵で死んだ父、頼良の言葉が深く刻み込まれていたのでしょう。

国司を討てば朝敵となるのは明らかです。

頼義はそのこともあって高を括《くく》っていたのかもしれません。

安倍氏側はこの大勝によって、この地に元の通りの平和が訪れるものと期待したことでしょう。

頼義は、この年の十二月、国解に次のように記しています。

「諸国兵糧兵士雖有徴発之名無到来之実。當国人民悉越他国不従兵役」

（諸国に向け発しられた兵糧や徴兵の命令は名ばかりで、実際にそれに応じるものはない。また陸奥の人々は他国に逃げ兵役に服すものはない）

この国解は、頼義の焦りをあらわにした内容ですが、世の人々が安倍氏追討に大義が無いことを知っていて、源氏に非協力的だったことの証明ではないでしょうか。

これは一般の人々ですから民意が反映されているわけですが、実はそのあとにもっとすごいことが記されているのです。

「先移送出羽国之處。守源朝臣兼長敢無乱越心。中略。而齋頼乍蒙不次恩全無征伐之心」

（出羽の国の国司となった源朝臣兼長《みなもとのあそんかねなが》は貞任等を討つ気が全く無く。中略、兼長に代えて出羽守となった源朝臣齋頼《みなもとのあそんなりより》も恩賞を貰ったにも拘わらず貞任等を討つ気は無かった）

陸奥の国の住民も、出羽の国司さえ、安倍氏の討伐に一切協力をしなかったと記されているのです。

なぜ、出羽の国司が朝命を無視したのでしょうか。

国司がこのような行動を執るということは、よほどの後ろ盾がなければできない行為ではないでしょうか。

ここで登場するのが、次の藤原頼通と教通の関係図です。

図の通り、源兼長も齋頼も共に藤原頼通の催す歌合《うたあわせ》に参加しています。

歌合に参加するということは主催者と深い関りを有するものでなければあり得ません。

つまり、両者の強力な後ろ盾とは、関白太政大臣藤原頼通だったのです。

このような状況の中、頼義を操り、奥州の利権に執着する黒幕は、此処であきらめることなく、次に打つ手を密かに練っていたのです。

その黒幕とは、藤原頼通と陰で対立する人物、しかも、官符を都合よく発することのできる権力者、そう、藤原教通以外に考えられないでしょう。

勿論、教通は兄頼通に対し、恭順を装い表立っての行動は取らなかったでしょう。

しかし、この教通の後ろに頼通の専横《せんおう》に業を煮やす他の兄弟たちが居たとしたら、尚且つ、河内源氏を陰で操る高貴な人物の存在があったとしたら、この関係図も現実味を帯びてくるのではないでしょうか。

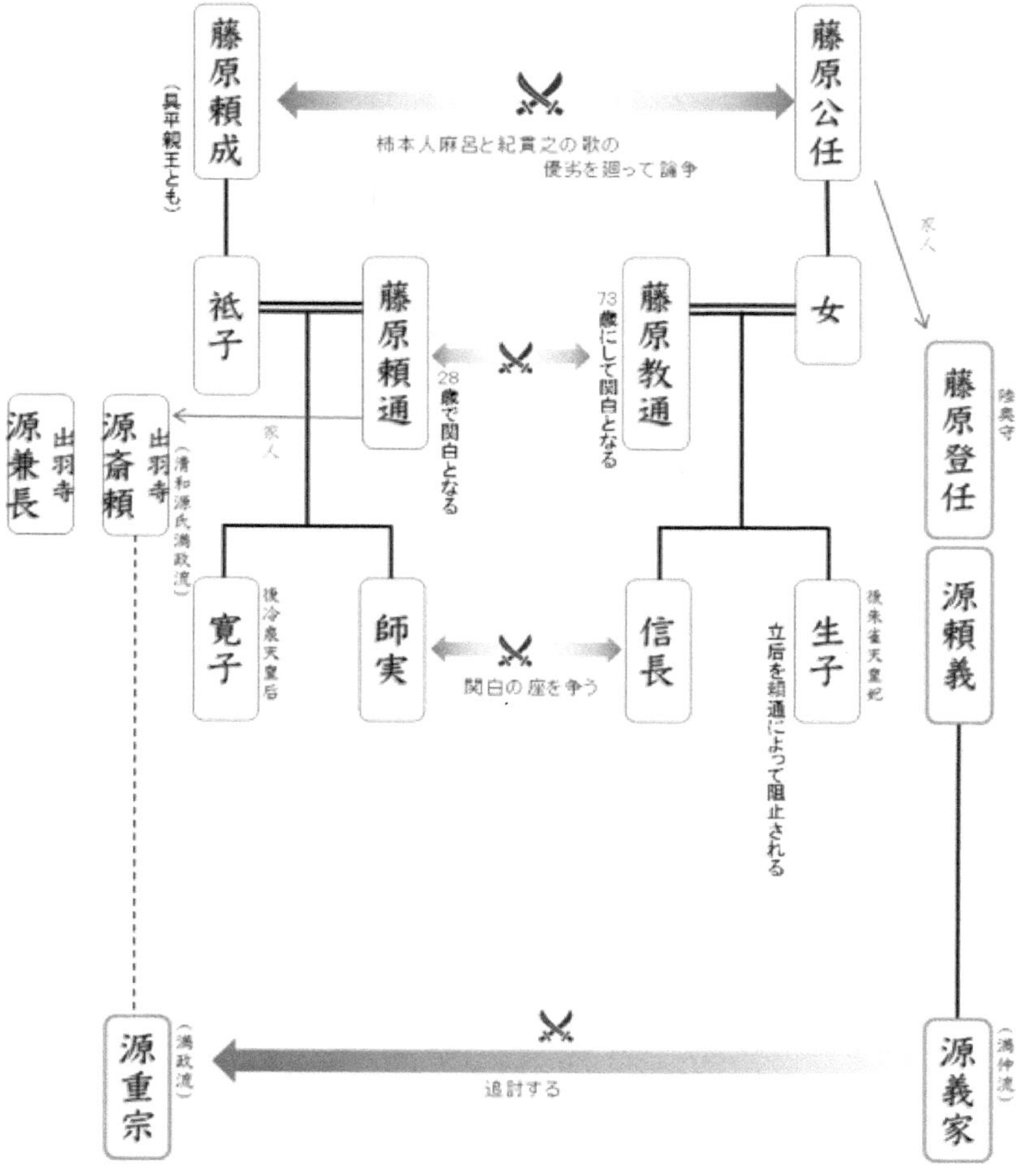
藤原頼成
（具平親王とも）
藤原公任
柿本人麻呂と紀貫之の歌の優劣を廻って論争
家人
祇子
藤原頼通
28歳で関白となる
藤原教通
73歳にして関白となる
女
藤原登任
陸奥守
源兼長
出羽守
源斎頼
出羽守
（清和源氏満政流）
家人
寛子
後冷泉天皇后
師実
関白の座を争う
信長
生子
後朱雀天皇妃
立后を頼通によって阻止される
源頼義
源重宗
（満政流）
追討する
源義家
（満仲流）

藤原頼通と教通関係図

束の間の平安

黄海《きのみ》の合戦の勝利を受け、安倍軍の士気は高まり、当面源氏は攻めてこないであろうという安心感が広まったものと想像します。

出羽の国司も追討の命に随わず、安倍氏を支える多くの人々の協力を得て、奥州に再び平和が訪れようとしていました。

ところが、経清の執ったとされる行動に大きな落とし穴があったのです。

「経清率数百甲士出衣川關。放使諸郡。徴納官物。命曰。可用白符。不可用赤符。白符者経清私徴符也。不捺印。故曰白符也。赤符者国符也。有国印。故曰赤符也。将軍不能制之。」

（経清は数百の甲士を率いて衣川の関を出づ。諸郡を放使し官物を徴納す。命じて曰く白符を用いるべし。赤符を用うべからず。白符は経清私徴の符なり。捺印せず、故に白符と曰うなり。赤符は国符なり。国印有り。故に赤符と曰うなり。将軍之を制すること能わず）

この文章は、経清が国に納めるべき官物を、白符を使って奪い取ったという一文ですが、経清が本当にこのような行動をとったかどうかはさておき、用いたとされる白符が「徴納官物」に有効であったものかどうかは疑わしいと思います。

しかも「陸奥話記」の本文中に、白符と赤符の違いなど、誰でも知っていそうなことを、わざわざ説明しているのは、この行為が国の威信を傷つける最大の罪であり、安倍氏追討の理由として捏造できる証拠品と成り得たからでしょう。

ただこの記述から確実に言えることは、天喜五年十一月から康平五年八月までの凡そ五年間、「将軍不能制之」で源氏の力では、安倍氏を打倒することは到底できなかったということです。

康平五年春、陸奥の国には高階朝臣《たかしなのあそん》経重《つねしげ》という新しい国司が補任され、京の都を出立しました。

しかし、源頼義は任期が終了したにも拘らず帰京する様子もなく、そのまま国衙《こくが》に留まり諸事伝搬の政務に当たっていたようです。

高階経重は、陸奥国の国境まで来て、何らすることなく帰京してしまうのです。

おそらくこの時、頼義は例の「白符」を経重に見せつけ、

「貴殿は、この白符を見て何と召さるるや。国衙領や鎮守府領からの徴税を、武力を背景に拒み続ける安倍の一党を、甘く見ては死ぬ目に逢いまするぞ」

つまり、頼義に偽の「白符」を見せられ、脅され追い返されたわけです。

常識では考えられませんが、新任の国司を脅して、京に送り返すのはこれで二回目です。

頼義の執念の凄まじさを感じます。

「朝議紛紜之間。頼義朝臣頻求兵於光頼並舎弟武則等」

（朝議が紛糾している間も、頼義は度々清原光頼《きよはらのみつより》、武則《たけのり》の兄弟に出兵の要請をした）

ここでも朝廷内で議論が紛糾したことが記されています。

頼義は、更迭を恐れ、しきりに清原光頼と舎弟の武則に出兵を求めています。

まさに溺れる者の境地であったのでしょう。

後三年合戦絵巻には、清原家衡の家臣、藤原千任《ふじはらのちとう》が義家に対し大声で「お前の父、頼義は安倍貞任等を攻められず、亡き清原武則の助けを借りて、やっと攻め滅ぼしたのではなかったか。それなのに、その恩を忘れ武則の子孫を攻めるとは何事か。きっと天罰を受けるだろう」と言ったと描かれています。

義家が千任を捕え、舌を抜くという残虐な殺し方を用いたらしいのですが、義家にしてみれば、武則に対する嫌悪感がそうさせたのかもしれません。

果たして、黄海の合戦以来、つかの間の平安に奥州の大地が彩られ始めた頃、出羽国では奇珍に釣られた清原武則の邪心が蠢き出すのです。

清原武則の謀叛

「而常以甘言説出羽山北俘囚主。清原真人光頼舎弟武則等令与力官軍。光頼等猶預未決。将軍常贈以奇珍。光頼武則等漸以許諾」

（こうして常に甘言を以て出羽山北の俘囚主清原真人《まひと》光頼、舎弟武則等に説き、官軍に与力せしめんとす。光頼等猶予し未だ決せず。将軍常に贈るに奇珍を以てす。光頼、武則等漸く以て許諾す）

もはや源頼義の威厳は地に落ち、父頼信の築いた東国での地盤も崩壊の危機を迎えたことでしょう。

窮地に陥った頼義は、出羽の豪族清原光頼、武則兄弟に再三甘言をもって援軍を乞い、それを渋る兄弟に奇珍を贈って漸く許諾を得ました。

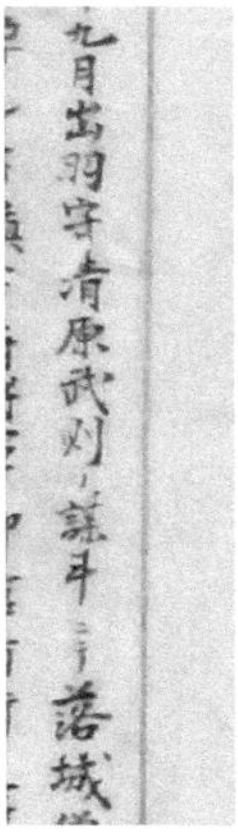
当家安倍系図「武則ノ謀叛」とあり。

清原武則は、康平五年秋七月、子息武貞と共に一万余の軍勢を率いて陸奥の国へ布陣しました。頼義は大いに喜び、自らは三千余の兵を率いて国を出立したのです。

ここで当家の系図を見ますと、安倍氏滅亡の理由に「武則謀叛」という記述があり、安倍氏と清原氏との間に、本来強い同盟関係があったにも関わらず、武則が兄の光頼に謀叛を企て、源氏に加担したと伝えています。

この謀叛という表現は、兄の光頼に対して起こした謀叛と捉えるべきか、本来同盟関係にあった安倍氏に対する謀叛と捉えるべきか、二つの選択肢があるわけですが、次の事から前者であると考えます。

一つ目は、八月十六日に諸陣の押領使を定めていますが、七陣の内、頼義の五陣以外の全てが、武則の甥か、「武」の字を用いた名前を持つ武則の親族であること。

二つ目は、清原軍の陣中に光頼や、光頼の子頼遠《よりとう》の名が無いこと。

三つ目は、戦後の論功で、武則は従五位下鎮守府将軍となったが、光頼は名前すら出ていないこと。

四つ目は、安倍正任が光頼の子、頼遠の許に潜伏していること。

五つ目は、同盟関係にある清原氏が安倍氏に謀叛を起こしたのなら、当家史料に「光頼謀叛」と記されるはず。

武則は兄光頼の制止を振り切り、奇珍欲しさに謀叛を起こしたものと考えます。もしかして、謀叛の文字の意味から、振り切るどころか光頼を殺して参陣した可能性も否定できません。

頼義が奇珍を贈った相手とは、頑なに参戦を拒む光頼ではなく、目の前の欲に眩《くら》む武則だったのです。勿論、奇珍とは金や物ではなく、庶流の武則が、兄光頼を圧倒するための権威の象徴。それが何であるかは合戦の後に明らかとなるのです。

小松の柵攻防

さて、同年八月九日、栗原郡営崗《たむろがおか》にて両軍は集結し、頼義等は八月十六日陣立を行い、十七日萩馬場に到着しました。ここから良昭、宗任が籠る小松の柵まで五町有余。

頼義は「依日次不宜幷及晩景。無攻撃心。」の通り、夜が近づいたので攻撃はしないつもりであったところ、武則の放った偵察部隊が突然柵に火を放ち奇襲を加えました。

戦闘の幕が切って降ろされ、武則の率いる軍は、我先にと先陣を争い小松の柵に雪崩れ込んだのです。

この戦いで宗任は、八百余騎を率いて城外に撃って出ます。

宗任はその中から精兵三十余騎を分け、清原武則の守る要害の地を攻めます。

勝負決することなく、双方に多くの死傷者を出し戦闘は終わりました。

源氏、清原連合軍と安倍氏の初めての大規模な戦闘ですが、私はこの小松の柵の攻防戦から衣川の関が破られるまでの戦闘こそが、安倍氏の存亡をかけた決戦であったと考えています。安倍氏にとって、朝廷に対し弓を引く理由は無いわけですから、国司である頼義の首を取る戦でも無いわけです。

頼義はそれを知っていて、執拗に安倍氏に喧嘩を売ってきたのです。

安倍氏の合戦の目的は、源氏清原連合軍に打撃を与えつつ、衣川の関で食い止め、この合戦が、源頼義の私戦であったと朝議が決するのを待つこと。その一点であったと考えます。

源氏、清原連合軍にしてみれば、大義の無い戦いですから、正々堂々とした合戦は二の次で、常に間者《かんじゃ》を放って柵に火を付けるという卑怯な戦法で終始します。

これが自らを「官軍」と称した正規軍の戦い方と言えるでしょうか。

安倍氏は、迎え撃つ立場でありましたが、籠城に拘らず真っ向勝負を挑んだのです。

源氏に加担する者たちは「欲望」が鎧を着て歩いているような者たちばかりですから、正当な合戦となると命欲しさに逃げだす始末で、一時、頼義軍は「兵士四散し、営中数千に過ぎず」と言った状況に追い込まれるのです。

ところが、康平五年九月二日、安倍氏にとって大きな存在ともいうべき藤原頼通が、太政大臣を辞し政権の中枢から退くのです。

頼通の政界引退を受けて、俄然、頼義は安倍氏打倒に執着を持ったことでしょう。

しかし、安倍軍の結束は固く、要害の小松柵は容易には落ちませんでした。

頼義軍は「休士卒整干戈。不追攻撃。」とあるように一万余の大軍をもって攻めながら、宗任を追撃する事さえ出来ぬほどの状態であったことがわかります。

宗任はこの後、頼義軍の錯乱を策し、磐井郡の南に出張《では》り兵糧の補給路を断ちます。

頼義軍を小松の柵に封じ込め士気の低下を狙った作戦が見事に的中し、頼義軍は十八日間身動きできないまま足止めを食らったのです。

この間、頼義は兵卒三千余人をして、四十余里離れた磐井郡中村の稲を刈り取るという略奪行為をして、何とか兵卒の腹を満たしました。

自称「官軍」の兵糧は、人々の汗水の結晶を略奪する行為によって補填されていたのです。

「貞任等風聞此由。語其衆曰。如聞者官軍食乏。四方求糧。兵士四散。営中不過数千云云。吾以大衆襲撃必敗之。」

（貞任等この由を風聞しその衆に語りて曰く、官軍食乏して四方に糧を求む。兵士四散し、営中数千に過ぎずと。吾大衆を以て襲撃し必ずこれを破らん）

貞任は頼義軍の逼迫《ひっぱく》した状況を聞き、八千余の兵を率いて攻撃を加えるべく出立しました。

貞任の胸の内は、ここで源氏、清原連合軍に大打撃を与え、兵卒を離散させることで自然消滅することを狙ったものと考えます。

ここで「陸奥話記」の作者は、貞任の大軍襲来を次のように表現しています。

「率精兵八千余人動地襲来。玄甲如雲白刃耀日」

（貞任は八千余の兵を率いて地をどよめかせ襲来した。黒い兜は雲のように湧き出で、刀の刃は日に照らされ輝いている）

一方、頼義軍については頼義の発した言葉としてこう表現しています。

「彼官軍分散。孤営少兵。是必謀勝矣。」

（官軍の兵は分散し、各陣営には兵が不足している。これでは相手が勝つに決まっている）

この文章を比べますと、まるで貞任の軍が官軍で、頼義の軍が賊軍の様です。

ところが武則はあわてる様子もなく
「官軍為客兵粮食常乏。一旦争鋒欲決雌雄。而賊衆若守嶮不進戦者。客兵常疲労不能久攻。或有逊散者僕常以之為恐。」

（官軍と言っても恩賞を目当てに集まった者たちばかりで、常に食料も不足し、このままでは攻め手に窮していたでしょう。ところが、貞任の側から攻めてきてくれた。この好機に我が軍は雌雄を決しようと奮戦してくれるでしょう。もし、籠城戦にでもなっていたなら、そのうち皆疲れ切って、中には戦列から離脱するものも出たでしょう。私はそれが一番怖かった）

と、言って頼義を元気付けたようです。

この武則の「官軍と言っても客兵《かくへい》、つまり糧食の乏しい援兵」という言葉。

続いて、「籠城戦にでもなれば戦列から離脱する者が出た」という言葉。

この言葉は、

「自分たちは官軍とは名ばかりで、追討の大義の無い寄せ集めの軍隊です。このままでは離脱者が続出するところ、幸いにも貞任が攻めてきてくれたので助かりました」と言っているようです。勿論、これは武則本人の言葉ではなく、「陸奥話記」の作者が官軍の陣容を評してこのように表現したものでしょう。

本来、正規の官軍であれば、糧食が常に欠乏しているなどという状況は有り得ないわけで、「陸奥話記」の作者が、頼義率いる官軍の実情を知っていたということでしょう。

貞任は、清原武則の起こした謀反に対し憤慨し、安倍氏側の士気を高める為にも、官軍の主力となった清原軍に一撃を加えるべき、と判断したものと考えます。

ところが、武則の戦術は巧妙で、八千余の大軍で押し寄せた貞任軍でしたが、戦況は決して思わしくなく、「両陣相対交鋒大戦。自午至酉。」

正午頃より夕方六時ごろまで激戦が続き、義家、義綱等の活躍もあって、「貞任等遂以敗北」となり、磐井川まで敗走させられるのです。

（迷い、或いは津を見失う者、或いは高岸より墜ちる者、或いは深い淵に溺れる者が続出した。暴虎馮河《ぼうこひょうが》、血気にはやる輩はこれを襲撃し殺した。戦場から河辺に至るまでに、射殺す賊衆は百余人、奪うところの馬は三百余匹であった）

という、大打撃を被るのです。

しかも、頼義は、このまま夜になっても攻撃を緩めず、

（士卒をもてなしたり、兵の着用する甲を整えたり、軍中を見て回って傷を負った者を労った）と、記されています。

この後、武則は貞任の陣中に、決死の部隊を送り込み、奇襲を加えて火を放ちました。貞任等は不意を突かれ、陣中は擾乱《じょうらん》し、ある者は驚き、ある者は騒ぎ、互いに同士討ちをするなどして、多くの死傷者を出しました。

この奇襲を受けて、高梨の宿及び、石坂の柵を放棄し、衣川の関まで後退を余儀なくされたのでした。

頼義が、ここまで徹底して攻めた理由、いや、「陸奥話記」の作者が、小松の柵攻防戦をここまで詳しく記した理由、それはこの合戦が両者の雌雄を決する戦いの前哨戦との認識があったからに違いありません。

衣川落城秘話

「件関素隘路険岨。過〇函之固。一人拒険萬夫不能進。弥斬樹塞蹊。崩岸断路。加以霜雨無晴。河水洪漲溢。」

（くだんの関は元来狭く険しい石山の上にあり、諸方の防壁も固く過ぎたるものである。侵入を拒むものが一人でもおれば、萬の兵を持っても進み入ることはできない。その上に大木を切り

倒し狭い谷を塞ぎ、山の岸を崩して通路を断った。加えて霜や雨が降り続き晴れる日がなく、川の水は溢れかえっていた）

「陸奥話記」には、以上の通り要害堅固を誇った衣川の関の状況が記述されています。

頼義軍は、この堅固な関を攻めるため、清原武貞、同頼貞、そして武則の三軍がそれぞれ関道、上津衣川道、関下道を攻め貞任軍の守りを崩しに掛りました。

「衣川関跡に建つ説明板」

午後二時から夜の八時頃まで攻め続けましたが、死者九人、負傷者八十余人を数え、一方で貞任軍の被害が記されていないところをみると、武則等は相当な苦戦を強いられたものと思います。

武則は一計を案じ、久清という兵を召し「両岸の曲木に跳び付き、その木を伝って柵内に侵入し火を放て」と命じました。久清は三十余人の兵を率いて柵内に忍びこむことに成功し、火を放って攪乱させました。

武則の家臣と見える久清なる人物は、川の両岸に生えた曲木に飛び移って柵内に忍び込んだようです。

この時代に忍者のような動きを見せています。

武則の配下に久清のような忍者部隊がいて、情報収集や破壊工作、暗殺、放火など、命ぜられるままに活動していたものかもしれません。

武士の棟梁と言われた頼義や、その子義家が、この戦法を良しと認めたとは思いたくありませんが、正々堂々と戦っても勝てない相手だったということでしょう。

安倍氏側では、頼義の首を取る合戦ではないと決めているわけですから、柵に火を放たれたら退却する以外ありません。

この柵は宗任の腹心、藤原業近《ふじはらのなりちか》の守る柵で、この柵の炎上を見て、貞任は関の守りを解き、厨川の柵での籠城戦を期して全軍を退かせました。

ここで大分の安倍氏伝承では一つのドラマが生まれます。貞任の忘れ形見の物語です。

貞任には愛妾《あいしょう》、「象形《きさのかた》」が康平五年の春に産んだ松若丸《まつわかまる》という男子がおりました。

康平五年の春は、黄海の合戦で安倍軍が源氏に圧勝し、つかの間の平和に包まれていた頃です。

貞任は衣川の関を落ちる時、愛妾「象形」に松若丸を託し、信頼を置く奴（家臣）一人を付けて落ち延びるよう命じました。

「象形」は、泣きながら貞任と一緒に死なせてくださいと嘆願しますが、貞任は深く叱り、松若丸と共に高梨の宿に逃がすのです。

この貞任の子、松若丸について、その実在が確認できる史料があります。

平安時代に算《さん》博士三善為康《みよしためやすし》が編纂した朝野群載《ちょうやぐんさい》、巻第十一「廷尉《ていい》」に記された太政官符《だじょうかんふ》です。

「太政官符　伊予国司應安置便所《おうあんちべんしょ》。帰降俘囚安倍宗任。同正任。同**貞任**。同家任。沙弥良増《しゃみりょうぞう》等五人。

従類参拾弐人事。

宗任従類大男七人

正任従類廿人大男八人　小男六人　女六人

貞任従類大男一人

家任従類三人　大男八人　小男一人

沙弥良増従類一人

部領使正六位上行鎮守府将軍監藤原朝臣則経従類三人

右得正四位下伊予守源朝臣頼義。去月廿二日解状云々。

康平七年三月廿九日」

この中に記された、**貞任従類大男一人**の記録が、貞任本人でないことは歴史が証明しています。では一体だれか、私は、この貞任と記録された者が、貞任の子、松若丸で、大男一人の大男は衣川関を落ちる時に、貞任がこの子に守役として付けた奴（家臣）ではないかと考えました。

また、高梨の宿について、衣川関からの逃走ルートも含めて検討した結果、宮城県栗原郡栗駒町岩ケ崎の高梨ではないかと考えています。

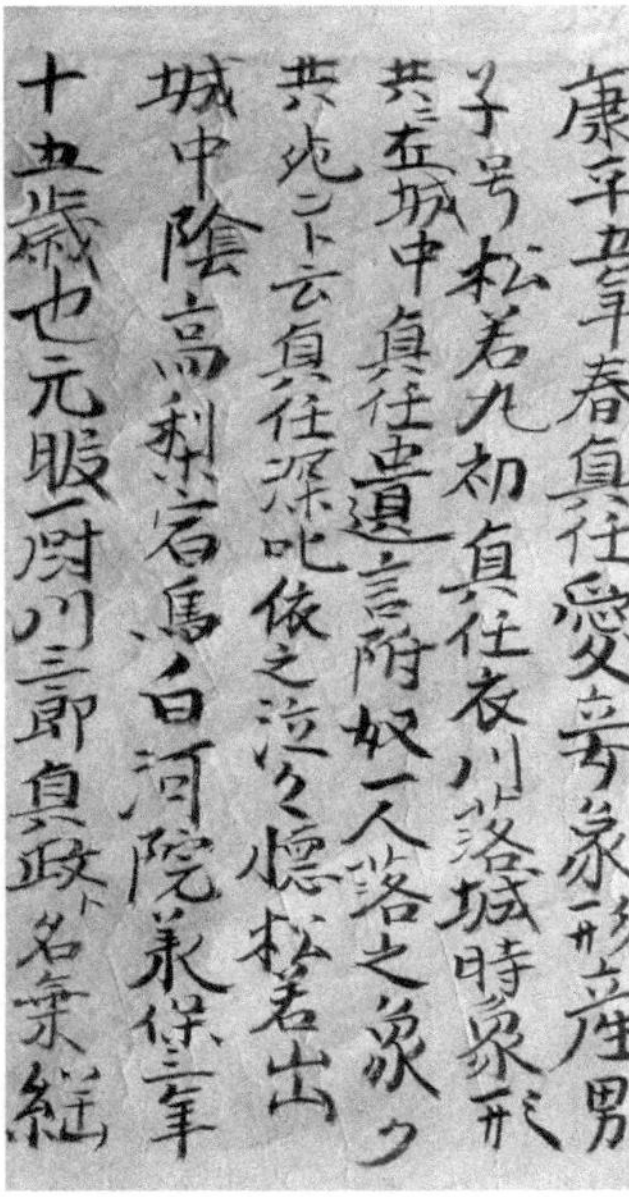

安部礼次郎氏家蔵系図（抜粋）

現在、高梨という地名は地図からは消えていますが、この岩ケ崎に高梨という古い地名が残っていたことを確認できたのは幸運でした。

高梨の宿と言えば、誰もが一関《いちのせき》と思われるでしょうが、ここは源氏清原連合軍の前線基地ですから敵陣に逃げ込むとは無謀過ぎて考えられません。

岩ケ崎には、大同二年（八〇七）建立と言われる音羽山清水寺という古刹があり、往古より栄えた土地であったようです。

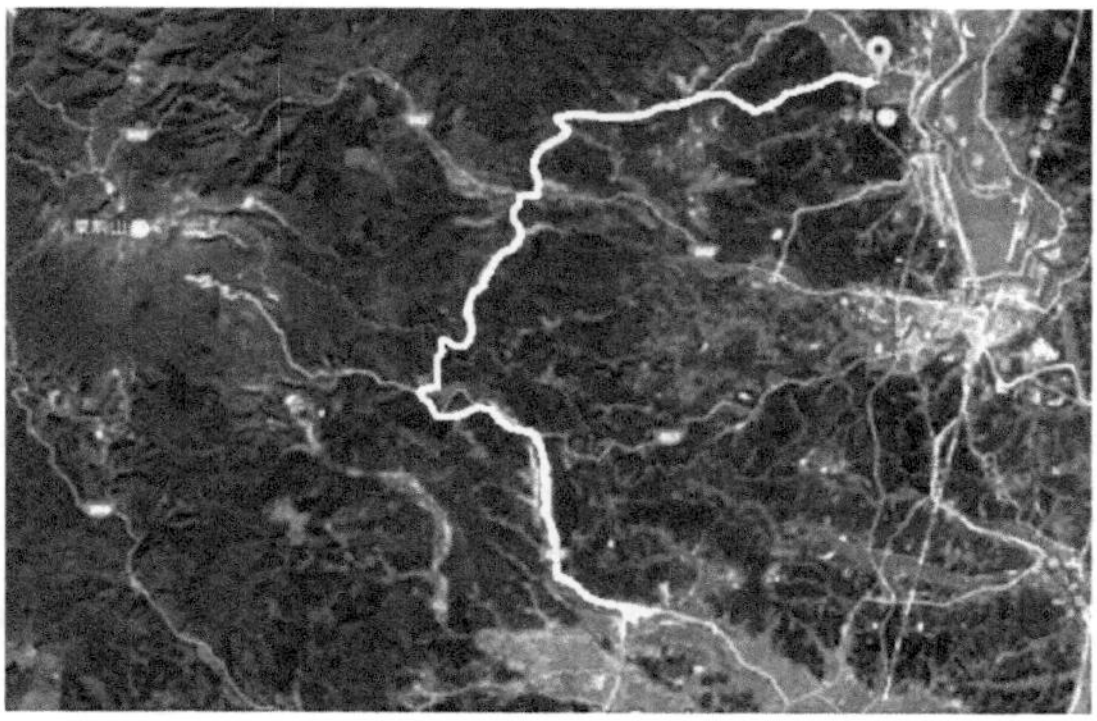

高梨の宿までのルート

衣川から出羽の国府に向かう古道の中継地であり、近くに鳥屋山という安倍氏と深い関りをもつ山も見受けられることから、この一帯が古くから安倍氏の勢力圏であったものと思われます。

この松若丸は、承保三年（一〇七六）、十五歳となって元服し、名を厨川三郎安倍貞政《くりやがわさぶろうあべのさだまさ》と名乗ると記されています。

宗任と共に奥州に帰り、後三年の合戦に出陣し、後に源義《みなもとのよし》国《くに》に仕え、越前において保延《ほうえん》五年、七十八歳の生涯を閉じました。

私が、拙著「豊後安倍氏の伝承」を書きあげた頃に、松若丸が福井で生涯を閉じたという記述がどうしても気になり、福井県における安倍氏の伝承や遺跡を調べていたところ、鎌倉時代から続くという安倍家の存在を知りました。

その安倍家とは、福井県小浜市志積の安倍家で、鎌倉時代、この地の刀禰職を務めたという歴史ある旧家でした。

早速、連絡を取ったところ、分家に当たられるという方とお話が出来ました。その方が言われるには、ここの安倍家は貞任の子孫であると伝わっているとのこと。

もしかして、松若丸の子孫かとも思いましたが、遠い場所でもあり、後で「貞任の遺児、松若丸」と題した原稿をお送りいたしました。

ところが、驚いたことがもう一つありました。

それは何気に電話帳を見ていたところ、志積の隣の浜に矢代という地区があるのですが、そこに何と、栗駒さんという家があるのです。

早速、電話を掛けお聞きしたところ、志積の安倍家の事は知っていて、お付き合いもあるとのこと。

松若丸が落ち延びた場所を、地理感もない私が、推測で考えた栗駒山山麓の高梨宿が、この志積の安倍家と矢代の栗駒家の存在で、現実味を帯びてきたことに驚きを隠せませんでした。

福井県には、他にも永享八年（一四三六）安藤康季によって再興された本浄山羽賀寺という古刹があり、この安藤康季が安倍貞任の子、高星丸や、貞任の弟とされる白鳥八郎行任の子、高任の末裔であるとの伝承があるようです。

さて、松若丸こと貞政の子、貞頼《さだより》は豊後安倍氏の貞任系の祖となり、現在でも多くの子孫が大分の各地で暮らされています。

この貞頼からの系譜については、後頁で述べたいと思います。

貞任の遺言

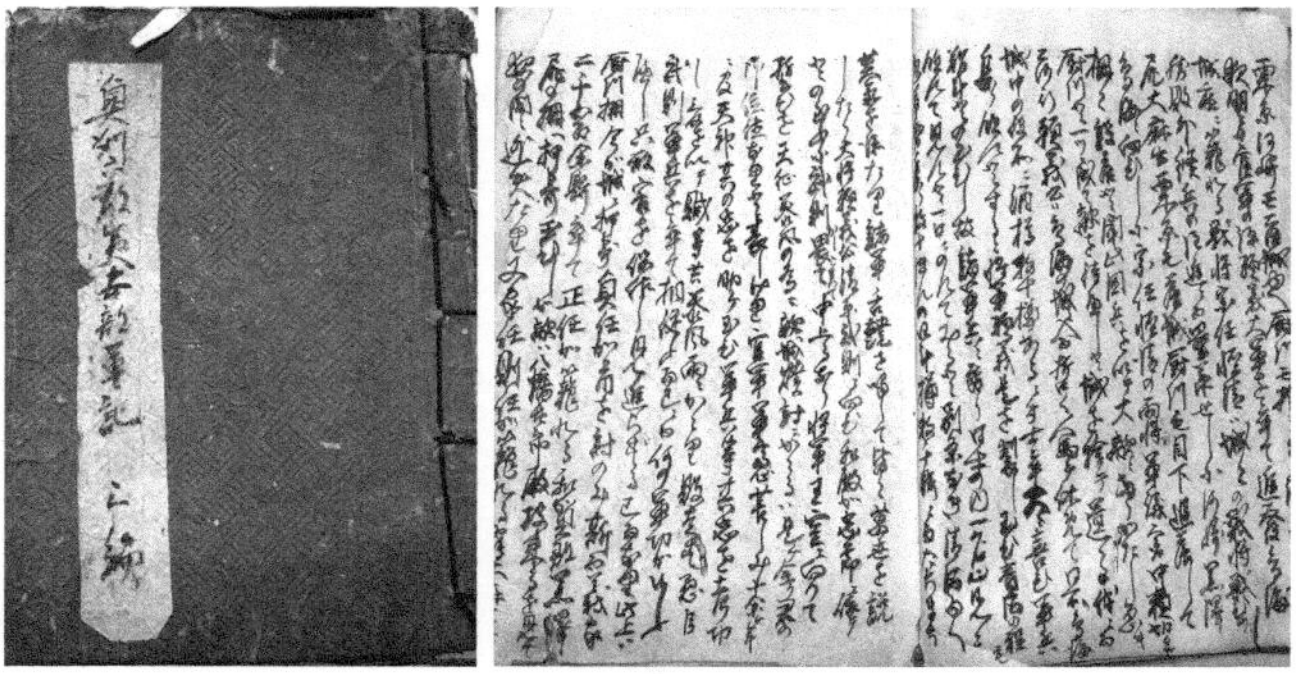
奥州六郡夷安部軍記

私は「豊後安倍氏の伝承」の中で、鳥海の柵の陥落（放棄）をもって、この合戦の勝敗が決したとの説を述べ、その理由の一つとして、

「貞任を中心とする派は、徹底抗戦を主張し、宗任を中心とする派は、戦争終結に向けての交渉を始めており、その交渉の結果、何らかの停戦、または終戦条件が取り交わされた。

しかし、それに反対する経清等は、厨川の柵での籠城を決め、貞任と合流するため鳥海の柵を出た。鳥海の柵の放棄は、貞任、宗任の兄弟が反目《はんもく》しあっての事ではなく、安倍一族の存続を懸けた分裂《ぶんれつ》工作であったのかもしれません」

と、述べておりますが、八月の岩手訪問によって、鳥海の柵の首塚や、夕顔瀬の伝承、厨川の柵で、貞任が蔵を開放したとする口伝に接し、これまでの考えを一部修正すべきとの思いに至りました。

貞任は、宗任に安倍氏再興を期して、生きることを諭し遺言を残したようです。

これは、当家史料「安部軍記」に記されているのですが、前著を記した当時は、この遺言という言葉が理解できず採用しなかったのです。

ところが、岩手訪問で聞き取りした伝承は、この「遺言」を裏付けるものでした。

なぜ当初「遺言」を理解できなかったかと申しますと、貞任を中心とする派の総力を懸ける厨川の合戦を控えて、遺言など縁起でもありません。

また、鳥海柵放棄の後も、貞任の率いる安倍軍の軍容は、官軍に負けず劣らずの勢力を維持していたものと思っておりました。

厨川の柵が陥落するとは決まっていない時点で、貞任だけが遺言する必然性が無いと判断したわけです。

ところが「安部軍記」には、貞任が衣川の関の落城を前に、宗任に遺言し生きる道を諭したとあるのです。

同様に、「安部礼次郎氏家蔵系図」にも、愛妾「象形《きさのかた》」に遺言し、松若丸と共に生き延びることを諭したと記されているのです。

「陸奥話記」によって知り得た前九年合戦の戦況は、虚像の様相を呈してきました。

特に、厨川の柵での戦いは、今までの見方を大きく変えなければならないようです。

前著では、「鳥海柵での攻防戦が無いまま、鳥海柵を明け渡したことで合戦の勝敗は決した」と述べ貞任と宗任が袂を分けた理由を「双方の主張が決裂したため」と記しましたが、次の通り修正したいと思います。

「貞任は、衣川落城を前に死を決意し、宗任に生きて安倍の家名の再興を期すこと、自らが源氏清原軍と交戦し時間を稼ぐ間に、領民や家臣、家族の身の安全を確保するよう遺言を残し、袂を分けた」

安倍氏内部の派閥について、貞任派と、宗任派の二派があったというのは間違いないでしょう。安倍忠頼、忠良、頼良と三代にわたり、陸奥の六郡の司として繁栄を享受した安倍一族、その間には陸奥の豪族との姻戚関係が生まれ、氏を同じくする者同士の派閥が形成されたものと考えます。

しかし、貞任、宗任の兄弟においては、反目に繋がる要素は皆無でした。

安倍頼良という父を持つ子供たちに、どうして相争う子が生まれるでしょうか。

「陸奥話記」の記述によって、私たちは長い間、幻影を見せられていたのです。

幻影とは、衣川の関陥落の後も、源氏清原軍と対等に戦えるだけの軍事力を維持し続けた安倍一族の姿です。

貞任の遺言が意味するものは、この幻影とは真逆の姿、正に風に揺らぐ老桜の花びらのような、終焉を前にして精一杯咲かんとする安倍一族の姿だったのです。

ここで、一旦、鳥海の柵の開城と、厨川の柵の落城とを「陸奥話記」の記述に沿って読み解いた上で、私なりに厨川の柵の籠城戦に至るまでの貞任の本当の姿を描き出したいと思います。兄弟愛に溢れる貞任の姿を…。

積水決するが如し

鳥海柵跡（岩手県金ケ崎町鳥海）

「同七日破関到膽沢郡白鳥村。攻大麻生野及瀬原二柵抜之。得生虜一人。申云。度々合戦之場。賊師死者数十人。」

（同七日、衣川の関を破り胆沢郡白鳥村に到る。大麻生野及び瀬原の二柵を攻め之を抜く。生虜一人を得る。申して言う。度々の合戦の場に賊師の死する者数十人）

「同十一日鶏鳴襲鳥海柵。行程十余里也。官軍未到之前。宗任経清等。弃城走保厨川柵。」

（同十一日、早朝に鳥海柵を襲う。行程十余里なり。官軍未だ至らざるの前。宗任経清等。城を棄てて走り厨川柵を保つ）

胆沢郡白鳥村を攻めた頼義軍は大麻生野、瀬原の二柵を落とし、兵卒一人を生捕《いけど》り、貞任軍の軍師数十人が死んだことを知るのです。

散位《さんみ》平　孝忠《たいらのたかただ》、金師道《きんのもろみち》、安倍時任《あべのときとう》、安倍貞行《あべのさだゆき》、金依方《きんのよりかた》等です。

頼義軍は二柵攻略の後、鳥海の柵に向けて軍を進めるのですが、柵から十余里手前まで来たところで、宗任、経清が柵を棄てたことを知ります。

安倍氏の本拠地と言われる鳥海柵を、戦わずして放棄するなど考えられませんが、江戸城の無血開城と同じく、このことにより衣川の関陥落を以って合戦の勝敗が決したといえるのだと思います。

この所々の合戦で死んだ安倍氏側の軍師は、当家系図では貞任、宗任にとって近親者に当たる者たちであることも、この敗戦による安倍氏側の損害が如何に大きかったかを物語っています。何度も申しますが、この戦いは頼義の首を取る戦ではないのです。

鳥海柵に入った頼義が武則に向かって感慨深げに

「頃年聞鳥海柵名。不能見其体。今日。因卿忠節初得入之。卿見予顔色如何。」

（年頃から鳥海柵の名は聞くが、その全体を見ることは出来なかった。今日、卿の忠節に因りて初めてこれに入ることが出来た。卿、予の顔を見るに如何と）

この時の頼義は、昭和二十年八月三十日、専用機「バターン号」で厚木基地に降り立ったダグラス・マッカーサーの心境ではなかったでしょうか。

それに答えて武則は

「苦軍旅役巳十余年。天地助其忠軍士感其志。以是賊衆潰走如決積水。」

（軍旅の役に苦しむこと巳に十余年。天地其の忠を助け軍士其の志に感ず。是を以って賊衆の滑走すること積水を決するが如し）と頼義の長年の苦しい軍旅を労い、安倍氏の本拠地を陥れた今、積水千仞《せきすいせんじん》の谿《たに》より決するが如くの例えを以て勝利を賀したと記されています。

厨川落城の謎

厨川柵のあった安倍館跡の標柱（盛岡市擬定地）

烏海柵を陥れた頼義軍は安倍正任の拠る黒沢尻柵を襲い、次いで鶴脛《つるはぎ》、比與鳥《ひよどり》の二柵を攻略し、厨川柵を望む場所まで到達しました。

「結陣張翼。終夜守之。件柵西北大澤。二面阻河。河岸三丈有餘。壁立無途。其内築柵自固。柵上構楼櫓。鋭卒居之。河與柵間亦堀隍。隍底倒立刃。」

（陣形は鶴翼《かくよく》を張り、夜を徹して守っている。この厨川柵は西北に大澤があり、二方向を河が阻む要害の地である。河岸には九メートル以上の壁が立ち道はない。その内側に柵を築いて固く閉ざしている。柵の上には物見やぐらを築き見張りを置いている。河と柵の間には空堀があり、刃を上に向けて並べてあ

る）

これは最後の戦いが行われた厨川柵の概要を記した部分ですが、安倍氏の詰城、または北に対する抑えの柵として築かれたものでしょうが、この強固に守られた柵を包囲し、落城させるまでの日数がわずか二日。詳しく記述しますと、

（十六日、朝六時頃から戦闘を開始し、終日通夜攻撃を行うものの抵抗多大、死者数百を数える。開けて十七日、午後二時ごろより、村々の屋舎を壊し、古材を集めて堀にうず高く埋め、また一方で萱を刈り取らせて河岸に積ませ、一気に火を放ち柵の中の男女数千人を焼き殺す。柵内は混乱し、ある者は淵に身を投げ、ある者は刃で首を突き果てた。数百人の士卒が鎧を着て刀を振り、囲みを目がけて突入してきたが悉く打ち取られた。終に経清は捕えられ鈍刀で首を斬られた。貞任は刀を振るい奮闘するも鉾《ほこ》で突かれ戸板に乗せられ、頼義の前に運ばれ一面して果てた。貞任の息、千代童子及び、弟の重任も斬られた）

概略このような戦況で幕を閉じたわけです。

ここで、「陸奥話記」を詳しく読み返してみますと、戦闘の前に、ある神がかり的な事象が起こっていることに気が付きます。

一回目は、小松の柵の攻防戦の直前で「今日有**鳩**翔軍上。将軍以下悉拝之」とあります。

二回目は、厨川の柵攻略の直前で「是時有**鳩**。翔軍陣上将軍再拝」とあります。

この鳩が軍上を飛翔するというのは、作者が、八幡神の使いである鳩を、吉祥の印として用いた表現だと思われますが、一カ月の戦闘期間に、二回も鳩が飛ぶというのは如何なものでしょうか。

神武天皇の東征で八咫烏が何度も登場したらどうでしょう。神の使いという神秘性は失われてしまい、最後には「八咫烏を出せ」とヤジが飛んできそうです。

要するに、作者は小松の柵攻防戦を記す段階で、この戦いが両軍の雌雄を決した合戦であったことを意識しており、「今日有鳩翔軍上。将軍以下悉拝之」と吉祥の印、鳩を飛ばしたのでしょう。

ここでも、真実を誰かに知らせようとする作者の意図が見て取れます。

それにしても、厨川の柵の合戦の様は、柵の防御施設の説明は十分されていますが、安倍氏側の抵抗の様子は全くと言ってよいほど記されておりません。

これが、源氏を相手に一度も敗北したことの無かった、奥州安倍氏の総力を投じた籠城戦と言えるでしょうか。

しかも源頼義と清原武則が、一万数千余の軍勢を率いて合流した八月十六日から、この厨川の柵陥落の日まで、およそ一カ月しか経っていない訳で、これが事実であったならば、安倍氏側に戦う気力が無かったとしか考えられません。

なぜなら、この一カ月のうち、十八日間も小松の柵で足止めを食らい、粮食に窮しながら、貞任率いる八千余の大軍と戦っているのです。

九月十一日には、鳥海の柵で樽酒を飲んで盛大な祝賀を催したものとも想像できます。

戦いは数時間で決着するでしょうが、陣地、陣幕の設営、傷を負った者、討ち死した者の調査や手当、傷を負った馬や武具の準備、もちろん三度の食事、睡眠、不意の攻撃に対する備え等々、準備対応に相当な時間を費やすものです。それだけではなく、兵卒以外にも種々の人々が後方で活動するわけですから、万余の兵を移動させるというのは大変な事業なのです。

移動するだけでも大変なのに、鳥海の柵から厨川の柵まで凡そ七〇キロ、安倍氏の抵抗（ゲリラ攻撃）を受けつつ、黒沢尻、鶴脛、比与鳥の各柵を攻略し、要害堅固な厨川の柵を落とすまで六日足らずとは、まず有り得ないと思われませんか。

戦況においては、衣川の関攻防戦から厨川の柵まで、安倍氏の柵を次から次に、いとも簡単に破られた感がありますが、本当にこのような戦いがあったのでしょうか。

当家の記録による厨川の柵落城の日は、康平五年十一月九日とあり、陸奥話記に記された康平五年九月十七日とは二カ月弱の開きがあります。

大分の安倍家史料には、九月十七日は「衣川敗戦」とあり、衣川の関が陥落した日と記されているのです。

十一月九日が、厨川の柵の落城の日とすれば、徹底抗戦を期した貞任、経清、重任等の戦いぶりが忍ばれると思うのです。この十一月落城という事を、「陸奥話記」の記述から追ってみますと、

一　小松の柵攻防戦の後、一万余の兵士の食を満たすために、四十余里離れた磐井郡中村の稲を刈取り、乾燥させ、籾摺《もみす》りして食せるまで、刈入の時期を考慮しても、九月五日に八千余の貞任軍と大戦を繰り広げるのは不可能と思われる。また、衣川の関での籠城戦がたった一日で決着したとは信じがたい。

二　頼義が鳥海の柵に入城したのが、九月十一日とし、黒沢尻、鶴脛、比与鳥の各柵を攻略した上で、十四日には厨川の柵に向けて出立しています。

現在の機動力を有する自衛隊なら可能でしょうが、千年前の、しかも冬の到来した岩手県において、このような戦略が組めたでしょうか。

鳥海の柵から比与鳥の柵まで五十キロの距離を、特に黒沢尻では三十二人の賊徒を射殺し、傷を負った者の数は分からないと記されています。

三　厨川柵の籠城戦において二日目に村落に入り家を壊して古材を空堀に埋め、萱を刈り取り、とあるが、空堀を埋める程の大量の木材の調達が一日で出来るものかどうか、また萱の刈り取りの時期は旧暦の十月から一月である。

四　源頼義がこの合戦の報告をした国解が、康平五年十二月十七日に出されているが、九月十七日に厨川の柵が落城したのであれば、三カ月も経っての国解は有り得ない。

さて、四、の国解について、陸奥話記には、これ以前に二回国解を出したことが記されています。

一回目は、「天喜五年秋九月国解を進め、頼時を誅伐した経緯を言上する」とあり、安倍頼良が、富忠の説得に向かった先で、流れ矢に当たり、鳥海の柵で死んだことを報告したものです。

安倍頼良は、当家史料では、九月五日に死んでいますので、**同月**に国解が京に到着したようです。

頼良の死を記した史料としては、「扶桑略記」の天喜五年九月二日状と、「百練抄」の同年九月二十三日状がありますが、「百練抄」によると、頼義が流れ矢に当たった日が七月二十六日とあるようです。

二回目は、「同年十二月国解に曰く、諸国の兵粮兵士、徴発の命令ありと言えども、到来の実無し」というもので、これは、前文にある「同年十一月、将軍兵千八百余人を率いて、貞任を討たんと欲す。

貞任等精兵四千余人を率いる」の結果、つまり黄海の合戦の結果、玉砕に近い敗北を喫した後に出されたもので、敗戦から一**カ月後**には京に到着しています。

このように、二回の国解は、共に事件発生後一カ月以内に京に到着しています。

当時の交通手段は、馬や船によるものと考えられますが、京までの凡そ九百キロメートルの行程をどんなに急いでも十五日は要したと思われます。

となれば、この二回の国解は事件発生後十日余りの内に陸奥を発せられたことになります。

ところが、最後の国解は、頼義が十数年を費やし、大願叶った九月十七日の勝利から、三**カ月**も経って、陸奥を発したということになります。

「百練抄」には、康平五年十一月三日条に「前陸奥守頼義言上梟俘囚貞任等之由。去九月十七日於厨河柵斬首云々。朝家聞食此由有叡感」とありますが、これが史実に基づいて記されたものであるならば、十二月の国解に先立つ、中間報告書の意味合いを持つ国解ということでしょうが、この日付からして、十月の中旬に陸奥を発したということになります。

国解は、前述の通り太政官又は官庁への報告書ですから、急を要することが常であろうと考えます。

中間報告書が京に届くのに一カ月半を要したというのもおかしな話です。

そう考えますと、この国解の記述は、衣川関陥落（事実上の安倍氏追討）を報告したものと考えられるのではないでしょうか。

九月十七日は、衣川の関陥落の日であり、厨川の柵落城は十一月九日、「陸奥話記」にある十二月の国解の出される一カ月前だったというのが真実ではないでしょうか。

胆沢郡金ヶ崎町西根の本宮観音堂に伝わる「本宮山秘仏大観音略縁起」にも、康平五年壬寅十一月二十九日に貞任一家を亡ぼし宗任を生け捕りにしたと記されています。

この縁起には、義家が観音の力によって安倍氏追討が叶ったことに感謝して大伽藍の寺を建立したと記されておりますが、地元では安倍氏を裏切ったとされる白糸姫の菩提を弔うため、十一面観音を祀ったのが始まりとの伝承があるようです。

「陸奥話記」に記された九月十七日は、頼義が清原武則と奇珍を餌に密約を結び、この戦争に引きずり込んだ手前、功を武則に与え、武則参戦が安倍氏追討には必要不可欠であったと印象付ける必要があったのだと思います。

それは、清原氏内部における謀反の払拭も兼ねており、武則の巧みな戦術によって、早期決着が図られたとし、一方で、頼義自身が武門の棟梁としての武威を示す観点からも、一カ月弱の戦況が組み立てられたものと考えます。

金ヶ崎町西根の本宮観音堂

第二章　貞任、千年の想い

貞任の首

衣川の関の陥落を以って雌雄を決したこの合戦は、誰の首を取って終結させるかが焦点となりました。

そのことは、陸奥話記の文中に的確に記されています。

「破厨川柵得貞任首者。鬢髪悉黒形容肥満矣」

（もし、厨川の柵を破り、貞任の首を得れば、将軍の髪は黒々と変わり、ふくよかになるでしょう）

右は、鳥海の柵で語った武則の言葉ですが、この時点で、武則は厨川の柵で貞任の首を取ることを予言しているわけです。

この後の戦況がどうなるかも知れないのに「貞任の首」という目的をしっかり持っていたということになります。

つまり、大義の無い戦いを仕掛けて、安倍氏全員が降参したのでは、頼義の陸奥守としての「国賊追討」の立場も、武則の武勇も水の泡となってしまうわけです。

そこで、頼義と武則の間で、次のような密談が交わされたのではないでしょうか。

頼義は、鳥海の柵の館の中で、甲冑を置いた板張りの部屋に武則を呼び、

「貞任の首、あやつの首が必要じゃ。いや、それに経清、この二人の首さえ京に送れば、わしの立場も、武則殿の手柄も公卿どもに認めさせることが出来る」

武則は頷きながら、

「ただ首を取って帰るだけでは詰まりません。貞任に厨川で籠城させ、抵抗する賊を一気に責めて一網打尽に平らげる。如何でござろう」

「武則殿、貴殿の奇策には常々感心しておるが、貞任が他国へ逃げていくことも考えておかねば」

頼義は、宗任や家任が衣川の合戦の後、姿をくらませたらしいことを伝え聞いていました。

「将軍、心配召さるな、貞任達は、今も夜ごと奇襲を企てて来ております。こちらも追うことはせず、態勢を整えてから、じっくり攻めるよう皆に申し付けております」

鳥海柵で右のような会話が交わされている頃、黒沢尻の柵で、正任の出迎えを受けた貞任等一行は、ひと月ぶりに甲冑を脱ぎ、酒を酌み交わしながら
「すまん、女房と子供は頼遠《よりとう》殿の許に匿って貰った。ここに居ては足手まといだからな」

正任が早速切り出し、

「そうか、それは良かった。これで安心だな」と貞任が応え、

「これからの戦い、兄者はどのように考えておるのじゃ」

軍容を比して圧倒的不利な状況に正任が問うと、

「鳥海の柵には、樽酒は十分残しておいたが、糧食には窮しているはず、頼義も老いの身、しばらくはそこを動かないだろう」

「奴らの陣にさんざん奇襲を加えてやったから、頼義も俺たちの動きには警戒をしているはずだ」

重任が、毎晩のように武則の陣営を襲い、馬を放ち、武器武具を収奪したことを自慢げに語り始めると、

「いや、武則を侮ってはならぬ。奴は狼のような嗅覚を持っている。しかも勝つためには手段を選ばぬ男だ」。経清は続けて、

「清原の家を裏切ったのも、頼義が過分の待遇で釣ったと聞いている」

貞任は、確かにと頷き、皆に向かって、

「武則は欲に眩んで光頼殿を殺し、頼義に寝返った裏切り者だ。その上、衣川では一族の主だった者達が討ち取られた。あいつだけは許せん」

「その通り、聞くところによると寄せ集めの兵が賊となって村々を襲い、略奪暴行の限りを尽くしているという」

正任が領民から聞いた話を伝えると、

「畜生、これ以上この陸奥《くに》を荒らされてたまるものか。兄者、俺に二百、いや精兵なら百騎で良い、その数与えてくれたなら奇襲を仕掛けて武則の首を取ってくる」

重任が唇を震わせて貞任に詰め寄ると、

「六郎、慌てるな。これも武則の罠かもしれん。あいつは俺たちが一番嫌がることをして誘《おび》き出そうとしているのだ」

貞任がそう言うと、正任も同じく、

「村々を巻き込み戦《いくさ》をやって、悲しみ傷つくのは領民たちだ。それだけは避けねばならない」

貞任が続けて、

「そう、戦は俺たちだけでやる。陸奥《くに》の人々に迷惑を掛けぬよう。心してな」

経清がそれを聞いて、

「迷惑を掛けぬといっても、相手がそうはさせまい。何か良い手があるのか？」

貞任はしばらく目を閉じ、ポンと手を打つと、

「よし、奴等《やつら》が村を襲う前に蔵を開けよう。どうせ長い戦にはならぬ。蔵を開け皆に分け与え、戦の間、どこか遠くへ逃げてもらう」

皆は一瞬「何っ」と驚いて、

「戦の前に蔵を開け、皆に分け与えるなど聞いたことが無い、正気ですか」と、正任が問い糺すと、
貞任は笑みを浮かべながら、

「蔵の中のものは、皆が汗水垂らして蓄えたものだ。親父殿も、いざという時の為に我らが預かっているだけと話しておられた」

宗任は、既に松若丸を連れ栗駒山の麓、高梨の宿に至り、良昭の待つ出羽に向け出立しました。

貞任の本心は、宗任に安倍家の再興を期すことを遺言し、生まれたばかりの松若丸を託したことで、半分は肩の荷が下りたとの思いがあったのではないでしょうか。

もう半分の思い、それは陸奥の国に生まれ、陸奥の国を思い生きてきたという誇りです。

先祖から受け継いだ仏の教えによって、人々が慈愛の心を深め、京の都に負けぬ文化を育み、幸せに暮らしてきた陸奥《ふるさと》を、馬の嘶《いなな》きと共に、大義の無い戦に巻き込み、蝕《むしば》んだ頼義。

父は、この憎き頼義に対し「国司の首を取ってはならぬ」と、言い残して死にました。

貞任にも、この言葉の意味は十分理解できたはずです。

黒沢尻の柵から衣川の関に向かい、月に照らされた山野を望むと、昨日まで血で血を洗う合戦が繰り広げられたことが嘘のように、深淵なる静寂に包まれていました。

この静寂を破る要因が、己の命となったことに運命の悲哀を感じつつ、逆に貞任自身がそれを負うことによって、皆に平安が齎《もたら》されるのであれば、己一人の命など惜しくもないと思っていました。

貞任は、一人大空に鏤《ちりば》められた星々を見つめながら、

「昔、山背大兄王《やましろのおおえのおう》は蘇我入鹿《そがのいるか》に攻められたとき、自分の命と引き換えに、多くの民の命が救われるのであればと、斑鳩寺《いかるがじ》で命を絶ったという」

そう呟くと、

「未練と誇りを比べれば、誰もが未練と言うだろう。親父殿は、妻や子の為に生きてこそ人の道、と俺を守ってくれた。あの時、俺を頼義に渡していたなら、こんな事にはならなかったかもしれぬ。親父殿は、安倍一族の存続を懸けてまで、俺の命を守ろうとしてくれた。いや、それこそが親父殿の誇りだったに違いない。俺一人が死んで平和が戻るものなら、命など惜しくもない」

この貞任の言葉に、怒ったように経清は、

「お前一人を死なせて、後世に恥を雪《すす》ぐことなど出来るものか。俺たちは、今でこそ鄙《ひな》びた一郡を預かる身であるが、俵《たわら》の藤太秀郷《とうたひでさと》の末孫ぞ」

藤原の一族を率いて、ここまで戦ってきた経清の思いは、周りにいた者たちにとっても同様の想いとして伝わりました。

新皇《しんのう》と称した平将門《たいらのまさかど》を討ち、従四位下に叙し、大国《たいこく》武蔵守、鎮守府将軍を兼任した秀郷の末裔であることに、源氏に負けぬという矜持《きょうじ》がありました。

「我等は、お前の生き方に惚れ、お前となら民衆の為の国造りが出来ると信じて来たのだ」

藤原重久《ふじはらのしげひさ》、同経光《つねみつ》、同正光《まさみつ》、同正綱《まさつな》、そして物部惟正《もののべのこれまさ》皆、数代に亘り、奥州の地と共に生きてきたという誇りを持っていたのです。

鳥海柵の軍議

鳥海の柵を無抵抗で手に入れた頼義は、中心に立つ、四面廂《ひさし》の御殿を新たな陣屋とし、諸将を集めて軍忠《ぐんちゅう》の行賞をした上で、一旦陣立《じんだ》てを解くことを告げました。

ついで、義家、武則、武貞の三人と、主だった家臣を残し、貞任、経清追討軍の編成に付き軍議を開きました。

頼義は、「たった今、宗任が出羽の良昭《りょうしょう》の許へ奔ったという知らせがあった。出羽の国府に向かうのであろうが、そうなれば宗任には手が出せん。ところで貞任はどうじゃ」

武則がすかさず、

「貞任は、経清、重任と共に、黒沢尻の正任の許に居《お》るらしい」

「そうか、それは助かった。まだ六郡の内に居てくれたか」

頼義は身を乗り出し、続けて、

「ところで軍勢はいかほど」と、義家に尋ねると、

「貞任と重任の手勢が凡そ四百余、経清が藤原の一族を率いて三百余ほど、これに、正任と則任を合併せて一千に満たぬかと」

「なんと、万余が千にも満たぬか、ならば打つ手は一つ、貞任と経清を袋の鼠とし、一纏《ひとまと》めにして首を取るのじゃ」

武貞は、武則と顔を見合わせ笑みを浮かべ、

「すでに間道には関を設け、逃げ道を封じるよう手を回しております」

「俘囚たちの動きはどうじゃ」

頼義は、貞任が奥地の俘囚と連絡を取り合い、蜂起《ほうき》を呼び掛けているとの噂を聞いていました。

「俘囚の動きは見張っておりますが、衣川の負け戦で貞任に靡《なび》く者はおりませぬ」

武貞の弟、武道が武則に促され答えると、

「俘囚を侮ってはならぬ。表向きはそうしておいて、裏では貞任達に助力しておるに違いない」

そう言うと、頼義は武則に目で合図して、

「然れば義家、武貞にそれぞれ千五百の兵を与え、武貞を先陣とし、義家を大将とす。武則殿には二千の兵を率いて後陣に詰めて頂く。併せて五千の兵を以て追討軍と成す。皆の者良いな、

肝心は貞任の首ぞ、心して掛かれ」

軍議が終わり、諸将が陣屋に戻ったのを見て、頼義は義家を手招きし、

「太郎、この城の壮麗なる様を見て、お主は何と思うた」

義家は、何を聞くのかと思いつつ、

「俄《にわか》にはお答えしようもございませぬが、京にも負けぬものかと」

頼義は頷きながら、

「その通りじゃ、わしもこの城に入るまで高を括《くく》っていたが、これほどまでとはの」

頼良は、笑みを浮かべながら続けて、

「安倍の柵は他にも十《とう》を超えてあるという。わしはこれからの戦が楽しみでならん」

義家は、不吉なものを感じ
「衣川にて勝敗は決したはず。父上はこれ以上何をお望みか」

「たわけたことを申すな、あ奴らは国賊ぞ。良いか、貞任の首は、おぬしが刎《は》ねよ。武貞に取られてはならぬ。武門の棟梁と成る為にも、おぬしの手柄とせねばな」

義家は、頼義の前で頭を下げたまま、

「貞任殿と弓矢を交えるは武士の誉、他に値するものがおりましょうや」

と云うと、頼義に一瞥《いちべつ》し、その場を離れました。

「貞任と戦うは武士の誉と…。まだまだ若いのう」

頼義は、義家の後ろ姿を目で追いながら、そう呟きました。

千年の想い今に

鳥海の柵での軍議が決した翌朝、義家、武貞は、それぞれ腹心の将を集め、追討の陣立てにかかりました。

義家は、弟の義綱に五百の兵を与え二軍に分け、平真平《たいらのさねひら》、菅原行基《すがわらのゆきもと》、源《みなもとの》真清《さねきよ》、刑部千富《おさかべのちとみ》、大原信助《おおはらのぶすけ》、源《みなもとの》親季《ちかすえ》に加え藤原光貞を戦将とし、軍規を定めて、

「良いか、我らは官軍である。略奪暴行は決して許さん。反する者は厳罰に処す」と諸将に告げ、

「出陣は稲穂の刈り取りを見てからとする。それまでは養生されよ」と下命しました。

一方、黒沢尻の柵では、貞任、経清の二人を中心に今後の戦法が話し合われました。

出来るだけ俊敏な動きが出来るよう騎兵だけの遊軍を幾手かに分け、貞任と重任が共に二百五十余騎を率い、正任が百余騎、物部惟正と金師道、同依方の残兵百余を合わせて七百余騎、経清と藤原の一門がそれぞれ百五十余、合せて一千余騎が、各所

に設けられた柵や館《たち》を根城《ねじろ》にして、義家、武貞の陣営に奇襲を加えることとしました。

騎兵だけの編成としたのは、機動力を優先しただけではなく、兵卒には故郷《ふるさと》に帰り、農作業に従事して村の生活を守ることが大切だと考えたからです。

兵卒たちには、十分な物を持たせ、故郷に帰るよう促しましたが、中には貞任の義侠心を慕い一緒に最後まで戦うという者たちもいました。

貞任は、泥まみれのまま指令を待つ兵卒達を前にして、

「みんな、よく聞いてくれ。今我々が戦っているのは、この国の平和を願うからだ。平和とは何か、皆が毎日の仕事に生きがいを感じ、明日も妻や子の為に頑張ろうと思ってくれることだ。もしお前達が、俺と一緒に死んだなら、村の仕事は誰がやる？　妻や子は誰が養う？　そうだろう。俺のことなら心配はいらぬ。俺には仏が付いている」と諭すように言うと、観念したか、初老の頭分《かしらぶん》が列の奥から人を分け、貞任の前で跪《ひざまず》くと、

「あなたは日頃から、文字も読めぬ者たちを分け隔てなく、ご自分の家族のように思い、やさしく接してくださった。お父上と同様、お上の強要《きょうよう》からも身を盾として守ってくださった。だからこそ、我等はあなたを信じ、ここまで付いてこれたのです。命を惜しいなどと思った者は一人もおりません。たとえ、今日ここでお別れしようとも、あなたの事は子から孫へ、孫から子へと必ずや語り継ぎ、千年の後《のち》も、安倍貞任《あべのさだとう》の名を忘れる者は無いでしょう。どうかご無事で」

これを聞いた者たちは、皆こらえ切れず、咽び泣いた。

貞任の命の炎が短いことを、それとなく感じていたからです。

「皆どうした、泣かないでくれ。春になったらまた会おう。きっとだぞ」

そう言いながら、目に薄っすらと光るものがあった。

「それにしても千年とは長いな、だけど有難いことだ。俺も皆の事を決して忘れない。千年の後もな」

貞任は兵卒の一人一人に声を掛け別れを告げました。

それから千年近くが過ぎ去った今日、みちのく岩手の各地で貞任の逸話が語り継がれています。貞任と兵卒の頭《かしら》が交わした約束が今も大切に守られているのです。

貞任も、そして経清も理想の国を　造ろうとして叶わず、ある種の絶望感を抱《いだ》きつつも、一方で自分たちの為に涙してくれる人がいるという幸福感に満たされたに違いない。

この二つの相反《あいはん》する感情に苛《さいな》まれながら、迫りくる決戦の時に命を委ねるほかはありませんでした。

黒澤尻の合戦

その日の夜、貞任は重任に、

「弥三郎が、無事出羽の国府に着いたなら、京へ使いを送り、頼義の横暴を訴えるだろう。そうすれば、我々は必ず許されて元の通りになる。俺に何かあっても絶対に降参だけはするな。春が来るまで何とか時間を稼ぐんだ」

黒沢尻の柵跡（擬定地）

陸奥の冬は、寒さが厳しいと聞きます。雪は多くは降らないが、寒さで積もった雪が凍り、一面が真っ白な銀世界となります。

貞任が、軍を騎兵だけに絞ったのには、この土地特有の自然環境を知り尽くした経験が生かされていたのです。

また、重任に「必ず許されて元の通りになる」と言ったのは、重任には死に急ぐことなく、逃げてでも生き抜いてほしいという願いがあったのと、この時点で、藤原頼通が太政大臣を辞したことを知らなかったからでした。

歴史に「もしも」はありませんが、もし藤原頼通が太政大臣として絶対的権力の中枢にいたならば、貞任は死なずに済んだかもしれません。

鳥海の柵から厨川の柵までは安倍道《あべみち》と呼ばれる古道が整備され、沿道には安倍氏が建立、再興した寺や神社が数多くありました。

この寺や神社は、常日頃は信仰の場であり、教育の場でもありました。しかし、いざ戦となれば、陣屋となったり、物資の集積場として活用されたようです。

これらは安倍道の周辺だけではなく、広く陸奥国内に分布していました。

安倍道

また、軍馬の育成を行う馬場や、材木を管理する番屋、木場、地方を巡検する際に利用した宿所など、柵や舘の他にも、無数に陣屋と成り得る施設があったのです。
安倍軍にとって地の利は大きな味方で、これが一カ月間、兵糧の補給に窮さず、体力を維持し得た理由でした。
義家は康平五年九月の下旬、稲の収穫が無事終わった折節《おりせつ》をみて、西根《にしね》の諏訪神社で戦勝の祈願を終えると、北上川沿いに設けられた安倍氏の柵を攻略すべく、鬨《とき》の声を上げ進軍を開始しました。
武則は武貞、武道兄弟に指示して、出羽の清原軍を仙北方面から、鉋屋、仁土呂志の俘囚を以て仕立てた軍を岩手町方面から、安倍の一族を厨川に封じ込めた上で、貞任等を柵に追い込むよう進軍させせました。

武則は、この策を武貞、武道の兄弟に授ける時、

「良いか、貞任と経清、この二人を逃がしてはならん。付かず離れず、厨川に追い込むのじゃ。厨川にさえ追い込めば、後は一気に攻めて構わぬ。欲しいのは、そこで取る貞任の首じゃ」

貞任の陣所には、陸奥の各地に暮らす領民から、源氏、清原の兵隊が間道に軍を進め、関を設けて通るものを検閲するなどし、捕らわれた者もいること、また、兵糧の確保のため、村々から食料を強奪していったこと、貞任の居場所を密告したものに褒美を取らすという触れが出たこと等、情報がもたらされました。

丁度その頃、比与鳥柵で態勢を立て直した則任が、五十余騎を率いて駆け込んできました。

「おう、兄者たち、遅れてすまない。柵での準備に手間取ってな」

貞任は、則任に、

「女房殿は厨川に行かれたか」と聞くと、

「それが、俺と一緒にここに来ると言って聞かず、それで…」

「女房殿らしいな、それでどう言って説得したんだ」

重任の問いに、

「ここの柵は、捨て石となる。本番は厨川だ。厨川に居る姉上たちは戦のことなど何もわからん。だからお前が先に行って、戦の準備を整えてくれと…」

貞任は「それで納得したか、さすがは女房殿だ。則任も心強いな。しかし、男勝りが過ぎて仇

とならねば良いが…」

こう言うと、

「この柵も間もなく囲まれるだろう。その時は四郎、七郎お前達の手勢で籠城することになる。俺と経清、六郎は外から交互に、奴らの左右の脇腹に奇襲を仕掛けるつもりだ」

正任は、

「兄者、俺に任せてくれ、場内の兵糧尽きるまで決して怯《ひる》みはしない。目に物を見せてやる」

貞任は、正任、則任の双方の目をしっかり見て、

「ただし、無理をするな。籠城と言ってもこの数じゃ所詮長くはもたない。頃合いを見て、俺と経清が奇襲を掛ける、その隙に柵を出て鶴脛まで退け、そこで落合おう」

その頃、義家と武貞は、それぞれ軍を進め、義家、武貞の二千五百余は和賀川の右岸に、武道の五百余は北上川の左岸に布陣し、黒沢尻の柵を遠巻きに挟む態勢を取りました。

義家は奇襲を想定し、鬼柳《おにやなぎ》の丘陵地に後陣を構え、武貞、義綱は鶴翼《かくよく》の陣形の要《かなめ》に陣を張りました。

義家の目的は、厨川の柵での決戦でしたから、ここでは自軍の陣容を見せつけ、貞任達に黒沢尻の柵を棄てさせることでした。

「義綱には十分申し付けて居るが、武貞殿の陣営には褒美欲しさに高名に奔《はし》る者もおるでな」

義家は、後陣に詰める諸将にそう言うと、

「全軍に申し伝えよ、早駆《はやが》けは禁ずる。奇襲に備えた上で指令を待つよう」

義家は周囲の者には、持久戦に持ち込み、貞任軍の体力を奪い、厨川まで戦わずに退かせる策を講じたように見せ、内心は貞任に時を与え、厨川での総力戦を期していました。

ところが、布陣してから三日目の夜、動きがありました。

江釣子《えつりこ》の杉林に潜んでいた経清は、

「良いか、これから賀茂殿の陣に奇襲を掛ける。私語は慎め、馬にも細心の注意を怠るな」と命じ、精兵五十騎を選抜し、息を殺して和賀川を渡りました。

義綱は、兄の命もあって奇襲に備え、歩兵を見張りに立たせてはいましたが、かがり火の傍に立つ歩兵にとって、遠くの暗闇を息を殺して近づく経清軍に気づかずにいました。

経清は、笹竜胆《ささりんどう》の紋を染め抜いた陣幕が、闇に照らされたのを見て取ると、「いまだ」とばかりに手をさっと掲げました。

精兵たちは、それを合図に「やー」と大きな声を発し、馬の蹄《ひづめ》を轟かせ凄まじい勢いで突進しました。

義綱は、「陣中に何か騒ぎが起きたか?」と飛び起き、寝所を出たところで「敵の奇襲でござる」との声に、「何、相手は誰じゃ」と聞くや否や、「ヒュン」という音を立て、流れ矢が寝所の戸を貫きました。

義綱の陣中は、不意を突かれて右往左往し怒号が飛び交う中、源氏譜代の家臣が討ち取られ、多くの将兵が傷を負いました。

翌朝、被害の報告を受けた義家は、黒澤尻の柵を一気に攻めるよう全軍に指令を出し、自らも和賀川を渡り九年橋のあたりに陣を構えました。

ここからは、黒沢尻の柵まで一里（五〇〇〇米）ほど、柵内では「義家軍は、優に五千は超えているな、こちらは、俺と則任の兵で二百ばかり、惟正殿の兵を合わせても三百余か、籠城は長くはもたんな」正任が策を案じながらこう言うと、

「次郎兄と、経清殿に背後から襲って貰おう、それを見て俺が柵から撃って出る。兄者は柵を守り、俺たちが無事に戻ってきた時は門を開けてくれ」

この則任の一計は、直ちに貞任と経清のもとに伝令が走りました。こうして、黒沢尻の合戦が幕を下ろしたのです。

合戦は、息もつかせぬほどの激戦で、多くの死傷者を出したようです。

「陸奥話記」には、

（射殺すところの賊徒三十二人、傷を被り逃げる者、その数を知らず）と記されています。

貞任、経清、重任、則任等は、獅子奮迅《ししふんじん》の働きで、敵陣に攻撃を加え、数多《あまた》の将兵を討ち取りました。

が、多勢に無勢、寒風が吹き荒れ、砂塵が舞う中、いつしか戦局は義家の優勢へと転じ、このままでは、再起かなわぬ状況になると判断した貞任は、全軍に鶴脛の柵まで退くよう号令を発しました。

義家はそれを見て、「よし」と呟くと、全軍に「黒澤尻の柵に詰めよ。逃げる兵の後を追ってはならぬ」と発し、貞任の退く先を見やりました。

この時、その貞任の姿に重ねて、義家には幾つかの場面が蘇っていました。

それは黄海の合戦で、頼義以下、六名の命を見逃してくれた時の、仰ぎ見るような猛々しい姿。

そして、衣川の関を攻め、頼義、貞任を敗走させた時、思わず発した「衣の舘はほころびにけり」の言葉にすかさず「年を経し糸の乱れの苦しさに」と返した有智高才《うちこうさい》に溢れる姿。

その姿を思い出しながら、義綱にだけは、「貞任殿には武士として、良い死に場所を設けねばなるまい」と、憚《はばか》らずに語りました。

一方、正任は黒澤尻の柵を打って出たものの、多くの将兵が討ち取られ、残った者が十人に満たないという状況でした。

残された者たちと鶴脛の柵へ向かおうとしましたが、周囲は蟻の這い出る隙間もないほど、敵兵だらけで、この間隙を縫って鶴脛の柵まで奔るのは死ぬも同然と、馬を棄て和賀川の川辺に身を潜め時の経つのを待つよりほかありませんでした。

「殿、こうなれば頼遠殿に子細を告げ、兵を借りて再起を期すよりほかありますまい」

随身の言うことに、「もっともじゃ、不甲斐ないがそうするより道はないな」と答えると、周囲が暗くなるのを待って、川を上り、横川目《よこかわめ》の対岸に着くあたりで漸く陸に上がりました。

幸いに追っては無く、途中、久那斗《くなと》神社で、貞任達の無事を願い手を合わせると、村の者が用意してくれた馬で、山道を出羽に向け出立しました。

義家の本心

黒沢尻の柵を棄て、鶴脛の柵まで退いた貞任等は、義家軍が追って来ないことに気付き、

「おかしいな、奴らは何か企んでいるぞ」そう経清が切り出すと、

「確かに、俺たちを追ってくるかと思いきや、急に鼻先を変えて帰って行った」重任もおかしいと気付き、続けて、

「北浦からの知らせでは、滴石や渋民方面には陣営が張られ、関所がおかれたらしい」

貞任は、義家軍の一連の動きに、

「奴らは俺たちを袋の鼠にする気だな、つまり、このまま逃げぬように徐々に追い詰め、厨川で一気に勝負を決する気だ」と、言うと、

「このまま鶴脛、比与鳥の両柵で同じような籠城戦を繰り返しても、騎馬を失うだけの消耗戦になる。そうなれば奴らの思い通りになる。

ここは、鶴脛、比与鳥の柵を棄て、厨川まで退こう。鳥海の柵を棄ててひと月余り、もう十分に時は稼いだ。厨川で態勢を整え、奴らを迎え撃とう。我等は一騎当千。四郎の弔い合戦だ」

貞任達は、十月の中旬を過ぎても鶴脛の柵に正任が到着しないことで、討ち死したものと思っていました。

雪が降りだす前に厨川の柵を固め、死守しようと話が決すると、則任が皆に、

「俺が、あいつらの後ろから奇襲を掛けるというのはどうだろう。奴らの事だ、きっと陣が岡に布陣するだろう。俺は館山に居て奴らの動きを探り、動き始めたら後につき、時をみて奇襲する」

「七郎、言うは易しいが、奴らに取って返されたら逃げ場はないぞ」

重任は、ここまで戦ってきた弟と、死ぬのなら一緒に厨川で、との思いがありました。

しかし、貞任は「いや、それは名案だ。武則の後方から厨川の柵を望む辺りで待機し、明け方に奇襲を掛ければ相手も直ぐには動けまい。七郎の奇襲がうまくいけば、それに合せて俺たちも撃って出る。仮に取って返されたなら、死ぬ気で逃げろ。逃げて態勢を整えたらまた戻ってくればいい」

貞任は、この時、則任と重任、経清にも最後は逃げて命を繋いでほしいと願っていました。則任の奇襲作戦を受け入れたのも、運良くば則任に逃げる機会を与えられると思ったからでした。

重任には、厨川で最後の別れを言おうと決めていたのです。

貞任は、弟の二人に向かい、

「衣川の関で弥三郎と別れ際に約束したことがある。それはお前たち二人の事だ。そう、弥三郎は言った。お前たちの命を守ってくれと。決して無駄死にはさせぬようにと。だから約束してくれ、無駄死にだけは決してしてしないと」

重任と則任は、兄の言葉に黙って頷きました。

翌朝、貞任は、貯蔵蔵を開放し、傷病兵や兵卒、賄い人や領民等に残りの糧食の全てを分け与えると、則任に精兵百騎を与え、先に送り出し、自らは、経清、重任と共に八百余騎を率いて厨川の柵を目指し出立しました。

一方、黒沢尻の柵を落とした義家軍は、柵内に入るや否や、武器庫や蔵を開け、中を物色しました。ところが蔵の中も武器庫も空っぽで、何一つ戦利品となるものはありませんでした。

義家は、その状況を知ると、

「これが貞任殿の人柄じゃ、愛されるはずじゃのう」と言って笑い出しました。

義家は、柵内に陣幕を引き、討ち死した者や、傷を負った者たちの軍忠を聞き記録させました。

また、鳥海柵に集められた兵糧が、北上川を上ってこの柵に届くまでもうしばらく日が掛かるとの知らせを受け、

「今日はゆっくり休め、飯も酒も十分用意しておるからな」と言うと、

「ただし、用心だけは怠るなよ。奇襲に備え武具は身に着けて寝るように」

こう言うと、自らも甲冑を着たまま寝所に入っていきました。

当時の武士は、戦が終わるまで、汗を拭う以外は、一度も甲冑を脱がなかったと云います。

それほどに、奇襲が頻繁に行われ、油断をしたものが地獄を見る緊迫した状況だったのでしょう。

十月の下旬となり、軍備や兵糧が漸く整い、義家が鶴脛の柵に向け出立の準備をしているところに、

「殿、貞任等は鶴脛、比与鳥の柵を棄て、厨川まで退いた様でございます」との伝令が息もつかせず飛び込んできました。

義家は、貞任たちが鶴脛、比与鳥の二柵を棄てたという知らせに、反って不審に思い、

「これは何かの罠かも知れぬ。次の知らせを待ってから動くとしよう」と言い、全軍に黒沢尻の柵を動かぬよう命じました。

武貞は、弟の武道に、

「義家は何を考えて居るのじゃ。こんなところで足踏みしておれば貞任に時をやるようなもの、逃げる相手を追わぬのは腰抜け侍ぞ」

武道は、

「兄者、義家殿は貞任と指しで勝負する気じゃ。頼義殿には『武士の誉』がどうのこうのと言っていたらしい。きっと黄海で命を助けられたことに恩義を感じているのじゃ」

武貞は、義家の本心を知り、

「つまらぬ、武士の名誉がなんじゃ。我等が無くば名誉も何もあったものか。」

武貞、武道の兄弟は、後陣に控える武則に「勝つためなら何でもやれ、地位や名誉は生きてこそぞ」と、教えられていました。

一日が経って、貞任達が単に厨川に退いたとする知らせが届くと
「良し、是から我等は斯波郡に向かい陣が岡に布陣する。厨川を攻める日取りは陣が岡にて決する。良いな」

義家は、諸将を前にそう言うと、「貞任殿、待っていてくだされ。今度こそ…」と心の中で呟きました。

陣ケ岡

義家が陣ケ岡に布陣して、二日遅れで後陣の武則軍が到着しました。

総勢八千余の兵が陣が岡一帯に布陣し、官軍の錦の御旗である、八幡大菩薩と染抜きされた幟《のぼり》が至る所に建てられました。

陣が岡の中央には笹竜胆の陣幕、幟旗が風に靡《なび》き、義家の威風が周囲に威圧感さえ与えていました。

館山に籠る則任は、間者《かんじゃ》を送り、義家軍の陣容を把握すると、厨川の貞任の許へ伝令を飛ばしました。

義家は、吉凶の易を立てた上で、厨川を攻める日を十一月七日と決め、清原武則を迎え、陣が岡で八幡大菩薩を祀り、厳かに戦勝の祈願をしました。

祈願を終え、義家の傍らに座る武則が、

「若殿、歴史というのは皮肉なものでござるな。此処は、その昔倭武《やまとたける》が陣を構え、阿倍比羅夫も宿営した場所。今は、我らが安倍一族を攻め滅ぼさんと布陣しておるのじゃからのう」と、暗に貞任に対し非情な攻めも辞さぬよう促すと、義家は、キッと振り返り、武則の目を睨みながら、「攻め滅ぼすなど、どうして出来ようか。貴殿は陸奥の人々すべてを敵に回すおつもりか」と、台座を蹴ってその場を後にしました。

武則は、清原の諸将を前に首を傾《かし》げ乍ら、

「若殿は何を怒っておるのじゃ。よほど貞任に惚れておると見えるが…」と、怪訝《けげん》な顔で、

「太郎、良いな、貞任の一族を見逃してならぬぞ」と、武貞に肩を寄せ耳打ちしました。

この頃には、坂東の各地から源氏の恩顧を頼りに、雲合霧集した武士たちで溢れ、軍容は大きく変わっていました。

義家は軍規の乱れを懸念し、馳せ参じた武士たちを義綱、武貞、武道の配下に振り分け、陣容を整えました。

康平五年十一月七日の朝、ほら貝が一斉に吹かれ、それに合わせて陣太鼓が打ち鳴らされました。

義家は、陣が岡に布陣した八千有余の兵を前に、

「是より安倍貞任、藤原経清両名の追討に出陣す。八幡三所の大神々、願わくば大いなる御神意を顕され、その御神力を持ちて満願成就並びに御守護を垂れ給う」と、声高らかに発するや、各陣営から次々に「えいえいおー」「えいえいおー」と鬨の声が発せられ、錦の御旗を先頭に厨川の柵を目指し大軍が動き始めました。

陸奥話記にみる厨川合戦

ここで、もう一度、「陸奥話記」の記述から厨川の柵の状況と合戦の様子を書き出してみますと、「陣形は鶴翼を張り、夜を徹して守っている。この厨川柵は西北に大澤《おおさわ》があり、二方向を河が阻《はば》む要害の地である。河岸には九メートル以上の壁が立ち道はない。その内側に柵を築いて固く閉ざしている。柵の上には物見やぐらを築き見張りを置いている。河と柵の間には空堀《からほり》があり、刃を上に向けて並べてある」

「十六日、朝六時頃から戦闘を開始し、終日通夜、攻撃を行うものの抵抗多大、死者数百を数える。開けて十七日、午後二時ごろより、村々の屋舎を壊し、古材を集めて堀にうず高く埋め、また一方で萱を刈り取らせて河岸に積ませ、一気に火を放ち、柵の中の男女数千人を焼き殺す。柵内は混乱し、ある者は淵に身を投げ、ある者は刃で首を突き果てた。数百人の士卒が鎧を着て刀を振り、囲みを目がけて突入してきたが悉く打ち取られた。終に経清は捕えられ鈍刀で首を斬られた。貞任は刀を振るい奮闘するも、鋒で突かれ戸板に乗せられ、頼義の前に運ばれ一面して果てた。貞任の息千代童子及び弟重任も斬られた」

以上が厨川の柵の状況と合戦の様子です。

これを読むと、厨川の柵の防備は万全で、陣容も鶴翼の陣形を取るほど大勢の兵がいたと記されています。

義家軍も、攻めあぐねて数百の兵が死んだとあります。その結果、翌日は火責めという卑怯な戦法により、城内の数千人の男女が焼け死んだと、そして数百人の士卒を討ち取ったとあります。数千人の男女を焼き尽くす炎というのも凄まじいものですが、その上に数百人の士卒を討ち取るという合戦も、日本の歴史上希なものと言えるのではないでしょうか。

そもそも、防《ふせ》ぎ手が籠城戦を選択する条件として、堅牢な砦、城郭を有しており、守りに固く兵員や食料、武器類が十分であること、また、必勝を期するなら援軍の存在が不可欠です。

貞任に、それだけの条件が揃っていれば、真冬の到来する厨川で、攻め手も撤退を余儀なくされたことでしょう。つまり、二日で陥落するようなことは、絶対に無かったということです。

厨川に数千人の男女が立て籠っていたというのが史実ならば、夕顔瀬の伝承や、蔵を開放したという口伝も、この地には残らなかったでしょう。

実際は次のような戦況が繰り広げられたのではないでしょうか。

親子の再会

貞任達は、厨川の柵に入ると、まず馬を馬屋に繋ぎ、十分休養を取らせ、鞍や鐙《あぶみ》の手入れをさせました。

柵内には既に、至る所に穴を掘り厠《かわや》を仕立てていました。

また、大量のゴザや筵《むしろ》が近郷から集められ、寝床となる建屋に備えられていました。

貞任は、柵内の要所に、士卒を配置し、武器庫の中の弓と矢を、すべて柵の内側に並べ置き、槍や刀類は建物の壁という壁に紐《ひも》で吊るし、いつでも替えて使えるように備えさせました。

そして、柵の東北、北上川が大きく曲がるあたりに出来た瀬に、数艘の船を用意させました。

女房達は賄い衆に紛れて味噌、梅干し、干し柿、煮干し、握り飯等を準備し、井戸水を大桶いっぱいに満たし、各要所に配置しました。

僅かに残った兵卒たちは、弩《ど》や弓の手入れ、刃物の目立てに躍起となり、士卒は楼閣に上がり、柵内を見渡し、落ち度がないか見て回りました。

近郷からは炭を運ばせ、かがり火の準備と、油を煮る大窯の準備をさせました。

川から拾い集めた石を至る所に高く積み上げ、竹を切り出し、先端を鋭利に尖らせ槍を作り、笹は防火用に楼閣の各階に柄を付けて置きました。これで火矢を消し止めるわけです。

貞任は、籠城の準備が滞りなく進んでいく様を見て安心すると、本丸の御殿に足を運びました。

そこには、北の方と嫡子千世丸が待っていました。

「おう、ひさしぶりだな、元気でいたか」貞任が二人に声を掛けると、

「殿こそ、ご無事で、御慶び申し上げます」

北の方に続き千世丸も、

「父上、ご帰還おめでとうございます」と、久しぶりに会えた喜びに、満面笑みを浮かべながら挨拶をしました。

「少し見ぬ間に随分大きくなったな、今どれほどじゃ」と、丈を聞くと、

「五尺二寸程かと」千世丸の答えに、

「もう五尺を越したか、一人前だな。間もなく元服だが、鎧が小さくなければ良いが…」

貞任は、この子の元服する日まで、己の命が在ればとの思いを人に気付かれまいと、涙をこらえながら、「剣はどうじゃ」と聞くと、

「剣は好きになれませぬ。争い事は性に合いませぬ」

「千世丸は剣や弓の修練より書を読むことに夢中です」と、傍《はた》から北の方が答えると、

「良いか、剣や弓は領民の為に使うものぞ、決して自ら抜くものではない。今は解らぬであろうが、世の中に不条理は付き物、正義が勝つと決まってはおらん。強い者は、常に弱い者に無理難題を科してくる。その時こそ、お前の剣が役に立つ」こう言い終えると、

「千世丸を見ていると父上を思い出す。そうは思わぬか」と、北の方に問うと、

「本当に、近頃は、唐の史書を読みたいなどと周囲を困らせております」

このような、どこにでもある親子の会話が続いたのではないかと想像します。

数日後に、この親子の運命が大きく変わることを、この時、誰一人知る者は無かったのです。

貞任は、ひと時といえども安らかな時を過ごせたことに感謝しながらも、迎え来る運命に決意を固めるのでした。

夕顔瓜

嫗戸《うばと》の柵の擬定地は定まってはいないようですが、北上川と、雫石川が合流する地点から、北上川に沿って少し上流に行った辺りから、安倍館《あべたち》の一帯に掛けてあったものではないでしょうか。

「陸奥話記」に、小松の柵の攻防戦では精兵八千余人を率い、地を動かして襲来したとありますが、衣川の合戦の後、貞任の率いる安倍軍の兵力は半分の四千を下回っていたものと考えられます。

夕顔瀬一帯

精兵と言っても、すべてが騎馬の武士ではありませんから、その数から、旗を持つ者、弓や槍を持つ兵卒、太鼓やほら貝の係り、荷駄の係り等を引くと、騎馬の武士は一千を切っていたものと考えられます。

黒沢尻の柵での合戦が終わって、厨川での籠城を決めた頃には七、八百というのが正しい数であったのではないでしょうか。

つまり、盛岡にあったとされる嫗戸の柵と、厨川の柵の双方に、人員を割り当てるほどの兵力は無かったものと思われます。

嫗戸の柵には、夕顔瓜を使い、案山子《かかし》を作って人型に似せ、城柵の周りに置きました。

これには近郷の村々から多くの領民が瓜を持って加勢に来てくれました。

領民たちは、夕顔瓜に墨で描いた顔を見ながら、

「この顔、おめほのあっぱにそっぐりだあ」

「おめどごだってじじによく似でるでねえが」などと言いながら、腰の曲がった案山子を見ては、

「そんなへっぴっりごしじゃ源氏に勝でねえべ」などと、なごやかに作業は進められていきます。

貞任も話の輪に入り、

「わしの顔に似たやつも一つ作ってくれぬか」と、声を掛けました。

その声が貞任とわかると、

「あれ　次郎様じゃ、なんど勿体ねえ、なんたらまだこったな所に」と、恐縮しながらも、

「源氏が攻めで来るというのに館に居なぐていいのげ」と尋ねると、

「攻めて来るものは止められまい。それより勿体ないのはこっちの方だ」と、貞任は、領民の前に膝をつき、墨文字で書かれた瓜を手に取って、

「夕顔煮《ゆうがおに》は俺の大好物だった。母者《ははじゃ》がいつも作ってくれてな」と、皆に聞こえるように語り、

「俺ばかりが食べるものだから、弟の六郎がよく泣いたもんだ」とつぶやき、

「お前たちが大切に育てたこの瓜を、戦の為に無駄にしてしまう、許してくれ…」と、心の中で謝りました。

「次郎様が瓜を好きだったとは知らながったでがんす、おらあもっとうっめいもん食ってると思ってたでがんす」

「次郎様、ほんだら、残った瓜をみんな持って帰ってけろ。足りなげれば、あしだ一番で持ってきますから、ずっぱり食っててくなんしぇ」

貞任は、皆の純朴な温かい心根に触れて、

「すまぬ、折角だが遠慮しよう。この戦が終わったら俺の方から貰いに行くよ」と、手に持った瓜を元の場所にそっと置きました。

周りにいた領民は、へのへのもへじの墨文字顔が、涙に滲《にじ》んで泣きべそをかいていたのを見逃しませんでした。

夕顔瀬の伝承が今に伝わるのは、このような主従の会話があって、人々の心に貞任という人の優しさが印象深く残ったからと言えるのではないでしょうか。

厨川に籠る兵は八百余騎、義家軍はその十倍の八千余騎、準備万端整っての籠城戦であれば、決して圧倒的不利と言える数字ではありません。

貞任や経清に一縷《いちる》の望みもなかったとは言い切れません。

しかし、それは義家の望んだ正々堂々の戦いであればこその一縷であり、何が何でも勝てば良いとなると話は別です。

一縷の望みとは、貞任や経清だけでなく、実は義家にとっても同じ思いだったのです。

則任の奇襲

義家軍は、十一月八日の朝、突如として飯岡山の麓に軍容を現すと、一旦進軍を止め、偵察の兵が、遊軍の有る無しを告げるや、直ちに諸将の指揮の下、大挙して雫石川の南岸に押し寄せました。

馬の嘶《いなな》きや、甲冑《かっちゅう》の擦《す》れ合う音と共に、総勢八千余騎の大軍が、錦《にしき》の御旗《みはた》をたなびかせ、整然と横陣《おうじん》の陣形を保っていました。

一面霜柱の草原からは、雪を被った岩手山がくっきりと見え、空には薄っすらと鱗雲が懸かっていました。

時折吹く疾風に砂塵が舞い上がる中、ほら貝と太鼓が打ち鳴らされ、その前を数多の兵卒が走り回り、槍の矛先《ほこさき》が天に向かい重なり合って揺れていました。

その中心には笹竜胆《ささりんどう》の家紋を染め抜いた陣幕が張られ、赤糸威《あかいとおどし》の大鎧を着た烏帽子《えぼし》姿の義家が、厨川の柵を遠目に見つめていました。

厨川の柵では、貞任と経清の二人を舘に残し、主だった者たちは各陣営にて水杯《みずさかずき》を交わし、お互いの決意を確認すると、かわらけを割って迎え撃つ準備に取り掛かりました。

貞任は、祖父忠良が着用したという碧糸威《あおいとおどし》の大鎧を身に着け、脇に、陸奥の玉鋼《たまはがね》で打った二尺八寸の毛抜《けぬき》の大太刀を置き、目を閉じたまま静かに座していました。

横に座った経清が、「いよいよだな」と、落ち着いた口調で発すると、

「あー、この日がいつか来るとは思っていたが、それにしても経清、よくここまで共に戦ってくれた。いまさらながら礼を申す」と、改まって深々と頭を下げました。

「何を申す。こっちこそありがとうと言いたい。貴殿の妹を嫁にした時から、俺たちは義兄弟。俺は安倍の一族に成れて本当に嬉しかったんだ。こんなことになった今でも、家族の絆で結ばれている安倍一族のな。それにしても、この十数年という歳月《としつき》、戦もあったが夢のような日々だった」

貞任と経清は、お互いが、既に心の奥に秘めた思いが同じであることを知っていました。

多くは語りませんでしたが、陸奥《むつ》で育った二人にとって、陸奥《ふるさと》の土に帰ることに何の未練もありませんでした。

八日の午後二時頃、義家軍に動きがありました。

嫗戸の柵の偵察から帰った兵が、柵を守る兵卒は、皆、瓜に顔を書いた案山子《かかし》である旨を告げたのです。

最初にこの知らせを受けた義綱は、

「兄者、敵は厨川の柵に籠城と決め込んだようだ。遊兵も無ければ、嫗戸はもぬけの殻じゃ」

続いて、武貞と、武道からの伝令が走り来て、

「嫗戸の柵には兵はおりませぬ。一気に厨川を囲むべきと申しております」と同様に告げました。

義家は、後方からの奇襲に備え、武則に後陣を任せると、

「これより全軍にて厨川を攻めん。我に続けい」と発するや、雫石川に向け馬を進めました。

ほら貝が「ぶおーぶおー」と鳴り渡り、進軍を促す跳ね太鼓が打ち鳴らされました。

丁度その頃、義家軍の後を追うように、飯岡山の麓に到着した一団がありました。奇襲を掛けようと、百騎の騎兵を率いて来た則任です。

則任は、義家軍が雫石川を渡り始めたとの知らせを受け取ると、

「兄者たちが危ない。俺に続けい」

と大声で号令し、、厨川の柵を目指し駆けだすと、

「七郎殿に続けい」とばかりに、続々と百騎の武者が駆けだしました。

則任の頭の中は、奇襲のことなど忘れ、兎にも角にも一刻も早く貞任、重任の許へとの思いでいっぱいでした。

厨川の柵の楼閣が見え始めた頃、「ビュー、ビュー」という音と共に、矢が雨のように降ってきました。

その矢に胴を射ぬかれ落馬する者、驚いた馬に振り落とされる者が出る中で、則任は、「止まれい」と、声を発し、全軍の馬を止めると、次には「退けい」と叫んで、一旦兵を引かせ、再び一団となって様子を見ました。

辺りには武則軍の伏兵が、草の茂みや、雑木林の影に隠れ、則任軍に弓を引いて構えていました。

「ちっ、武則の遊兵か、うかつだった。被害はどれほどか」と、随身《ずいじん》に尋ねると、

「傷を負った者が八名、射貫かれ死んだ者が二名かと、また、馬は幸いに二頭のみが負傷」との答えに、

「合わせて十名か、この大事な時に…、いや待て、ここで躊躇《ちゅうちょ》は出来ん。突破するしかない」

こう判断すると、残った騎兵を二手《ふたて》に別け、伏兵の潜む雑木林を遠回りに、一気に全速力で掛け抜けさせました。

その騎馬の方向に向けて、一斉に矢が放たれると、馬諸とも粉塵をあげて討ち取られる者、背や腹を射貫かれ落馬する者が続出し、騎馬の数は雫石川の川岸に着く頃には半数ほどに減っていました。

則任は右手を廻り、北上川と雫石川の合流する辺りに漸く辿り着きました。と、その時、

「やあ、やあ、我こそは清原武則が三男、貝澤三郎武道《かいさわのさぶろうたけみち》なり。これより先は一歩も通さぬ、覚悟して参れ」と叫ぶや否や、一斉に放たれた矢が勢いよく飛んできました。則任は、騎乗のまま返しの矢を放ち、敵兵を数名射殺すものの、応戦の間もなく、傍らの士卒が一人、二人と射貫かれていきました。

形勢不利と判断した則任は、馬を止め、武道に向かい、

「我は、安倍貞任が舎弟、比与鳥の七郎、則任なり。武道殿に一騎打ちを所望いたす。如何《いかが》」

と、問い掛けると、

「七郎とな、これは飛んで火に入る何とやら、皆の者、容赦はいらぬ。則任を討ち取れい」と、武道の発した号令に、前にも増して無数の矢が浴びせられました。

何とか敵の矢をかわしたものの、矢筒の残り矢も尽きた則任は、弓を棄て太刀を抜いて、

「卑怯者め、この七郎が成敗してくれるわ」と、馬の脇腹を蹴り武道目がけて突進しました。

ところが、武道は護衛の騎馬の後ろに回り姿を隠し、気が付けば、則任の周りは敵兵だらけで、味方の騎馬は数えるほどになっていました。

それでもなお、武道の姿を追って進もうとする則任を、

「このまま進んでも無駄死になりまするぞ。次郎様とのお約束をお忘れか」と随身から制され、はっと、我に返った則任は、頭の中で「逃げろ」と貞任が叫ぶのを聞き、随身に守られながら命からがら北上川の畔までたどり着くと、そのまま川に飛び込み無我夢中で泳ぎました。

心の中で、「兄者、すまぬ、必ず戻ってくるから待っていてくれ」と叫んでいました。

武道は、騎馬の後ろから姿を見せると、

「馬鹿な奴め、これ以上追わずとも良かろう、寒さで凍え死ぬわ」と、兵を引かせました。

則任の奇襲は、官軍に打撃を与えるどころか、多くの将兵を失うこととなりました。

しかし、貞任にとっては弟の命を繋ぐという思いが叶えられたのです。

厨川炎上前夜

午後二時から厨川の柵を攻めたものの、柵の守りは固く、義家軍にも相当の死傷者が出ました。

柵の大手門に築かれた楼閣には、重任が上り、強弓を引いて攻め来る敵兵を射殺し、轟音《ごうおん》を発して、

「我は、比浦の六郎重任《しげとう》じゃ。俺が守る大手を抜けると思うたか、抜けるものなら抜いてみよ、一人残らず射殺してくれるわ」と、言うと「ウオー」という歓声と共に、「ゴオーン、ゴオーン」と柵内の兵たちを鼓舞するかのように、銅鑼《どら》が激しく打ち鳴らされました。

貞任と経清は柵内を馬で駆け回り、士卒一人一人を慰安し、激励して廻りました。

他の櫓では、崖を這い上ってくる敵に対し石を投じ、油や熱湯を容赦なく浴びせ撃退しました。柵に仕掛けた弩《ど》の威力は絶大で、狙われた騎乗の兵士は頭や胸に鋭い矢を受け絶命しました。

貞任は、籠城にあたり、いくつかの合図を決めていました。敵を撃退したときは、銅鑼を鳴らし、守りが手薄となった所は、太鼓を打って知らせ、いよいよ撃って出る時は、ほら貝を吹くと決めました。夜襲に備え合言葉を定め、同士討ちの間違いが起こらぬようにしました。

夕刻が近づき、攻め手に窮した義家は、一旦兵を引き、それを見た貞任も、撃つ手を止め、両軍は休戦状態に入り、そのまま夜を迎えました。

籠城の準備が十分整っていたせいか、貞任軍には、矢傷を負った者が十数名出たものの、死に至る者は皆無でした。

貞任は、経清を呼んで、

「今日は、相手も力試しで攻めて来た。明日はこんなもんじゃなかろう。そこで、今夜の内に、女、子供は、隠し井戸から東の瀬に下り、船で川を上り、米内から新庄の山の舘に送り出そうと思う。兵卒は搦手口《からめてぐち》を抜け出て、大沢を越えて逃げるよう申してくれぬか。十分な食料を持たせてな」

丁度その頃、間者から悪い知らせが届いていました。

「兄者、悪い知らせじゃ。七郎が奇襲に失敗して討ち取られたらしい」

そう言いながら、重任が飛び込んできました。

貞任は、「馬鹿な、あれほど無理をするなと申したのに」

経清も「何と、則任までが…、黒沢尻で正任、今日は則任か、なれば、明日は二人の弔い合戦か…」

この話を、部屋の外で聞いている一人の女性がいました。

それから一時《いっとき》ほどして、

「大変じゃあ、七郎殿の奥方が身を投げたぞ、大変じゃあ、七郎殿の奥方がお子二人と一緒に…」

夜襲に備え、警戒していた物見の兵が柵内を触れ回り、一斉に松明《たいまつ》に火を点けると、身を投げたという二《に》の関《せき》の辺りに向け照らし続けましたが、水の勢いが激しくどこにも姿は見えませんでした。

「早まったか、女房殿」貞任は、則任の女房の気性を知っていながら、止めることが出来なかったことに「七郎、許してくれ。俺が付いていながら」と嘆いた。

「みんな聞いてくれ、これから俺の言う通り行動を起こしてもらう。女、子供、そして兵卒たちには、これから、この柵を出てもらう。女、子供には船を用意した。兵卒たちは大沢を越えて出来るだけ遠くへ逃げろ。この柵に留まることは許さん。問いは受け付けぬ。良いな」

貞任は、経清と段取りをした通り、女、子供は船に乗せ、兵卒は搦手から送り出しました。

その中には、北の方と、嫡子千世丸がいました。

千世丸は、父と一緒に戦うと言い張りましたが、元服前ということで、無理やり船に押し込みました。

経清は、士卒八百余騎の頭分を集め、

「明日一日、この柵が守れたなら、明後日の早朝、大手門から撃って出る。脇目も振らず敵陣を突破する。目指すは武則の首ただ一つ。その首取ったなら柵には帰らず、そのまま南へ走り、逃げ切るのじゃ」と、檄を飛ばしました。

貞任と経清は、黒沢尻での合戦の後、遊撃戦で村々に被害が生ずることを懸念し、厨川での籠城を決めたのですが、坂東武者の加勢を得て源氏軍の軍容が膨張したことや、正任と則任が討死したものとの誤認もあり、女や子供そして兵卒が、無事遠くへ逃げ切るだけの時を稼いだなら、決死の覚悟で撃って出る策に転じていました。

敵の意表を突くことで起死回生の一撃を与えられると考えたのです。

貞任は、楼閣から暗闇に篝火《かがりび》を連ねた義家の陣営を眺め、微かに聞こえてくる馬の嘶きや、兵士たちの話声に奇襲の恐れなしと判断すると、楼閣の板張りの壁に背を当てたまま軽い眠りに就きました。その頃には、北上川に留め置いた船が、川上に漕ぎ出していました。

兵卒たちも、貞任が持たせた提灯《ちょうちん》の明かりを頼りに一団となって落ち延び、大沢を抜けた辺りで足を止め、柵に向かい深々と頭を下げました。

当時の提灯と言えば、貴重なもので、これも部下を思う貞任の心遣いでした。

貞任、厨川に死す

翌朝、義家は堀に積まれた大量の材木を見て驚き、義綱を呼んで問いました。

「誰があのような真似を、しかも俺の気付かぬうちに…」

義綱は、家臣からの伝聞ながら、「武則殿でござろう」と答えると、

「何、後陣の武則殿が…、しかし、あれだけ大量の材木と萱の束、昨日今日揃えたものではあるまい」義家が、信じられぬとばかりに聞き返すと、

「武則殿の手の者が、近郷の村々を襲い、前もって用意しておったようです」

「何、村を襲ったと、何を考えておる、我らは官軍ぞ」そう言うと、

「武貞殿と、武通殿をこれへ」義家は激高するのを抑え、武貞、武道兄弟に問い質《ただ》そうとしました。

頼義から追討軍の大将を任じられた義家は、官軍として戦う気構えでいたのです。

そのため、自軍には略奪行為をしてはならぬと厳命していました。しばらくして、二人は陣幕の内に姿を見せ、

「親父殿が、火を掛けよと」

武道が悪びれる様子もなくそう答えたところに、

「若殿、戦は遊びではござらぬぞ、この籠城が長引けば長引くほどに、死ぬる者も増えまする」

武則が、十人余りの供を引き連れ、甲高い声を上げながら割り込んで来たのです。

「勝てば良いのじゃ、負ければ惨めなものよ。相手のお情け無しでは生きられん」

まるで、黄海《きのみ》の合戦の惨敗を引き合いに出しての物言いに、

「おのれ、武則、」と声に出そうになった義家は、ぐっと堪《こら》えて、

「なるほど、奥羽《こちら》の戦に慣れぬものでな、これが俘囚のやり方とは知らなんだ。陣が岡に二日も遅れて着到された理由がわかり申した。それにしても、貞任殿が火を掛けたことは一度も無いが、武則殿とは家筋が違うのでござろうな」

この義家の、貞任に対する思いやりが、武則の羨望と嫉妬の炎に油を注ぐ結果となりました。

武則は、陣幕を後にすると、武貞に耳打ちし、

「良いか、直ぐに火を掛けろ、油を十分滲《し》みさせてな」と言うと続けて、

「義家に貞任を討たせてはならぬぞ。柵に火が回れば、わしの首を狙って必ず貞任は撃って出る。大手から我等の陣所に向かって道を開けておくよう武道に屹度《きっと》伝えておけ」と、念を押すように命じました。

堀に積まれた古材の山は、丁度、追手門の楼閣の真下にまで達していました。

夜の内に一本一本井桁《いげた》を組むように積まれ、その中に、屋根に使われていた萱《かや》や藁《わら》が詰め込んでありました。

武貞は、兵卒を召し、油を萱に注がせると、松明《たいまつ》の火をその中に投げ込みました。

炎は瞬く間に、古材に燃え移り、全体に広がる頃には、楼閣の屋根に達するほどの勢いに変わり、業火《ごうか》となって追手門の一帯を包み込みました。

その勢いに乗じて、一斉にほら貝が吹かれ、武貞が大声で「今こそ攻め時じゃ、出会えい」と叫ぶと、武道も、「一番乗りじゃあ、続けい」と、名乗りを上げ駆け出しました。

それを見ていた将兵は、この動きに続けとばかりに、我も我もと、馬の脇腹を蹴って駆け出しました。

この勢いを止められぬと感じた義家は、全軍に総攻撃を命じました。

楼閣を包む業火が、他の建物に飛び火する中で、近くにいた将士らは桶に貯めておいた水や、笹の葉で消火を試みましたが、火の勢いには勝てず、近づくことさえ出来ずにあきらめるより他はありませんでした。

あちこちで、太鼓が打ち鳴らされ、防戦に追われる様が柵全体を包みました。

貞任は、寄せ手が大手に集中しているのを見て、

「破られては一巻の終わり、ここは撃って出るしかあるまい」と決心すると、経清を柵に残し、精兵百騎を募り、

「良いか、目指すは武則の首ぞ、それ以外は目もくれず、突っ走るのじゃ」

重任が「死ぬときは、兄者と一緒と決めております。未練はござらぬ」と答えると、ぐっと重任の目を見つめ、

「四郎と七郎が待っている。早く行ってやろう」とだけ言葉を交わし、

「いざ出陣じゃ。はいやー」と発するや、銅鑼《どら》の大音と共に大手門が開き、援護の矢が一斉に放たれると、貞任、重任に続いて、精兵百騎が怒涛の如く撃って出ました。

門前で構えた敵兵の槍を蹴散らすと、微《かす》かに見えた武則の陣幕目がけて一気に突き進みました。

六尺有余の体躯《たいく》に、碧糸威《あおいとおどし》の大鎧、青龍の前立てに紺碧《こんぺき》の錣《しころ》、吹き返しに桐の花を染め抜いた漆黒《しっこく》の兜《かぶと》を被《かぶ》り、大太刀を振るう姿は、毘沙門天がこの世に降り立ったが如く、疾風と共に駆け抜けていきました。

一方、経清は、火の粉と煙で目も開けられぬ中、何とか大手門を閉じさせると、馬に跨《またが》り引き返し、城中の将士を鼓舞しながら手薄な箇所が無いか見て回りました。

ふと隅櫓《すみやぐら》の傍《そば》を通りかかったところで、

「おや、誰じゃ、そこに隠れているのは」と、
馬を降り、隅櫓の格子越しに見えた人影を追って櫓戸《やぐらと》を開けました。

「千世丸ではないか、それに北の方、何故ここに?」と、
驚きの声を発した経清に、

「経清様、お許しください。昨夜、船に乗ったままでは良かったのですが、この子がどうしても、父を一人にしておけないと、自分も共に戦うと言って川に飛び込んだのです」

「それで北の方まで」

「はい、この子を置いて、一人だけ落ち延びることなど出来ません」

経清は、数名の家臣を呼び、北の方と千世丸を御殿《ごてん》の奥の間に伴うと、そこで、飾り棚の上に置かれた鎧櫃《よろいびつ》を開け、深紅の鎧を取り出しました。

「これは、貞任殿が千世丸殿の元服用に仕立てたものと聞いておる」と、説明したうえで、千世丸を前に立たせ、自らが手に取って着せ、

「どうじゃ、きつくはないか、ならば歩いてみよ」と促すと、千世丸は、「はい」と言って、北《きた》の方《かた》に向かい歩きだしました。

北の方は、

「凛々しいお姿になられたものじゃ、御舘《みたち》（貞任）には申し上げませんでしたが、剣や弓でこの子に敵う者はおりませぬ」と、わが子ながら、鎧の似合う若武者ぶりに思わずそう言うと、経清も、頷きながら
「解っておる、貞任殿も千代丸が剣より史書を好むと聞いて、憂《うれ》いていたようじゃが、内心は喜んでいたのじゃ。

それにしても美麗《うつく》しいのう、後姿は貞任殿にそっくりじゃ」と、目を潤ませて言いました。

きっと瞼に映った千世丸の姿と、我が子、藤太《とうた》の姿が重なって見えたのでしょう。

平和な世であれば、この子と、藤太が手に手を取って陸奥の繁栄を築いたであろうに…。

そう思うと、頬を伝わり落ちる涙を拭うことすらできませんでした。

丁度その頃、大手門を撃って出た貞任達は、重任が腕と太腿《ふともも》に矢傷を負いながらも、武則の陣所を目指しておりました。

重任が、漸く武則の陣幕がはっきりと見えたあたりで、

「兄者、武則の陣幕じゃ」と、貞任を振り返り、

「あやつの首は俺が」と、腰の刀に手を掛けた瞬間、狙いを澄ました一本の矢が重任の胸を貫きました。

重任は、「うぐう」と発っし、矢を握り抜こうとしましたが、馬の背に顔をぶつけ勢いよく落馬しました。

脇の者が馬から飛び降り、すぐさま重任を抱き上げ胸の矢を抜きました。

貞任はそれを見て、馬を重任の許《もと》に走らせ、

「大丈夫か、六郎、しっかりせい」と顔を覗き見ると、
重任は、にやと笑い「大丈夫でござる。あ、兄者が傍におれば、怖いものなどありませぬ」と肩で息を継ぎながら、

「そっ、それより、武則はすぐそこ、きっ、きっと首を取ってくだされ」

貞任は、重任の傷が深いのを見て、「解った。待っていろよ。見事刎ねて帰ってくるからな、必ずそれまで待っていろ」と、念を押すように告げると、

「聞けい、我は、厨川の次郎大夫、安倍の貞任である。其方等《そなた》の大将、源頼義は国司とは名ばかり、この陸奥《くに》の平和を乱す法敵である。この戦の大義は我らにこそ有れ。されぞ、武士《もののふ》の義を信ずる

者あらば、この首刎ねて誉と成せ」

と大声を発し、大太刀を抜いて周囲を威圧しました。

貞任の周りには、守護するかのように三十余騎の武者が取り巻き、じりじりと武則の陣所に迫りました。

しかし、武則を護衛る《まもる》橘頼貞《たちばなのよりさだ》率いる五百余騎の中に、ただの三十余騎、繰り出される槍を太刀で払い除け、進みはしたものの、馬も矢傷、槍傷を受け、血だらけとなって、とうとう力尽き、その場に尻を着いて倒れました。

貞任も同様に、矢を左の肩に受け、右足の槍傷からは血が吹き出ていました。

貞任を守る兵も僅かに五人、貞任と寝食を共にしてきた股肱の臣であり、貞任の為ならいつでも死ねるという勇者たちでした。

厨川の柵に目をやると、大手門あたりは既に焼け落ち、楼閣や櫓からも火の手が上がっていました。

「皆、世話になったな、何もしてやれなかったが、冥途《めいど》で美味《うま》い酒でも飲もう」

「何をおっしゃる、死ぬなどと、たとえ、此処《ここ》で身は滅ぶとも、魂は永遠《とわ》にござる。我等に来世があるならば、きっと、あなたにお仕えいたしまする」

貞任は、グッとくるのを抑え、「ならば、行くぞ」と、押し殺すように発すると、大太刀を右手一本で握り、お互い背を合せて進み、敵兵十数人を切り倒したところで、陣太鼓が突然鳴り響いたと思いきや、何故か一斉に貞任達の囲みが解かれ、「どうした?」と思った瞬間、周囲《まわり》から無数の矢が横雨《よこあめ》のように放たれました。

貞任を守る将士たちは、貞任の盾となって全身に矢を受け、「との、来世《つぎ》もきっと…」と、言い残し力尽きて倒れました。

貞任も背や胸を射貫かれ、体の力が失われていく中「かっ」と目を見開き、武則の陣を睨みつけ、「おのれ、たけのり」と、轟《とどろ》くような大声を発しました。

思わず恐れを為した兵卒が「いやー」と大声を上げて突進し、貞任の胴に槍を突き刺しました。同じく別の兵卒も「どりゃー」と声を上げ、後ろから槍を突き刺したのです。

貞任は、槍を胴の前後に受け「ドタ」と膝を着き、血を吐いて倒れました。と、その時、戦場を一瞬静寂《せいじゃく》が包みました。

その場に居合わせた将兵や兵卒の多くが動きを止め、まだ息のある貞任に眼差しを向けました。

次の瞬間、

「貞任を討ち取ったぞ」「安倍の貞任を討ち取ったぞ」という大声と共に、「ぶおーぶおー」と、ほら貝が鳴り響きました。

貞任は、流れ出る血潮の熱さを感じながら、大空に動かぬ寒雲を見ていました。

子供の頃に遊んだ北上の川辺から見た空と、何ら変わらぬ冬の空がそこにありました。

やがて、敵の大将を一目見ようと人波が押し寄せ騒然となる中、頼貞が歩み寄り、

「新方《にいがたの》二郎橘《たちばなのよりさだ》頼貞にござる。貞任殿の見事な戦ぶり、確かに見届け申した」

と、語り掛け貞任の胴に刺さった槍や肩の矢を抜き止血の処置をさせました。

貞任は、大きな盾に乗せられ、六人掛かりで担《かつ》がれ、義家の前に運ばれました。義家は、貞任を抱き起し、

「貞任殿、最期に何か」と声を掛けました。

貞任は、薄れゆく意識の中で、義家の顔が、宗任の顔に見えていました。

「兄者、最期に何か言い残すことはないか」宗任の問いかけに、

「弥、三郎、すまぬ…。あと、あとを、たの…」

貞任は、義家の陣所において、三十四歳という若さで生涯を閉じました。人は、死に臨むにあたり、これまでの人生が走馬灯のように瞼に映るといわれます。

幼き頃から母と過ごしたこの厨川の地で、このような容《かたち》で一生を終えるとは思ってもいなかったでしょう。

十二年に及ぶ国司との争いの中で、身に覚えのない言いがかりを付けられ、どれほど悔しい思いをしたことか。けれども、

「彼らにそうさせた何かがあったのだろう。我等一族に驕りが無かったとは言い切れぬ。藤原登任や説貞に恨みを買ったことや、源頼義に付け込まれ、騙されたのも己《おのれ》の不覚、未熟であった。今、己の死をもって、この地に再び平和が訪れるのであればそれも良し、愛してやまぬ陸奥《ふるさと》の大地《つち》に帰るだけのこと」と、思いを巡らせたのではないでしょうか。

義家は、貞任の遺体に手を合わせ、

「今一度まみえとうございました」と呟くと、深々と頭を垂れたのでした。

康平五年十一月九日、当家過去帳には、この日が貞任の討ち死した日と記されております。

一方、厨川の柵では、搦手《からて》が破られ、義綱《よしつな》率いる軍勢がゾッと場内に流れ込んできました。

経清は、北の方に供の者を数人付け、本丸の櫓《やぐら》に籠《こも》らせると、柵のあちこちで火の手が上がる中、千世丸を馬に乗せ、大手門まで走りました。

大手門は、半分以上が焼け落ち、どうにか持ちこたえてはいましたが、

「経清様、もうこれ以上は無理でござる。矢も尽きもうした。後は、我等に任せお逃げください」

門を守る精兵も残るは三十余り、手傷を負いながら必死で防戦していましたが、この頃には、戦の勝敗は決しておりました。

大手以外は既に制圧され、本丸の中は搦手から侵入した敵兵で溢れていました。

ビュン、ビュンと矢が撃ち込まれ、柵の狭間から見える敵兵の多さに「貞任はまだ生きておるのか」と思いつつ、千世丸に「どうする」と聞くと、

「父上の傍に行きとうございます」と言いながら、体がぶるぶると震えていました。

「武者震《むしゃぶる》いだな、俺にも経験がある。撃《う》って出るか」と、千世丸の兜に手を掛けたと同時に、

「亘理《わたり》の権大夫《ごんだゆう》、経清殿とお見受けもうす」と、後ろから声を掛けられ、

誰かと思い振り返ると、そこには騎乗の義綱の姿があり、

「賀茂《かも》の次郎、源の義綱にござる」と落ち着いた口調で名乗りを上げると、数騎の騎馬武者が一斉に馬を降り、経清と千世丸の周りを取り囲みました。

千世丸は初めて真剣を抜き、経清と背中を合わせると、敵に向かい正眼《せいがん》で対峙しました。

武士の作法は貞任に習っていましたから、形だけは一人前でしたが、震える様子を見て、

「ほう、この子が貞任殿の嫡子、千世童子か。元服前と聞くが立派な若武者よのう」と、義綱が言うと、

「殺すのは惜しい、二人とも刀を棄てよ」と供の者が促したところ、

「父の事をご存知か」という千世丸の問いに、

「貞任殿は半時ほど前に討ち取られたと聞く、立派な最期だったらしい」

「なに、半時前に」

経清は、貞任の討ち死を聞いて、もはやこれまでと観念したか、経清の肩の力が抜けるのを見て、義綱は、すかさず
「もう十分。経清殿もよく戦われた。縛《ばく》に付かれよ」と再び促すと、

「解っておる。俺は良いが千世丸だけは助けてやってくれ」

経清は、そう言いながら刀を棄て膝を着きました。

経清と千世丸は義家の陣所に連行され、義家の前に引き出されました。

そこには、息も絶え絶えの重任《しげとう》の姿がありました。

傍らには、貞任の遺体が清められ、筵《むしろ》の上に置かれていました。

「父上」と大声で千世丸が叫ぶと、

「見事な最期であった。英傑《えいけつ》というに相応《ふさわ》しい。立派な父であった」と、義家が言った途端、

千世丸は遺体に駈け寄り、遺体を揺り動かしながら「ちちうえ、ちちうえ」と何度も何度も、泣きながら父を呼び続けました。貞任が生きているうちに何かを伝えたかったのでしょう。

それを見ていた周りの者たちは、千世丸を憐れんで涙を流したのでした。

合戦の結末

経清と重任は斬罪と決し、義家の面前で切られました。

「陸奥話記」では、経清の首は鈍刀で切ったと記されております。

しかしこれは、安倍氏側の逆賊としてのイメージを高めるために設定されたものと思います。

つまり、頼義や武則にしてみれば、逆賊がいなければ自分たちの存在を肯定できない立場にあったわけです。

千世童子は、「容貌美麗。驍勇有祖風」とありますから、今風に言えばジャニーズ系の美男子で、祖風、つまり六郡の司として陸奥を治めた先祖に劣らぬ風格があったということでしょう。

「陸奥話記」では、源頼義が、千世童子を憐れんで、命を助けようとしたが、清原武則がそれを拒み、斬刑に処せられたとあります。

私は、頼義は鳥海の柵に居て、厨川までは出張っていないと思いますので、厨川の陣中で斬られたのであれば、義家が命を憐れんだものと考えます。

もし、千世童子が鳥海の柵まで連行され、そこで処分が決まったのであれば、頼義ということでしょうが…。

いずれにしても、将来のある立派な少年の命を、この大義のない合戦は奪ってしまったのです。千世童子には、妹がおりました。当家系図には式妙姫《しきたえひめ》と記され、後に義家北方（正室）となって源義国を生んだと記されています。

この他に、厨川で討ち死した主だった武将は、藤原重久、同経光、同正綱、同正光、物部惟正でした。

「陸奥話記」には、帰降者を次の通り記しております。

「其後不幾貞任伯父安倍為元。字赤村介。貞任弟家任帰降。又経数日宗任等九人帰降。僧良昭至出羽国為。守源齋頼所擒。正任初隠出羽光頼子字大鳥山頼遠許。後聞宗任帰降由又出来了」

（其の後幾ばくもせずして貞任の伯父安倍為元《あべのためもと》、字は赤村介。貞任の弟家任が帰降す。又数日を経て宗任等九人が帰降す。良昭は既に出羽に至り、出羽守源齋頼の捕える所となる。正任は初め出羽の清原光頼の子、字を大鳥山、名を頼遠という者の許に隠れる。後に宗任が帰降したるを聞き、いで来たりぬ）

ここに記された安倍為元は、当家系図では安倍忠良の弟とあり、斯波判官、つまり斯波郡の三等官であったとあります。

「陸奥話記」には貞任の伯父とありますから、父頼良の兄か、頼良の姉の夫ということになりますが、頼良の兄ということは無いと思うのと、姉の夫であれば安倍を名乗っていることに疑問が生まれます。やはり、貞任からすれば、祖父の弟、大叔父であったのではないでしょうか。

散位や赤村介という字名から、斯波郡の判官という系図の記述は違和感なく受け入れられます。現在の紫波郡紫波町には赤沢という地名がありますが、比与鳥の柵の擬定地から見て、北上川の向う側に位置しています。この赤沢が当時は赤村と呼ばれていたのではないでしょうか。

大叔父であれば、かなり高齢であったと考えられ、帰降が認められたものと思います。

家任は、太政官符、康平七年三月二十七日状にある通り、伊予に安置された宗任一行の中に名が見えますので、帰降したことは事実のようです。同状には、家任従類三人とあります。

大分市横尾《よこお》の水分《みくまり》神社の創建に関わった安部氏は、この家任の末裔との興味深い伝承があります。

また、平成二年三月衣川村教育委員会が発行した「衣川と安倍氏の歴史を考える研究集会、安倍氏シンポジウム」所収の安倍昌任氏（当時、神奈川県大和市在住）が所蔵する系図には、この家任の家系が記されています。

驚くのは、流れ矢に当たって死んだ頼良の命日が、当家系図と同じ、天喜五年九月五日とあること。

そして、貞任が厨川で討ち死した日が、十一月十七日とあることです。

日は違いますが、十一月というのは同じです。

宗任と良昭については、後頁に詳しく記します。

正任は、黒沢尻の合戦の時、敵兵に囲まれ、身を川辺に潜めて落ち延び、清原光頼の嫡子、大鳥山太郎頼遠の許に匿われていましたが、厨川で兄貞任が討ち取られ、経清等が首を刎ねられたことを知り、落胆し、自分も自害しようとしました。

しかし、貞任の「お前たちは生きろ」という言葉が、不意に耳をかすめ思い止まり、その後、兄宗任が頼義の許に帰降したことを知り、縛に就きました。

則任は、清原武道の攻撃を受け、北上川に飛び込んで難を逃れました。川を渡り切り、村人の助けを借り国見山の毘沙門堂に身を隠しました。後に、貞任達の死の知らせを聞き、この山で頭を丸め、出家し、沙弥良増と号し、宗任の帰降を知って自らも帰降しました。

前述の太政官符に見える、「沙弥良増従類一人」の良増が出家後の則任の名前です。

則任は当家史料では、肥前松浦郡に兄、宗任と共に下向し、子孫は肥前国や肥後国において繁栄したと記されています。

ここまで「陸奥話記」をはじめ、種々の古文書類を読み解き、推論を加えながら判明したことは、この合戦が「蝦夷の横暴、反乱を鎮定するため、朝命の下に源頼義率いる官軍が、賊軍たる安倍氏を追討した」という、従来の歴史認識が説く戦ではなく、奥州の利権に群がる中央貴族の偏見と羨望が、現地領主である安倍氏の繁栄に対してより強く表れた結果、「藤原登任や源頼義のような貪欲な性格を帯びた国司をして、自らの権力欲を満足させることのみに邁進したことで、阿久利川夜襲事件のような暴挙を生み、嘘に嘘を重ねながら戦局を拡大させせた」というのが合戦のが真相ではないでしょうか。

しかし、中央の公卿たちにも良識あるものが居て、頼義の横行を阻止する動きを見せました。安倍氏は、この良識ある公卿の頂点に藤原頼通が居てくれることを願い続けたのでしょうが、残念ながら康平五年九月二日、頼通は太政大臣の職を辞し、政界から引退をしてしまうのです。

この戦に安倍氏側に味方した散位平孝忠、散位物部惟正、藤原経光、金則行等、他の氏族はいずれも官位を有する地方豪族であったと思われます。

父祖以来数代にわたり安倍氏と共に国造りの礎《いしずえ》を築いてきた一族としての結束が、十二年に及ぶ戦いを維持し続けた原動力となったのだと思います。

また、衣川以北は、六郡の司を世襲する安倍氏の自治権が認められていて、国の租税も安倍氏が領民から徴収して収めていたものと思われます。

となると、租税を納めずと言う人為的な理由ではなく、「やませ」による冷害が度重なって、農作物の収穫が出来ず、租税を納められない時期があったのではないでしょうか。

鬼切部の合戦で、「頼良諸郡の俘囚を以て之を拒む」とある通り、頼良が疲弊した陸奥の領民の側に立って居たことは確かです。

それを藤原登任は、「安倍氏が租税を着服した上に、俘囚を先導して乱を起こした」と、難癖を付け、攻めて来たのが合戦の原因ではなかったかと考えます。

源氏清原連合軍を相手に八千余の大軍を動かす組織、戦術を有する安倍氏の軍事力は、源頼義の軍事力をはるかに凌ぎ、清原武則の謀叛がなければ少しも揺らぐことはなかったでしょう。た

だこの合戦の敗因として考えられるのは、
一、頼良の死後、安倍一族内の諸勢力を統率するカリスマ的存在を欠いた事。
二、安倍氏側に朝廷に敵対する意思が無かったことに加え、陸奥の平和を乱す行為を恐れた事。
三、安倍氏を支持する中央の公卿たちの中心的存在であった藤原頼通が政治権力を失い、代わって国衙領の確保と寄進地系荘園の拡大を阻止しようとする動きが朝廷内に生じた事。
四、頼義の情報操作を察知し、対処する手段が後手後手に回り、一族内の謀叛を画策した頼義の策略に対して無防備であった事。
五、清原武則の謀叛による参戦の後も、和議による解決を望んだ宗任派と、徹底抗戦を期する貞任派の二派の主張が平行線を辿った事。

以上の通り、安倍氏の内なる要因が主たる理由と考えられますが、防戦に徹する安倍氏側の戦法を尻目に、何が何でも勝てば良いという源頼義と清原武則の戦法から見えてくるのは、この二人の間で交わされた密約の存在ではないでしょうか。

頼義が、朝議を無視して安倍氏側に戦を仕掛け、私戦の誹《そし》りを免れるため頼った相手が武則だった。

はたして、康平六年二月二十五日の除目《じもく》により、武則は異例ともいえる従五位下鎮守府将軍に任ぜられ、清原氏の庶流から一躍中心的存在として躍り出るのです。

これこそが、正に嫡流として清原一族の中心であった兄、光頼を裏切り、圧倒するために得た権威の象徴、つまり奇珍そのものであったのでしょう。

その後、この武則の子や孫が安倍氏に代わり、奥州を支配することになるのです。

陸奥話記に記された暗号

はじめにの頁で私は、陸奥話記の作者について次のような考察を述べました。

「陸奥話記の作者は安倍氏に対し深い知識を持ち、この合戦の真実をも知っていた。一級の文人である作者が、自分の名を明かさずに、人の話を聞いて書いたという場合、何かの意図が隠されているとみるべきでしょう」

つまり、陸奥話記が源頼義の顕彰記のごとく記されているというのは表向きで、実は安倍氏の出自や一族に関する情報、文化のレベル、思想、軍事力、経済力等を、何気なく少ない文字で表現し、河内源氏の棟梁たる源頼義の実力を凌ぐものであったことが記されているのです。

安倍安仁の項で引用した大日本史の巻之一百二十七、列傳第五十四に、「安仁**身長六尺三寸、姿貌壌偉《しぼうじょうい》**」とあったのを思い出していただきたいと思います。

この記述の出典は、日本三代実録《にほんさんだいじつろく》の貞観元年四月二十三日条です。この三代実録が編纂されたのは延喜元年（九〇一）ですが、「陸奥話記」の中にこの記述に大変酷似する文章があります。

それは貞任が厨川の柵で討ち取られ、虫の息で源頼義の前に大盾に乗せられ運ばれた時の記述です。

「載於大楯。六人舁之。置将軍前。**其長六尺有余。**腰圍七尺四寸。**容貌魁偉《ようぼうかいい》。**」

この「其長六尺有余、容貌魁偉」は、作者が安倍安仁を意識して書いたものと考えられます。作者が安倍氏の出自を知っていたとなれば、当然、当時の公卿たちも知っていたことでしょう。平範国の日記にも「陸奥権守、安倍忠好」と記されているわけですから。これが、朝議を紛糾させた理由の一つであったことは言うに及びません。

作者は、安倍安仁の系譜に連なる名族でありながら、俘囚と蔑《さげす》まれ、賊軍とされた一族の末路を憐れみ、記述の中に暗号を残したものと考えます。

つまり、陸奥話記の作者は、奥州安倍氏が大彦命に始まり、阿倍比羅夫、安倍安仁に繋がる系譜という事を知っていたのです。

「今抄国解之文衆口之話注之一巻。但小生千里之外。定多紕謬之知実者正之而已」陸奥話記の最期に作者はこう記しています。

（今、源頼義によって報告された国解の内容と、人々の言い伝えなどを含めてこの一巻に記す。但し、私は遠く離れたところにいて聞いたことを書いたまでで、過ちが多いことと思う。どうかこの戦の真実を知る人がいたなら、いつかそれを明らかにしてほしい）と。

前九年合戦絵詞（国立歴史民俗博物館所蔵）

絵巻。平安末期の前九年合戦に取材したもの。2本が伝わり、国立歴史民俗博物館の一巻（重文）は、逸脱箇所があるが、合戦初期の場面を多く残す。鎌倉時代、13世紀中期にさかのぼる制作とみられ、手堅い描写を用いて古様な作風が支配的。東京国立博物館の一巻は絵のみの短い残欠本で、図様が歴博本に酷似する箇所もあるが、鎌倉後期（14世紀）の画風を示している。

第三章　宗任の使命

合戦の背景

忠頼、忠良と代を重ね、奥州六箇郡の支配を固めた頼良の時代には、国衙や鎮守府を舞台に主導権を争う権力抗争があったものと思います。

任期四年の国司に比べ、世襲が認められた六箇郡の司、安倍氏の勢力は、日に日にその勢いを増し、陸奥国以外の国々からも羨望と嫉妬の入り乱れた眼差しが向けられたことでしょう。

律令制において、郡司の連任は原則禁止されていました。

但し、弘仁五年三月二十九日付け太政官符に、

「應聴以同姓人。補主政主帳事。右検天平七年五月二十一日格偁。終身之任理可代遍。宣一郡不得用同姓。如於他姓中尤人可用者。僅得用於少領已上。以外悉停任。但神郡。国造。陸奥之近夷郡。多褹嶋郡等。聴依先例者。」とある通り、陸奥の近夷郡においては連任（三等以上親）が認められていたようです。

それにしても、安倍氏の場合は六箇郡に及ぶ連任で、安倍頼良が、父忠良と同じく一人で兼務していたわけです。三等以上親の親族を挙げれば、金氏や清原氏、平氏、藤原氏と言った親族の多くが諸郡の郡司に任じる地位にあったことが判ります。

名ばかりの国司にとって、これを安倍氏の横行と受け取ったとしても無理はありません。

その発端が、陸奥守藤原登任と出羽国秋田城介平重成の連合軍との合戦で、藤原登任にしてみ

れば、「国司に歯向かえば逆賊なるぞ」と言わんばかりに、攻めてきたものでしょう。ところが、安倍氏の軍事力の前に粉砕してしまいました。このことが京に伝わり、登任は陸奥守を解任させられたのです。

登任の恨みは相当なもので、藤原教通に言上し、安倍氏追討の官符が発せられるのです。しかし、京の公卿たちとコネクションを有する安倍氏側でも、官符の撤回のため行動を開始します。

安倍氏が頼ったのが藤原頼通で、道長の嫡男として絶大な権力を有していました。これが功を奏し、永承七年、上東門院（道長の娘、中宮藤原彰子）の病気平癒のため、大赦が行われ先の件は不問に付されました。

藤原頼通と弟の教通は同母の兄弟でありながら、双方が嫡子として周囲に認められるほど、お互いを意識し、確執を生んでいました。

教通は娘を入内《じゅだい》させることに執着しますが、頼通の反対でうまくいかなかったようです。

教通自身は、二十八歳で関白となった兄、頼通を超えることなど出来ないと感じていたでしょう。しかし、教通を取り巻く、兄弟や公卿たちの中には、頼通を快く思わぬものがいたのです。

この時期、摂関家をはじめ、権門、寺社の所有する荘園が増大し、国衙領からの税収が落ち込んでいました。

醍醐天皇に始まる荘園整理の法は、後三条天皇の発布した「延久の荘園整理令」まで、実に五回も行われ、如何にして地方からの税収を確保するかが大きな問題となっていました。

特に、関白藤原頼通に寄進された荘園は全国に広がり、頼通の豊富な資金源となっていました。

当然、奥州からも多くの荘園が寄進され、産物が貢がれたことでしょう。

安倍氏は、そうした情勢下において摂関家や権門及び国衙に対し、郡司としての職務と、荘園の領主としての務めを忠実に行っていたものと考えます。

郡司の職務とは、祖税の徴収、裁判、領民の教育、班田の収受等の行政手続き等でしょうが、岩手県各地に残る伝承に、安倍氏を非難するものが見受けられないことから、領民の支持を得て内政を任されていたものと考えられます。

荘園の領主としての務めとは、寄進先の権門に対して貢物を遅滞なく納めていたということです。

勿論、この貢物は領民から搾取したものではなく、父祖代々この陸奥《くに》に多様な産業を興し、奨励して得られた産物であったと思われます。

それを表すかのように「陸奥話記」に、磐井郡中村の豊かな様子が描かれています。

また、殖産興業の政策に並び力を注いだのが、大伽藍を擁する寺院の建立、再興を通じて仏教を厚く保護し、争いごとの無い平和な陸奥《くに》を創るという理想を掲げた事でした。

一方で、朝廷の地方機関である国衙には、現地に赴かない「遙任《ようにん》の国司」と、現地に赴き国政を司どる「受領《ずりょう》」と呼ばれる国司がいました。

受領は、一時的に中央から派遣される官吏であり、この任期中に如何に蓄財するかが競われる風潮がありました。

こうした地方官の多くは、その地方《くに》の平和とか、人々の暮らしの向上等はどうでもよい話で、土産をたくさん持って都に帰るまで、何事も起こらなければ幸いと願うのが関の山でした。

藤原登任という人物も受領の一人で、如何に蓄財するかを楽しみに赴任してきたことでしょう。

ところが、六郡に絶大な人望を有する安倍頼良が立ちはだかり、思うように蓄財が出来ない。

安倍氏から送られてくる租税は帳面《ちょうめん》通りで誤魔化《ごまか》しが効かない。

国衙《こくが》の役人たちも、安倍氏に靡《なび》いて思うように動かせない。

こんな状況の中で先の合戦に至ったのではないでしょうか。

合戦の要因が、利権に絡む確執となると、事は複雑化します。

双方の姻戚関係にある一族をはじめ、他国の軍事貴族たる官人豪族等を巻き込み、朝廷の権力者やその家人まで影響が及んだとしても不思議ではありません。

特に河内源氏の棟梁たる源頼義にとっては、奥州の金、馬、獣皮《じゅうひ》、鷲《わし》の羽《はね》等々、家門繁栄の財源として喉から手が出るほど欲しかった奥州の利権に、直接関与できるチャンスが訪れたことは千載一遇の好機と思えたでしょう。

河内源氏の祖である、源頼信の父、源満仲《みなもとのみつなか》は清和《せいわ》天皇の第六王子、貞純《さだずみ》親王の孫にあたる人物ですが、十世紀の後半に鎮守府将軍、陸奥守を務め、その弟、満政《みつまさ》も同様に鎮守府将軍、陸奥守を歴任しています。

また、頼義の弟、源頼清《みなもとのよりきよ》も兄に先んじて陸奥守に任じられています。

頼義にしてみれば祖父、親、兄弟をはじめ一族が陸奥守に任じられているわけです。

ところが、当の頼義は、父頼信の「河内守源頼信告文案」にあるように、武門の棟梁として朝廷を守護する立場に固執するが故に、文官としての出世が遅れ、弟頼清に後れを取ったわけです。

頼義は、河内源氏の嫡流としての権限を確保し、父頼信の東国での地盤を維持するため、また、武士の棟梁としての地位を顕示するため、逆賊の追討という軍事的演出をどこかで待望していたと考えられます。

そこに、藤原登任がうまい具合に安倍氏に喧嘩を吹っかけ、負けてくれたおかげでお鉢が回ってきた。

頼義には、何が何でも安倍氏を攻め滅ぼさなければならない理由があったわけです。

それは、藤原頼通の専横に業を煮やす高貴な人物の思惑とも重なり、常軌を逸するほどの暴挙に出るのです。

しかし、安倍氏は頼義の想像を遥かに凌ぐ軍事力を備えていました。

しかも、安倍氏の公卿や権門とのコネクションは、源氏累代の陸奥守とて手が出せないほど強力だったのです。

京の公卿、権門を巻き込んでの十二年に及ぶ奥州の権力闘争は、藤原頼通の政界引退によって決着がつきました。

康平五年九月二日、頼通が太政大臣の職を辞し権力の中枢から退くと、同年九月十七日、衣川の関が破られ、安倍安仁の孫、頼任が奥州に土着して凡そ百七十年、平和を尊しとする仏法の教えを広め、華開かせた安倍氏の時代に終止符が打たれたのです。

宗任の動静

衣川関で、貞任と袂《たもと》を分けた宗任は、叔父良昭を頼りに行動を起こしたのではないかと考えます。宗任は、「陸奥話記」に「又経数日宗任等九人帰降」とありますから、厨川陥落から数日を経て帰降したようです。

九月十七日の衣川陥落から十一月九日の厨川落城まで、およそ二カ月の間、どこで何をしていたのでしょうか。

そこで、衣川の関陥落の日にタイムスリップし、その間の宗任の動静を探ってみたいと思います。

九月十六日、清原武貞、同頼貞、そして武則の三軍に囲まれた関の中で、貞任は宗任に、次のように話掛けました。

「もしも、この関が破られたなら、俺は経清、重任と共に北に向かい、奇襲戦でも仕掛けながら、武則を翻弄し、敵軍を厨川までおびき寄せ、そこで最後の大戦《おおいくさ》をやろうと思う。仮に、運尽きて死んだとしても、厨川でなら悔いは無い。お前は生きて安倍の家を再興してくれ」

宗任は、その兄の言葉に、

「自分の命が惜しくて言うのではありません。厨川で死ぬなどと言わず、ここで頼義殿と交渉して共に生きる道を考えませぬか。幸いなことに嫡子義家殿は我らに好意的でござる。兄者たちを見殺して、武士の名誉が保てるでしょうや」

貞任は、黙って、頷きながら、

「弥三郎、お前の気持ちは有難い。だがな、登任や頼義は、我らが国司の首を取ることはないと知って喧嘩を売ってきた。あいつらは、この陸奥《くに》を蔑み、自分等の欲得のためだけにあるものだと勘違いしている。親父殿は、この陸奥《くに》の平和を願い、頼義に頭を下げ名前までも変えられた。その気持ちを頼義は踏み躙り、挙句の果てに命までも奪った。俺は、親父殿やこの戦で死んでいった者たちの仇を取る。そして陸奥の誇りを懸けて最期まで戦う。経清や六郎も俺と同じ考えだ。お前には、生き恥を掻《か》いてでもやらなければならないことがある。俺の死は、きっとその時…」

こう言うと、貞任は、奥の間で赤ん坊を抱く一人の女姓に目を向けました。

この女性が、愛妾「象方《きさのかた》」です。抱く赤ん坊は「松若丸」、貞任の息子でした。

象形は、はじめ貞任と運命を共にしたいと哀願しましたが、貞任が深く諭して、漸く宗任と共に落ち延びる決意を固めたところでした。

奥の間には、他に四人の女性と三人の子供が座っていました。

皆、旅支度を終え、その時が来るのを待っていました。

象形の隣に座るのが、宗任の妻、平氏そして、嫡子鬼一丸《きいちまる》、後の安倍左馬助惟任《さまのすけこれとう》。

年老いた女性は宗任の母、白木の方、白木の方の横に座り、何か話かけている少女は、四歳になる頼良の娘、万加。その横が、平永衡の妻、有加。次に少年を抱く女性が、経清の妻、中加。少年は経清の子藤太、後の藤原清衡でした。

この藤太と万加は、後に赤い糸で結ばれるのですが、この時は無邪気に遊ぶ二人でした。

「お前だからこそ、この者たちを託せるのだ。経清も今頃、大麻生野の柵で俺と同じ思いでいるはず」

貞任は、経清から妻と子の事を託され、それを宗任に託したのでした。

宗任は、小松の柵攻防戦において、八百騎を率いて場外に撃って出、敵軍を翻弄したり、清原武道の守る要害を、遊兵三十余騎を仕立てて攻撃させるなど、武将として優れた能力を発揮していますが、「磐井以南の郡、宗任の誨《おし》えに依り、官軍の輜重往反《けいちょうおうはん》の人物を遮《さえぎ》り奪う」つまり、磐井以南の郡に向け、官軍の補給路を断ち、後方支援する部隊が運ぶ物資を遮り奪いなさいと、教えたということでしょう。

命じるのではなく「教えた」と表現されていることから、教養のある人物であったと思われます。

この事が、貞任や経清にとって、安心して家族を託せる理由の一つだったのでしょう。

宗任は、貞任の死を覚悟した決意を容《い》れて、

「兄者、皆のことはお任せください。松若丸も私の子として育てましょう。但し、我が兄弟の命は兄者にお預けいたしまする。どうか無駄死にだけはさせぬように」

こう告げると、旅支度の終えた九人の家族を連れ出羽に向け出立しました。

貞任は、別れ際になって宗任の手を「ぎゅっ」と握り、

「弥三郎、親父殿はお前を一番頼りにしていた。俺もお前が自慢の弟だった。体を大切にな」

宗任は、愚直ながらやさしさの溢れる兄の言葉に涙を隠さず、

「私こそ、おおらかな兄者の心を慕っておりました。きっとまた会えると信じております」

これが二人の最後の会話となりました。

安倍家に生まれた二人の英雄が袂を分けたこの時、奥州安倍氏の終焉に向けた幕が切って落とされたのです。


衣川関の攻防は激しく、午後二時から夜の八時頃まで攻め続けられたようです。

「陸奥話記」に源氏清原連合軍の死者九人、負傷者八十余人を数えたとありますから、武則等は相当な苦戦を強いられたものと思います。

武則の間者、久清が夜陰に紛れて、藤原業近《ふじはらのなりちか》の守る柵に侵入し火を放つと、北風によって勢いを増した炎は瞬く間に燃え広がり、柵全体が業火に包まれました。

貞任は、飛び火によって楼門の内側に火柱が上がるのを見てとると、馬に飛び乗り、兜の緒を締め、楼門に向かい、

「火を消せい、怯《ひる》むでないぞ、今宵一晩持ち応えるのじゃ、太鼓を打ちならせい」

と防戦を余儀なくされた自軍を鼓舞して廻りました。

やがて、場内各所で火の手が上がると、主だった家臣を集めて、

「良いか、今宵この関を棄て、黒沢尻の柵まで退く、そこで経清と六郎を待ち、陣営を立て直す。ただ、これからの戦は持久戦になる。決して無理は言わぬ、望む者だけで良い」こう言うと、諸将は各陣営に戻り、将士にこのことを伝えました。

一時《いっとき》ほど経って、業近の柵が焼け落ちたとの知らせが届くと、高所に設けた物見の櫓に立ち、関を一望しました。

関の方々から火の手が上がり、逃げ惑う兵卒が敵の矢を受け、のけ反る姿が彼方此方《あちこち》で繰り広げられ、まるで地獄絵のような有様でした。

貞任の目には、栄華を極めた一族の、詰めの城が陥落する様が映っていました。

「親父殿、申し訳ありませぬ。私のせいでこのようなことに」歯がゆい思いと、後悔の念で、目を赤く染め、唇を噛みしめなが男泣きに泣きました。

貞任は、関の陥落やむなしと判断すると、将士を集め、「目指すは黒沢尻の柵、皆の者続けい」と号令し、搦手門から一気に走り出しました。

これに続く軍勢は、貞任の粋に感じた股肱《ここう》の臣、但し、その数は三百に満たないものでした。

一方、生きることを余儀なくされた宗任は、密かに間道を抜け、山峡のつづら折りの山道を馬で越え栗駒山の麓を目指していました。

宗任の懐には、貞任から渡された念持仏が大切に抱かれていました。

一行は、宗任に従う二百余騎の兵に守られ、前滝の沢から本寺へと通ずる道を抜け、日照田を経て高梨へと向かい、この高梨でしばらく滞在した後、出羽方面に向かったものと思います。

陸奥話記に、頼良の弟、良昭は厨川陥落の後に出羽守源齋頼《なりより》に擒《とら》えられたと記されていますから、出羽の国府、城輪《きのわ》柵（現在の山形県酒田市）のあたりに居たのでしょう。

良昭は、宗任等の到着を待って、源齋頼を通じ、京の公卿たちに頼義の横暴を訴えましたが、藤原頼通の影響力が薄れゆく中で、大勢の流れを変えることまでは出来なかったようです。せめて、出羽に落ち延びた者たちの身の安全だけは保たれたこと、この事を良しとせざるを得なかったものと考えます。

ところで、宗任等は、何故に良昭を頼り、出羽まで落ち延びたのでしょうか。

そこで、気になるのが、貞任の愛妾「象形」です。

私は前著「豊後安倍氏の伝承」では、この象形を「伊豫の方」と記すところを、間違えて「象の形」と記したのではないかと述べましたが、実は、良昭の居た出羽の国府のすぐ近くに「象形」、いや「象潟」と書く地名があるのです。現在の秋田県にかほ市象潟町です。

この象潟という地名が、いつの頃から使われていたかは不明ですが、この地には、安倍宗任の伝承があり、神社に残された文書には、安倍宗任が寄進をしたことなどが記されているそうです。

鳥海山《ちょうかいさん》の名前も、宗任の鳥海《とのみ》弥三郎に因んで付けられたという伝承もあるようです。

秋田県にかほ市には、他にも阿部堂や安倍館という地名があり、安倍氏の痕跡が色濃く残っています。

鳥海山を中心に、秋田県や山形県には安倍氏の末裔伝承が多く残されているようです。このような伝承が残るということは、宗任本人か、もしくは、宗任と直接関りを有する人物がこの地に実在した証ではないかと思います。

按ずるに、宗任等一行は、衣川の関陥落の後、間道を抜け、栗駒山の麓の高梨の宿に滞在した後、貞任の愛妾「象形」の生まれ故郷である出羽国府の周辺に滞在し、活動をした証拠ではないでしょうか。

「象形」が何氏の娘であったかは知る由もありませんが、出羽守源斎頼に近い人物であり、良昭や宗任に対して大きな後ろ盾となり得る人物であったものと思われます。

宗任は、この地で良昭と共に朝廷に対し頼義の横暴を訴えたものの、結果は実らず、康平五年十一月九日、貞任の討死を知り、出羽を発って家族九人と共に帰降したものと思います。

宗任、函萏《かんたん》湊《みなと》笠縫嶋《かさぬいしま》に着岸す

「太政官符　伊予国司
應安置便所。帰降俘囚安倍宗任。同正任。同貞任。同家任。沙弥良増等五人。
従類参拾弐人事。
宗任従類大男七人

正任従類廿人大男八人　小男六人　女六人
貞任従類大男一人
家任従類三人　大男八人　小男一人
沙弥良増従類一人
部領使正六位上行鎮守府将軍監藤原朝臣則経従類三人
右得正四位下伊予守源朝臣頼義。去月廿二日解状云々。
康平七年三月廿九日」
右は、前掲の朝野群載、巻第十一「廷尉」に記された太政官符です。

「伊予守頼義自奥州相具所上洛之降虜宗任等。有議不令入京。分遣国々。宗任。家任遣伊予。良昭遣大宰府。治暦三。宗任等移遣大宰府。依有欲逃帰本国之聞也。」

右は百練抄の康平七年三月廿九日の状です。


これより先、康平六年二月、厨川の柵にて最後まで戦った安倍貞任、重任、藤原経清の首は、源頼義から検非違使の手に渡り、西獄の門に吊るされました。

貞任の首が曝《さら》されて一年後に宗任等は京に送られています。

この時間差は一体何を意味するのでしょう。

私は、安倍氏の側に何の落ち度もない合戦だったことが、後始末を長引かせたのではと考えます。

つまり、康平五年十二月、頼義の国解が京に送られ、公卿たちの間では、安倍氏の処分をどうするかで紛糾したものと考えます。

源頼義に対しては、賊軍退治の功名として、貞任と経清の首二つで十分満たされ、後は清原武則への恩賞を如何ほどにするかが問題となりました。

武則を奇珍で釣った手前、朝廷には武則の武勲を褒め称えたことでしょう。

ところが、朝廷側では、「安倍氏の罪を罰するというが証拠があるのか、裁定次第では陸奥の国内に混乱が生じるのではないか」といった具合に、慎重な扱いが為された結果、宗任等主だったものを陸奥から他の国へ移そうと決まったのでしょう。

勿論、この裏には清原武則等、清原一族の強引な主張が繰り返されたものと思います。

ところで、歴史書や各方面の紙面などで、宗任は配流となったと記されていますが、宗任が流罪となった事実はありません。

「陸奥話記」をみても「帰降客宗任」とある通り、その後のことは記されておりません。

ただ、この「陸奥話記」の記述には意味があると考えています。

それは普通､罪を犯して自首してきたものであれば「帰降者宗任」と記されるのではないでしょうか。「帰降客宗任」の「客」とは「招いた」場合に使うもので、つまり帰降することを促したところ、それに応じてくれたと解釈すべきと考えます。

前出の太政官符には｢應安置便所｣と文頭にある通り､應は｢**まさに**何々**すべし**｣という意味です。安置は仏像を安置すると同じ意味で、「大切に据え置く」という意味です。

便所とは「便利のよい所、都合の良い所」という意味です。

つまり太政官符は、「宗任等を便利の良い所に大切に送るように」と伊予国司に命じているのです。

この時の伊予国司は源頼義です。官軍の大将でもあった頼義に、賊軍の扱いを命じた官庁の公式文書に「宗任等一族を大切に扱いなさい」と記されているのですから、これまでの考えは捨てるべきと思います。

宗任等の身柄を大切に扱うよう命じたということは、頼義の犯した罪の償いとも取れます。

次に百練抄では、

「伊予守頼義自奥州相具所上洛之降虜宗任等。有議不令入京。分遣国々。宗任。家任遣伊予。良昭遣大宰府。治暦三。宗任等移遣大宰府。依有欲逃帰本国之聞也。」とありますが、

右の文中、「分**遣**国々」「宗任。家任**遣**伊予」「良昭**遣**大宰府」「宗任**移遣**大宰府」とある通り、配流などとは、どこにも書いておりません。すべて「遣わす」と書かれています。

つまり宗任等は、ある目的を持って伊予から大宰府へと遣わされたのです。

この百練抄の最後の一文「依有欲逃帰本国之聞也」中の「逃帰」の二字が、宗任を大宰府に移遣した主たる理由のように思われ、配流されたと間違って解釈されたのです。

百練抄の成立は、宗任の移遣から二百五十年が経った鎌倉後期とみられ、この頃には奥州安倍氏は国賊とのイメージが京の公家たちの間に定着していたものでしょう。

宗任が本国に帰りたいと願っていたことは事実でしょうが、逃げて帰るような立場ではなかっ

たのです。

宗任は伊予の桜井を船で出港し、関《せき》の港（現在の佐賀関）を経由して豊後国大分郡の函萏湊《かんたんみなと》
笠縫嶋《かさぬいしま》（現在の大分市、西大分港）に着岸し、豊後大神一族の歓待を受け白木に滞在した後、陸路大宰府へ向け出立した事と思います。

大宰府は安倍氏にとって決して縁遠い土地ではなく、九州こそ古代豪族阿倍氏の発祥の地であり、阿倍比羅夫が太宰師《だざいのそち》、安倍寛麻呂、安倍貞行、安倍興行が太宰大弐《だいに》を務め、そして誰より安倍頼任の父、安倍清行が太宰少弐《しょうに》であったこと等からも、かえって自らの先祖の地と言っても過言ではなく、宗任も従類達も希望を胸に抱きながらの旅路であったろうと思います。

豊後国府（現在の大分市古国府）から大宰府までは、西海道の東路と呼ばれる古代の道路で結ばれていました。

伊予に「安置」された宗任等一行は、弟の正任、家任、則任の三人をはじめ、貞任の息子松若丸を含む総員三十二名とありますが、治暦三年ですから、奥州を離れてから五カ年が過ぎ、其々《それぞれ》に家族も増えていたものと思われます。

今から丁度九百五十年前に、宗任一行が白木から柞原八幡宮に詣で、湯布院を通過し、由布、九重の山脈《やまなみ》を望みながら大宰府に向かったと考えますと、時の流れと共に感慨が込み上げてきます。

宗任自身もきっと、希望を抱きながらも「奥州から九州までの長い道のりを、よくもここまで来たものだ」と思ったことでしょう。

しかし、十五年後の永保二年、再びこの道を通り白木に戻ってくることになろうとは、この時の宗任にとって知る由もありませんでした。

笠縫島

大分市西大分港

松浦の宗任伝承

宗任が伊予の桜井から、豊後を経由し大宰府へ遣わされたのには、それなりの理由がありました。その理由とは、松浦市の郷土史家快勝院一誠《かいしょういんいっせい》氏の研究では、寛仁三年（一〇一九）に対馬、壱岐を襲った刀伊《とい》の入寇と、それに続く女真族《じょしんぞく》の九州沿岸部への海賊行為の防御のため、東国や九州の武士団が大宰府に派遣されたが、これと言った成果が得られなかった。

そこで、宗任を松浦に下向させ、大岳《おおたけ》城を築き、海岸部の押さえとした。というもので、歴史的事実に沿った見解と言えます。

大岳神社

伊万里神社

伊万里神社石碑

松浦市近辺には宗任の伝承が色濃く残っています。

伊万里神社の境内に立つ石碑には、「安倍宗任が松浦郡司として下向」の文字が刻まれています。

また、「松浦市史」には岩栗神社の鳥居に「松浦郡司安倍宗任」の文字が刻まれていたとあります。

つまり、宗任は日本の歴史上、あたかも配流されたかのような扱いを受けてきましたが、実際は配流ではないということを認識することが肝要です。

宗任の墓

松浦に下った宗任はその後どうなったのか。

松浦にも宗任の墓と言われるものがあったようです。

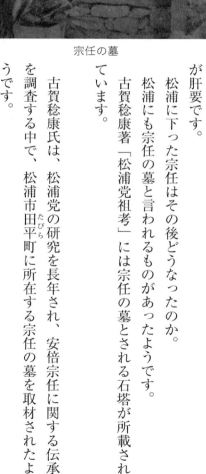

古賀稔康著「松浦党祖考」には宗任の墓とされる石塔が所載されています。

松浦党祖考

古賀稔康氏は、松浦党の研究を長年され、安倍宗任に関する伝承を調査する中で、松浦市田平《たびら》町に所在する宗任の墓を取材されたようです。

ただし、残念ながら安倍宗任の出自を「俘囚」と断言されており、

頼時様

松浦党祖としての事績は、伝説に過ぎないと結論されています。

そもそも奥州安倍氏の出自を俘囚と断じているわけですから、真実が見えるはずがありません。

豊後の安倍一族についても一部記述がありますが、残念ながら詳しいご認識はなかったようです。

松浦党に関しては、研究者の多くが出自について、安倍宗任と嵯峨源氏の末孫説を比較し、後者を有力視しているようです。

しかし、そもそも研究の初期段階において、安倍宗任の出自を「俘囚」と見なし、大宰府に配流された罪人として捉えているのですから、古賀稔康氏同様の見解しか得られないでしょう。

当家史料に安倍宗任の子、實任が松浦弥三郎と号し、大分郡武者所となって豊後に土着し、地名を松浦に因んで天神免と名付けたという伝承は何を意味するのでしょうか。

松浦には、他にも頼時様と呼ばれる石像があり、松浦の安倍一族が頼時（頼良）の菩提を弔うために祀ったものと思われます。

市野御前の墓

また、松浦市今福には、宗任の娘「市野」の墓と伝わる石碑があります。

市野は、伝承では御厨検校、渡辺久《わたなべのひさし》の妻となり、子孫はこの地に梶谷《かじたに》城を築いたということです。

宗任の松浦下向は、歴史的背景もしっかりしており、奥州の英雄が土着の豪族の娘と結ばれたとしても不可解な話ではなく、あり得ると考えるのが自然です。

土地の神社や民衆の間に残された伝承を軽んじることは、歴史の真実を見誤ることに繋がると言えるのではないでしょうか。

渡辺氏の紋

松浦党の紋

宗任大島終焉説の嘘

「筑前大島には宗任の墓というものがありますが、江戸時代、文政期のもので宝篋印塔《ほうきょういんとう》と呼ばれる供養塔に、「安部統祖神儀《あべとうそしんぎ》」と記されています。安部統祖という文字を宗任と解釈したようです。

この宝篋印塔には二つ家紋が刻まれていますが、その一つ「三つ星に一文字」は渡辺氏の家紋で、松浦党の使用した「三つ星」とは違っています。

家紋は出自を証するという一面を持っていますから、関係のない家紋を刻むことは有り得ません。

ところが、元禄時代に貝原益軒《かいばらえきけん》によって著された「筑前国続風土記《ちくぜんのくにしょくふどき》」及

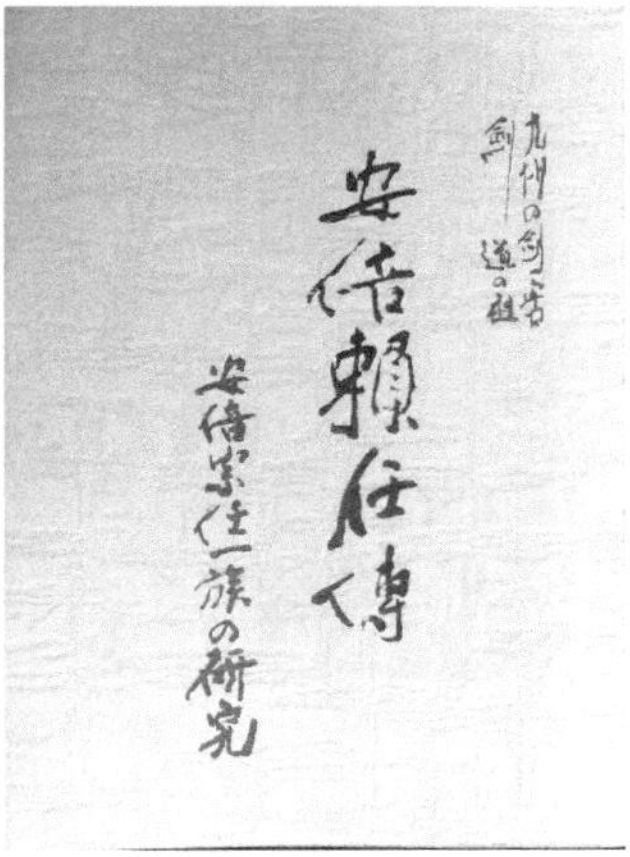

安倍頼任傳

び、江戸後期に青柳種信《あおやぎたねのぶ》によって著された「筑前国続風土記拾遺《しゅうい》」に宗像郡大島に宗任が配流され、安昌院という寺に墓があると記されています。

この筑前国続風土記の「大島」の頁については、創作であることは、後で詳しく説明いたしますが、この創作された「宗任大島終焉説」が流布した要因が、安昌院住職であった安川淨生氏が著された「筑前大島に眠る安倍宗任」や「安倍頼任傳」でした。

この筑前続風土記の「大島」の頁は、元禄時代に福岡藩の馬廻り役であった、安部惣左衛門《あべそうざえもん》が、同藩儒者竹田春庵《たけだしゅんあん》を通じて、安倍宗任伝説を創作し益軒に伝えたわけですが、この安部惣左衛門は父を安部五郎大夫頼任《よりとう》と言い、祖父は安部専右衛門一任《あべせんえもんかずとう》という実在の人物で、元は豊後大友氏の庶流である筑前の立花家に仕えた人物でした。

専右衛門の父である安部《あべ》右馬助《うまのすけ》、祖父の安部《あべ》和泉守《いずみのかみ》も同様に筑前立花家の家臣としての系譜を有しています。

また、祖父安部専右衛門の父、安部右馬助は天正十九年（一五九一）豊後にあって、大友吉統《おおともよしむね》から豊饒《ぶにょう》（現在の大分市大字豊饒）に所領を賜わっています。（田北学編「編年大友史料」所収）

つまり、安部惣左衛門の家系は、大友家の庶流、筑前立花家に仕えた家臣であったというのが史実です。

ところが、安川浄生著「安倍宗任」「安倍頼任傳」によると、安部和泉守の父、安部伊豆守範任が大島に出自を有するとし、戦国期、この地方を治めた大名、宗像氏《むなかたし》の家臣であったと記されています。

筑前大島に眠る安倍宗任

安川浄生氏は、安部惣左衛門の父祖の経歴を誤認し、または意識的に改竄《かいざん》し、惣左衛門の一族が宗像郡大島と何か特別な関係に有るかの様に記されています。

その一例として、安川氏が記す「大島の安倍一族」の系譜は、江戸末期から明治初期にかけ「筑前国続風土記」等を参考にして作製したと思われる系図に、意味不明な解釈（※を付けて）を加えたもので郷土史家として非常に危うい行為と言えます。

安川氏は、自らの行為が、宗像大社の少宮司を務めた歴史ある安部家の系譜に汚点を残すことになるとは考えなかったのでしょうか。

また、明治まで黒田家に仕え、馬廻り役や剣術、砲術の指南を務めた安倍一族の系譜にさえ、同様の誤解を招きかねないことを憂慮しなかったのでしょうか。

そこで、この頁において、安部惣左衛門の系譜に連なる人物、安部伊豆守、安部和泉守、安部民部丞、安部右馬助、安部六弥太、安部専右衛門の経歴を彰かにし、安川淨生氏が説かれた「宗任大島終焉説」と、貝原益軒の「筑前国続風土記」の嘘を詳しく説明いたします。

其の一、安川淨生著「筑前大島に眠る安倍宗任」「安倍頼任傳」の嘘

まず、福岡藩馬廻り役、安部惣左衛門の曽祖父である安部右馬助について次のような史料が残されています。

「大友家文書録」に年未詳ですが安部右馬助の坪付《つぼつけ》が記されています。

安部祐清朱印坪付
朱印　つほ付之事
ふねう（豊饒）　一所三たん、　ミやのした、
ふねう　一所一たん、　れうこうしの下　（永興寺）
ふねう　一所壹たん大、　むた、
ふねう　一所四たん、　一ちやうはたけ、

ふねう　一所二たん、　たかハらはたけ、
ふねうはた地　一所壹たん、　くほつる、
はきはらはた地　一所貳たん　なかしま、
つる　一所三たん、　やしき、
つるはた地　一所壹たん、　かハらはたけ、
はきハらてん地　一所二たん、　あんさう、
以上
てん地七たん大、
はた地一ちやう四たん

さらに、次の書状は「大友家文書録」に、（天正十九年）二月、因安倍《あべ》祐清《ひろきよ》領地事、宮内《くない》卿局《きょうのつぼね》作書として所収されている書状です。

多年しんらう（心労）申候へとも、にあハせ（似合）のところ候ハて、ふち申さす候、のこりおしく候、なかとしないき（長利内記）あと、りやうち（領地）の事、申しつけ候、ちきよう（知行）あるへく候、かしく、
二月十五日
あへうまの介入道とのへ　（安倍右馬介入道）

ここにある宮内卿局《くないきょうのつぼね》とは、豊臣秀頼《とよとみひでより》の乳母《うば》で慶長二十年（一六一五）に、大阪夏の陣で自害した秀頼、淀君《よどぎみ》に殉じて自害したとされる女性です。

天正十九年（一五九一）長年の功績に報いるとの趣意にて、所領を宛がわれたものですが、六月、右馬之助の子である久三《くぞう》に宛て、キリシタン大名でも有名な大友宗麟《おおともそうりん》の嫡子、大友吉統《おおともよしむね》より次の通り、分与を確する書状が発せられています。

父右馬助入道祐清抱分長利内記跡入田郷之内六貫分、草地之内五貫分、津守之内浮免拾貫分、其外浮免所々　坪付別紙在之　事仕相続之旨領掌相違有へからず候　謹言

六月十六日　　吉統　在判

安倍久三とのへ

この事から安部右馬助祐清は、天正十九年に、子息の安部久三に長利内記《ながとしないき》の旧所領の一部を譲り渡した事が判ります。

他に、安部右馬助は、この前年天正十八年十一月に大友吉統より次のような扶持状《ふちじょう》を下付されています。

萩原村塩濱使之儀、上表のよし、尤可然候、乃院内南小路之内屋敷十一間、加扶持候、存知すへきもの也

天正十八年十一月廿日

安部右馬助とのへ

右の二通の書状から安部右馬助の所領は豊饒《ぶにょう》、入田《にゅうた》、草地《くさち》、津守《つもり》、萩原《はぎわら》（すべて豊後国内）にあった事が判ります。

また、安部右馬助の立場は吉統の直接の家臣ではなく、陪臣《ばいしん》又は食客《しょっかく》であった事が判ります。

陪臣とは、直臣ではなく他家の家臣又は家臣の家臣の事で、書状の宛名に、某とのへと平仮名で記したり、差出人の名が平仮名であったり無記名の場合、または文章の最後に恐惶謹言《きょうこうきんげん》、恐々謹言《きょうきょうきんげん》と書くところ謹言とのみ記す場合、陪臣に宛てた書状であると思われます。

ただし、安部右馬助の子、安部久三は、その後大友家の直臣になった事が次の書状から判ります。

大友家文書録　中庵（義統）授書於安倍久三。時、義延（義乗）母猶在豊後、
今度義延袋其国へ被残居候之処、聢以堪忍夜□辛労之由、誠々感悦候、必義
延帰朝之刻、一稜可被申付之条、倍忠意之心懸肝要候、猶田北平介可申候、恐々謹言
十一月九日　　　　　　　　　　宗巌　在判
安倍久三殿

以上のことから、安部右馬助は陪臣か食客の立場で、豊饒をはじめ豊後国内に所領を有していた事が判ります。

特に豊饒の所領は朱印とありますから何か特別な事情で下賜された土地であったことが窺えます。

子の久三はその後右馬助の所領を安堵され大友家の直臣となったようです。

さて、右馬助が陪臣又は食客であったものと述べましたが、一体、大友吉統以外の誰に仕えた家臣だったのでしょうか？

「安部右馬助の事」

右馬助の活躍を物語る感状を次に記しますと

兒玉採集文書三所収　家中感状抜粋　年未詳

前十三辰刻於熊城渡合戦之砌、大勢切崩被討捕頸四、同未刻於荷中頸一討捕被蒙疵、偖々忠儀高名無極候、小大達上聞候、處御褒美不尋常候、間坂田兵部跡九町之辻預進之候、可有御知行候、恐々謹言

二月廿八日　道雪　書判

安部右馬助殿

前十二山田切寄取懸之砌、別而被砕手、頸一討捕高名感悦無極候、小大達上聞候、條必可被成御感候、恐々謹言

六月十九日　道雪　書判

安部右馬助殿

右の二つの感状は戸次道雪《べっきどうせつ》（戸次道雪は、立花道雪と表記されることがありますが、筑前立花家を継いで立花城の城主と成ってから、死ぬまで立花を名乗りませんでした）から下賜されたものです。

年未詳ですが、田北学《たきたまなぶ》氏は編年大友史料中に天正十三年頃としています。

という事は、筑後の黒木氏を攻めた頃の諸所の合戦での高名に対する感状と考えられます。

つまり、天正十三年の時点で右馬助は戸次道雪の家臣であったことになります。

但し、「預進之候」とあることから立花家中でも重きを為す立場にあったものと思われます。

それが、この感状から五年後、右馬助は豊後に在って吉統から坪付けを発給され、つる（津留）に三反（九百坪）の屋敷を持っていたことが先の史料から明らかです。

九百坪の屋敷地を宛がわれることから、右馬助は、大友家に陪臣と言う立場ながら厚遇された感があります。

つまり、安部右馬助という人物は、戸次道雪に仕え数々の高名を上げ、その後、豊後に在って大友吉統から厚偶されたことが史料に明らかです。

では、この右馬助という人物は如何なる出自だったのでしょうか。

兒玉採集文書所収「立花家中感状」に安部宗左衛門（安部惣左衛門の父、専右衛門のこと）に宛てた書状があります。

戸次道雪肖像　　福厳寺所蔵

この書状は立花尚政《たちばななおまさ》（宗茂《むねしげ》、筑後柳川藩初代藩主、戸次道雪の娘婿）が、江上《えがみ》合戦において高名を上げた安部宗左衛門に宛てた感状で、この書状に朱書きで安部宗左衛門の系譜が次の通り記されているのです。

今度江上表一戦之刻、被励粉骨頸貳分捕高名之次第
莫太之忠儀候、必取静一
稜可賀之者也
尚政　書判
十二月二日
安部宗左衛門殿

（朱　書）

「右安部和泉ハ五郎大夫曽祖父、同右馬介ハ五郎大夫祖父、安部宗左衛門ハ五郎大夫父よし候」

この書状の「朱書き」から右馬助は父を安部和泉守と言い、子に立花家家臣の宗左衛門が有り、五郎大夫という孫を持つ人物であったことが判ります。

五郎大夫とは、安川淨生氏が、「筑前大島に眠る安倍宗任」、「安倍頼任傳」の二つの著書に書き記した剣道の創始者で、夢翁《むおう》と号した安部五郎大夫頼任のことです。

ここで、安川浄生氏の「安倍宗任」「安倍頼任傳」からこの五郎大夫に関する系譜を抜粋させて頂き箇条書きにして纏めたものが次の通りです。

1、筑後柳川市は宗任から三十八世の孫、安倍伊豆守の代から四世にわたって居住した頼任の先祖の地である。

2、安倍伊豆守は大島に住していたが、宗像大宮司家と不和と成り粕屋《かすや》の鷹野《こもの》三河守《みかわかみ》増時《ますとき》に仕える。

3、安倍伊豆守の弟は大島に留まる事を許され、その子は掃部頭《かもんのかみ》正任と称す掃部守正任の子が長門守一任と云い、別名を民部丞秀浄《みんぶのじょうひできよ》で大島の御嶽第一宮を天正十三年に護灯する。

4、伊豆守の子、安倍和泉守良任も父と共に鷹野三河守に仕える。天正十三年　清水原合戦で討死する。

5、和泉守の長男、右馬助良任は天正七年生松原《いきのまつばら》にて鬼木清甫と槍合わせして討死する。

6、頼任の祖父、六弥太員任《ろくやたかずとう》は立花道雪（立花道雪は存在しない、戸次道雪が正しい）に仕え武勲を立て、柳川に加恩の地を賜わった。道雪死後は宗茂に仕え、慶長五年江上の合戦で討死する。

7、頼任の父、宗左衛門一任も立花に仕え関ヶ原の合戦に参戦し、後年、秋月藩に武術の指南役として招かれたが、寛永十四年島原にて討死した。

8、頼任は寛永元年（一六二四）秋月にて生まれる。同十四年東権右衛門《ひがしごんえもん》のタイ捨流入門。

四十二歳で子息実任《さねとう》と共に江戸に出て、寛文七年（一六六七）福岡藩に馬廻役二百五十石にて仕える。

延宝九年（一六八一）八月大島にて先祖供養を施行する。

「嚢祖安部宗任神儀及子孫世世聖霊並門葉諸霊位」

自法華経百部読奉、今此顕所諸聖霊頓証菩提、後世子孫各為逆襲右、施主当島配遷宗任四十二世嫡孫安倍宗左衛門尉頼任一鎬士謹之建

この二冊の著書によると、安倍伊豆守が大島に在って宗像大宮司家の家臣であった事になっています。

「安部伊豆守範任の事」

この安倍伊豆守は、宗像氏の重臣占部家《うらべけ》の歴史を紹介されている、占部昇氏のウエブサイト「占部家系傳」の中で、占部尚安の後裔占部吉太郎氏所蔵文書「占部家系傳」に登場します。その部分を抜粋しますと、

「大永五年（一五二五）十月十一日、占部豊安は、安部伊豆守範任《のりとう》と共に宗像郡深田村に兵を進め、宗像民部少輔氏続《むなかたみんぶしょうゆううじつぐ》の館を囲む。氏続は行方をくらます。

この時、範任が氏続に通じていたとの風聞が立ったため、豊安並びに許斐四郎氏任《このみしろううじとう》などが協議の上、範任を飯盛山にて討ち果たした」

右の通り、占部家傳では大永五年に飯盛山で討死したと記されています。

この文章だけを見ますと、安部伊豆守範任は、宗像氏の重臣、占部豊安《とよやす》と同様に、宗像家に仕えていたようにも取れます。

ところが、この頃宗像氏内部は、中国地方を支配した山口の大内氏と結ぶ正氏《まさうじ》と、大友氏の支持する氏続《うじつぐ》の兄弟が対立していたのです。

前述の、占部昇氏に問い合わせたところ、正氏の子で最後の宗像大宮司となる氏貞《うじさだ》の家臣団に阿部姓はあるが、安倍姓もしくは安部姓は見当たらないとの事でした。

阿部も安部も、特に区別する事由はありませんので、範任が宗像氏の家臣であった可能性は残ります。

しかし、宗像家の家臣団に安部範任以外の安部姓の武将が他に見当たらないと言うのはどういう事でしょう。

また宗像氏の崇拝する宗像大社の中津宮を祀る大島において、五百年に渡り宗任以来の家系を伝えていたとすれば、当然宗像家内部において重きを為す一族であったはずです。

となれば、例え範任が氏続と通じ、大友氏に寝返ったからと言って、安部一族すべてが宗像家から追われるとは考えられません。

この事は、永禄二年（一五五九）大友氏が蔦ケ岳、許斐山の城を攻め落とし、正氏の子、氏貞を大島に追いますが、この時大島の護衛に当たったのが許斐氏鏡《このみうじあき》、占部貞保《うらべさだやす》、吉田貞勝《さだかつ》の三人で、ここに安倍氏が見えないのはおかしな話です。

そもそも、大島という僅か八・一四平方キロの山ばかりの島で、頭分《かしらぶん》の武士として軍勢催促《ぐんぜいさいそく》に応じるだけの家臣団を養えたのでしょうか。

そこを訪れた者であれば、それは有り得ないと誰もが気付かれるでしょう。

ところで、先ほど、当時は宗像氏内部で大内派の正氏と大友派の氏続が争っていた、と申しましたが、宗像氏は正氏、氏続の父氏佐《うじすけ》も兄氏定《うじさだ》の子興氏《おきうじ》と大宮司職を争うなど、大内側と大友側に別れて争っていたようです。

要するに宗像氏内部では、氏郷《うじさと》から氏貞《うじさだ》に至る七代に渡り大友派、大内派の二党が混在して権勢を争っていたのです。

そこで考えられるのは、安部伊豆守範任は、大友氏の側から宗像氏へ送り込まれたものではないかという事です。

氏続の祖父、氏郷の頃から対鮮貿易を通じ少弐《しょうに》、大友との関わりを深めていた宗像家中に在って、大内氏に対抗する参謀として安部氏が派遣されたものではないでしょうか。

安部範任が討たれた飯盛山が福津市と古賀市の境に位置することから、宗像郡と粕屋郡の境界に在るこの城に、大友側の最前線として範任が拠っていたものと考えられます。

これは、その後の安部和泉守から安部宗左衛門に至るまで薦野、立花両家との関係を通じ、大友吉統に、「忠義無比類」と、言わしめた安部一族の活躍を見ても明らかかと思われます。

古賀市の飯盛山遠望

安部範任が、大友派の宗像氏続を攻めたという事の真相は、推測するより外有りませんが、宗像家中大内派の占部、許斐氏と安部氏が飯盛山で合戦に及んだという事は、史実として間違いないものと思います。

詰まる所、安部範任は筑前立花氏に仕えた大友方の武将であったと言うことでしょう。

「安部和泉守の事」

次に安部和泉守良任《よしとう》が、天正十三年に清水原《しみずはる》合戦で討死したとありますが、左記児玉採集文書三所収　家中感状「安部文書」安部五郎大夫所持に

前々十三於西郷表被砕手手頸ニ討捕別而高名、感悦無極候、小大達上聞候條必可被成御感候、恐々謹言

五月廿一日　　　　　　　　道雪　書判

安部和泉守殿

とあり、この感状は年未詳ですが、文面から天正九年十一月十三日の、小金原《こがねばる》合戦における安部和泉守の奮戦に対する感状で、この小金原合戦を、立花家では清水原合戦と呼んでいます。つまり清水原合戦は天正九年であり、和泉守は討死ではなく、逆に頸《くび》二つを分捕《ぶんど》る高名を上げている事が判ります。

安部和泉守が、薦《こも》野弥十郎増時と共に大友氏の下で多くの合戦に出陣し手柄を立てたことは薦野《の》家譜《かふ》に明らかです。

例えば永禄《えいろく》十一年四月、立花城主立花鑑載《たちばなあきとし》が高橋鑑種《たかはしあきたね》、秋月種実《あきづきたねざね》と結んで大友に叛き、それを非難した重臣、薦野増時の父薦野宗鎮《こものむねしげ》、米多比大学《ねたびだいがく》を誅殺した時の事が次のように記されています。

鑑載は薦野の一族を悉く討果せうとて、安武《やすたけ》民部、藤木和泉守を頭として八百余人指向けぬ。薦野にも此事を傳聞て薦野弥十郎増時、米多比五郎次郎一族郎従を催し三百余人、安部和泉守、東郷民部を先駆として團原へ出向行、一戦して立花勢を退返す。安部和泉守の精兵の手、利なれむより敵多□騎落しけり

この時の働きに対し薦野増時宛て感状が大友義鎮《おおともよししげ》（宗麟）より下賜されています。

臼杵安房守同陣之申段、此折節別而可被励軍忠事、可為祝着候、必追而一段可賀之候、恐々謹言

五月三日　　義鎮　御判

薦野弥十郎殿

このことから、安部和泉守は薦野増時の家臣として立花勢と戦い多くの敵兵を討つ手柄を立てたという事が判ります。

「安部民部丞の事」

一方、この時、立花鑑載側に在って大友氏に叛いた者の中に安部民部丞《あべみんぶのじょう》という名が見えます。

大友家文書録に次のように記されています。

初筑前立花城主新五郎某叛宗麟、宗麟誅之、以其族鑑載、継家號立花山城主。其後鑑載謀反、宗麟遺多兵攻之、鑑載降去城、宗麟使臼杵進士守立花城、経年、今般鑑載應元就、與原田下総守親種、**安部民部丞**、及元就援清水左近将監、合兵攻立花城復之、宗麟遣使於筑前在陣諸将、命討鑑載、戸次氏、臼杵氏、吉弘氏合軍急攻立花城抜之、鑑載逃去、親種乞降而入高祖城、竃門勘解由允、探求鑑載斬之、宗麟喜賞禄竃門氏、使田北民部丞、津留掃部助立花城

この通り安部民部丞は原田親種《はらだちかたね》や毛利の家臣、清水左近将監《しみずさこんしょうげん》等と共に、臼杵進士兵衛鎮氏《うすきしんしひょうえしげうじ》の守る立花城を攻め一時奪還したようです。

立花家は大友六代貞宗《さだむね》の子、大友貞載《おおともさだとし》から始まる大友一族ですから、もとは安部民部丞も安部和泉守も同じ立花家中に属し大友家に仕えていたものと思われます。

豊後の安倍一族が仕えた大友氏時《おおともうじとき》の兄が、立花家初代の貞載ですから、貞載に従い筑前に赴いた家臣の中に安倍氏が在ってもおかしくはありません。

立花家初代、大友貞載から鑑載《あきとし》まで七代の間に筑前に土着した者も多かったものと思われます。

さて、当主の鑑載の謀反を聞かされた安部一族は、大友か毛利かの選択を迫られた事でしょう。

家名存続の為、和泉守は大友派の鷹野氏と行動を共にし、安部民部丞は立花鑑載に従ったものと考えます。

「安倍宗任」「安倍頼任傳」の抜粋3に記した民部丞秀浄はこの鑑載に従った民部丞だったのではないでしょうか。

つまり、大島の御嶽第一宮を、天正十三年に護灯したという民部丞は、立花氏の謀反によって本拠を追われ宗像氏を頼って大島に落ち延びたのでしょう。

大島に在って、宗任以来の家系を守る安倍氏というのは架空であり、大島の安倍氏は、この民部丞に端を発すると考えられます。

宗像市の池田には、江戸期この地の庄屋を代々務められた安部家が、東照院という菩提寺を中心に今も脈々とその家系を守られています。

その池田の旧家、安部家には江戸初期に遡る過去帳が残されています。

当主のお話によると、「この地の安部家は多々良浜（福岡市、旧糟屋郡、筑前立花氏の所領）より、この地に来たりと伝えられている」とのことでした。

「安部六弥太の事」

次に、安部和泉守には六弥太という二男が有り、この六弥太が稀代の勇士であった事は薦野家譜に明らかです。

そこで六弥太の活躍について当時の状況を踏まえて見てみたいと思います。

天正十二年七月大友吉統は志賀《しが》、清田《きよた》、田北《たきた》、木付《きつき》、吉弘《よしひろ》等に七千余の兵を授け黒木氏の籠る猫尾《ねこお》城の攻略を命じました。

大友軍は玖珠《くす》、日田《ひた》を通り筑後生葉《いくは》郡に押入り問注所治部大夫《もんちゅうじょじぶだゆう》の領内に火を放ち星野を経て黒木兵庫頭政実《まさざね》の籠る猫尾城を囲みました。

ところが大友勢は耳川合戦《みみがわかっせん》で多くの名将、智将を欠いたために、戦法が定まらず攻めあぐね、一カ月が過ぎても落とすことが出来ずにいたのです。

この頃、薩摩の島津義弘は、九州統一の動きを始め、北上の機会を窺っていました。

島津の動きに焦った吉統は、筑前の戸次道雪と高橋紹運《たかはしじょううん》に援軍を求めてきました。戸次道雪と高橋紹運は衰亡し行く大友家の中に在って、その智謀を以て筑前を死守し、その忠節を以て大友氏の威光を保持していました。

道雪は紹運と計り立花城には統虎《むねとら》（後の立花宗茂）をはじめ薦野三河守、十時摂津守《とどきせっつのかみ》以下、千余の兵を残し、岩屋城には三百余の兵を残して、自ら三千余の兵を率いて出陣しました。

出陣したと言っても敵地を十五里（約六十キロ）の行軍は決死の覚悟で、道雪は輿に乗って先頭を進み部下を励まし、紹運は夜も眠らず士卒を見回り慰労したと言います。

途中小競合いはあったものの猫尾城を囲む大友軍に無事着到が知らされると、敵地を見事に突破し加勢に来た立花、高橋両軍の旗印は誇り高く棚びき、歓喜の渦の中豊後勢に迎えられました。

この時、安部六弥太は薦野増時の名代として立花勢の旗頭を勤め、猫尾城をはじめ西牟田《にしむた》氏の拠る城島《じょうじま》責めなどの先陣を切ったのです。

薦野増時の名代を勤めた安部六弥太については次の通り記されています。

薦野家譜所収天正十三年九月三日付け薦野増時宛て戸次道雪書状に

御惣書具令被見候、前廿二至統虎指遣候一通、同廿五到来候哉、御被見之由尤可然候、先書ニ如申

候、於中途秋月、草野、両星野已下之衆、雖取出付立候、両家之者共砕手、於在々所々、

遂防戦、宗徒之者百余討取候故、無異議致参陣候

一両人以参陣當陣衆申談前廿五至河崎表大蔵山寄陣、同廿八下筑後表

（中　略）

一安部六彌太前廿八働之砌、於西牟田表も分捕候、前日於石垣表分捕候、両度之儀無比類

候、参陣以来両家ニ討取首二百餘にて大利之段満足候

一豊前表城井、長野、篇目之儀共彼方角調之儀無油断候、可御心安候、猶期後便先残多候

恐々謹言

九月三日　　道雪　御判

増時　参

右書状の他にも次の通り

去月十九以道雪同心凌敵中至黒木表着陣、已来在々所々軍労殊其方被官安部六弥太分捕ニ

高名之由、

忠儀感入候、弥可励馳走事肝要ニ候、恐々謹言

九月十一日　　　　　　　　義統　御判

鷹野三河守殿

今度道雪紹運至黒木表越山候、□□□方事為立花城番統虎候、被副置之由候、辛労之段候、殊舎弟勘解由丞、同弥助事道雪同心仍而前九簗河表発向之刻、兄弟依手砕被官安部六弥太殿、度々分捕高名之由候、忠儀無比類候、必其境取鎮至増時一稜可賀之候、為御存知候、恐々謹言

九月十四日　　　　　　　　義統　御判

鷹野三河守殿

今度道雪至黒木表越山之刻、安部六弥太事、為名代被指副□□於彼表分捕及度々戦死之由候、忠儀之次第無比類条感心不浅候、必取鎮至□方一稜可賀之候、恐々謹言

十二月廿三日　　　　　　　義統　御判

鷹野三河守殿

右の通り、安部六弥太は鷹野三河守増時の名代として戸次道雪の下で、華々しい戦歴を残した勇士でしたが、残念な事に天正十三年西牟田大善寺において討死を遂げました。

六弥太の父、和泉守は、この六弥太の功績を称えられ、戸次道雪、統虎連署の感状を次のとおり下賜されました。

其方二男六弥太事、去年於在々所々数度極分捕高名、結句西牟田要害於城島戦死、忠儀無

比類、早々雖可顕御志、作配當依延引、□今押□失面目候、雖細小分候、桜井中務一跡五町分之事、□□段□預進候、可有知行、恐々謹言

七月十二日　　統虎　御判

道雪　御判

安部和泉守殿

この様に、「安倍宗任」「安倍頼任傳」抜粋6の、「安部六弥太は、立花道雪に仕え慶長五年江上合戦で討死した」と言うのは誤解で、立花家の重臣薦野増時に仕えて西牟田大善寺《だいぜんじ》において天正十三年に討死したと言うのが事実です。

さて、筑前において天正十三年から翌十四年に掛けては波乱の年となりました。

九州統一を目論む島津氏は、既に肥後の国内を掌握し、筑前の秋月、宗像を傘下に治め、肥前の龍造寺《りゅうぞうじ》とも和平を結んで、後は大友だけを残す段階にありました。

大友宗麟は天正十四年四月、自ら上坂し豊臣秀吉に危急を訴え島津征伐の要請をしました。

この頃の大友家は、秀吉の力を借りる他に自力で島津と対抗する力は無く、宗麟の外交術によって秀吉を担ぎ出すことに成功したかのように見えましたが、狡猾な秀吉には既に島津征伐後の九州支配の構想は練られていたようです。

一方、この前年筑後に侵攻した島津は、高良山《こうらさん》を背に布陣する大友勢と一進一退の攻防戦を繰り広げていましたが、突如大友勢に異変が起こります。

対島津の陣頭に立って指揮していた道雪が、病を得て陣中で亡くなったのです。

また、翌十四年七月には岩屋城に籠城した高橋紹運が島津から攻められ玉砕しました。大友家を支えた二人の英雄がこの世を去ってしまったのです。

残された統虎（後の立花宗茂）は、家臣らに立花城を囲む島津氏の攻撃に対し籠城の備えを固めさせ、一方で秀吉に援軍の要請をしました。

統虎は弱冠二十歳で、立花城を死守したことで、秀吉から感状を下賜されました。

統虎は、功績のあった薦野増時に宛て次の通り感状を与えました。

前二十五高鳥居取崩之刻、其方前而依被砕手僕従忠次郎、源三郎、神四郎分捕同孫次郎被疵之由候、高名感悦候、殊安部新助、宮下彦太郎戦死忠節之次第尤神妙候、必以時分一廣可賀之候、恐々謹言

八月二十七日　　統虎　御判

三河入道殿

この他にも薦野家譜には安部半七、安部作右衛門の名が有り、共に高名を立てた事が記されています。

以上の事から、筑前の安部一族は薦野家や立花家と深い関係にあり、大友家に対し忠節を尽したことが伝わってきます。

特に和泉守の息子たち、安倍右馬助と安倍六弥太は、戸次道雪と薦野増時の両者に別れて仕え、双方で華々しい戦果を挙げたのでした。

「史実の整理」

安川浄生氏の「安倍宗任」「安倍頼任傳」に記された、筑前の安倍一族の履歴には多くの誤認があり、安倍一族が宗像氏や大島と何か特別な関係にあるかのように、史実を曲げて記されています。

項目1～8の内、史実と言えるのは、項目3の安部民部丞の御嶽宮の護灯の記事と、項目7の安部宗左衛門一任の履歴だけです。

最後に「安倍宗任」「安倍頼任傳」の抜粋の番号順にもう一度、史実を整理してみたいと思います。

1　戸次道雪は病床で遺言として、小野和泉守に「自分の遺骸に甲冑を着せ柳川に向けてこの地に埋めよ」と述べたと言います。
それほど柳川城を落とせなかったことを悔やんでいたとの逸話です。
柳川は天正十五年、秀吉によって立花宗茂に初めて与えられたもので、和泉守、右馬助は柳川には全く縁が有りません。

2　「占部家系傳」によると、範任は大永五年に飯盛山で討死していますので、鷹野増時（天文十二年～元和九年）に仕える事はできません。

3　安部民部丞秀浄が天正十三年に護灯したと言う記録は史実と考えられます。

4　安部和泉守が鷹野増時に仕えたのは事実ですが、伊豆守範任と父子関係にあったかは不明です。

安部和泉守が清水原合戦で討死したというのは間違いです。

5　安部右馬助が天正七年、生松原にて討死は間違いです。

6　頼任の祖父は右馬助です。六弥太は薦野増時に仕えたもので、道雪や宗茂に仕え慶長五年江上合戦で討死というのは間違いです。

7　安部惣左衛門は、柳川の立花家に仕えていましたが、立花飛騨守宗茂が関ケ原で西軍に付いて改易となり、薦野三河守賢賀《けんが》、吉右衛門成家《しげいえ》に随い黒田家に仕えます。その後、黒田甲斐守長興《くろだかいのかみながおき》の家人となって、秋月に仕官し、寛永十四年、島原の合戦において、鉄砲の弾に当たり戦死します。

8　頼任が生まれたのが、秋月というのは間違いです。なぜなら、寛永十四年の島原合戦に、十五歳で父惣左衛門と共に出陣していることが記録に残されています。ということは、生年が元和八年ということになります。

元和八年当時、父惣左衛門は、薦野成家と共に黒田長政に仕えていますから、秋月とは無縁です。

秋月藩は、元和九年八月、黒田長政の遺言によって分家成立した藩ですから、惣左衛門は秋月藩の成立に合わせて、藩祖、黒田長興の家人となり、秋月に移りました。

また、頼任が寛文七年に福岡藩に馬廻り役二百五十石で仕官したというのも間違いです。

福岡藩の寛文分限帳には、阿部、安倍、安部の名簿は有りません。

頼任の子の宗左衛門の代になって、初めて福岡藩の元禄分限帳に二百五十石、阿部惣左衛門の名が記されるのです。

頼任が延宝九年（一六八一）八月、大島にて先祖供養をしたとする位牌が安昌院に残されている、と記されていますが、その謎は、子の安部宗左衛門と大島との関わりに有るような気がします。

そこで、宗左衛門と大島との関りを次の史料から考察してみましょう。

黒田藩の儒者竹田春庵の記した日記には次のように記されています。

元禄三年四月五日　　　　晩郡小平次へ饗応に行く　安部半内も被参
元禄三年五月十八日　　　安部五郎大夫隠居　半内家督無相違
元禄七年四月一七日　　　安部宗左衛門ゟ書来　秘書二冊
元禄七年卯月二十六日　　安部頼任墓誌成
同年　同月二十九日　　　安倍墓誌再改浄書
元禄七年五月六日　　　　朝長福寺へ安倍夢翁一周忌参詣

他に貝原益軒からの書状に
①安部惣左衛門へ大嶋より状が届いたが何方へ頼んで安部に届けたら良いか
②宗像記について安部惣左の見解、三社の説、田島部人の説などの感想を述べる
③安部惣左衛門と宗像三社の序について話をしたこと

以上の通り、五郎大夫の子、宗左衛門が貝原益軒から筑前国続風土記の内容について、特に宗像、大島に関する部分について見解を求められた様子が伝わってきます。

当時、宗左衛門は福岡藩の馬廻り役として、地方の巡見を役目としておりましたので、宗像郡や大島の風土にそれなりの知識を持っていたものと想像できます。

ではなぜ、宗左衛門は、立花家や大友家に仕え忠義無比類と言われた父祖の経歴を隠し、宗像との関わりを強調するかのような行動をとったのでしょうか。

黒田藩の藩祖黒田如水は豊後速見郡《はやみぐん》石垣原《いしがきばる》において、大友氏と合戦を交え、この戦に勝利することで豊前中津から筑前福岡五十二万石の大大名への足掛かりを得ました。

特に、宗像郡は官兵衛の直轄地となり、隠居後は江口に居を構え暮らしたようです。

一方、鎌倉以来の名門大友家は完全に滅亡し、分家である柳川の立花家も改易され、大友家に関りを持つ多くの家臣が路頭に迷う結果となりました。

大友家の旧臣等は、別家に仕官するに当たり、経歴を詐称する必要に迫られたものと思われます。大藩の福岡藩黒田家に、二百五十石という安定した禄高で仕官が叶った安部宗左衛門にとって、家中での立場、職務に大友氏や立花氏との関係をあからさまにできない理由があったのかもしれません。

太平の世となった元禄時代には、墓石や宝篋印塔の建立、また書き物として墓誌、家譜、系図等が大変流行し創作を加えたものが多く作られたようです。

前出の、安倍頼任が大島の安昌院で先祖供養をした位牌に、「施主当島配遷宗任四十二世嫡孫安倍宗左衛門尉頼任一鎬士謹之建」と、刻まれているようですが、元禄六年（一六九三）に亡くなった頼任が宗任の四十二世というのも一世代が極端に短く違和感を覚えます。

この位牌や宗任の墓とされる宝篋印塔の存在が、宗任の大島終焉説を裏付ける証拠としているようですが、それを以て、宗任が大島で死んだということにはなりません。

安川浄生氏は「安倍頼任傳」の中で、一〇一頁の「頼任は何宗を信仰したか…」以下一一五頁までは不確かな解釈を述べられ、頼任の墓も曹洞宗の寺に有る、「開雲宗豁（かつ）信士」と言う戒名の墓もあると断言されています。

ところが、頼任と惣左衛門の菩提寺は、福岡市中央区の岡徳《こうとく》山長福寺（現大通寺《だいつうじ》）という、京都妙願寺に属す日蓮宗の寺である事が「竹田文庫」や「長政公分限帳」に記されているのです。

惣左衛門の戒名も「正覚院宗蓮日華」と記されています。

長政公分限帳

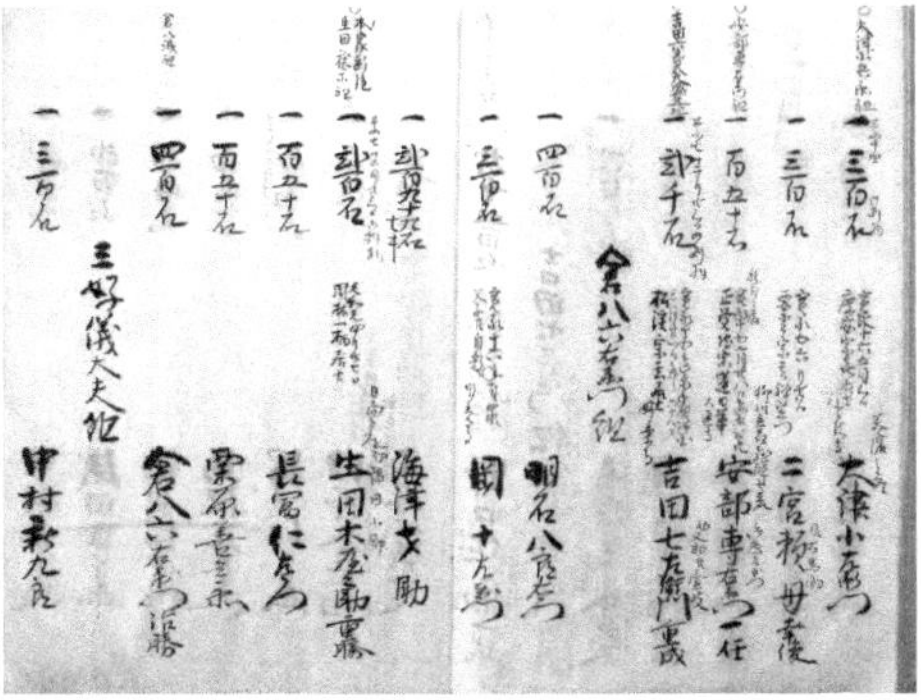

改惣左衛門

柳川立花飛騨守衆　安部専右衛門一任
寛永五二月廿八日島原討死
正覚院宗蓮日華、大通寺

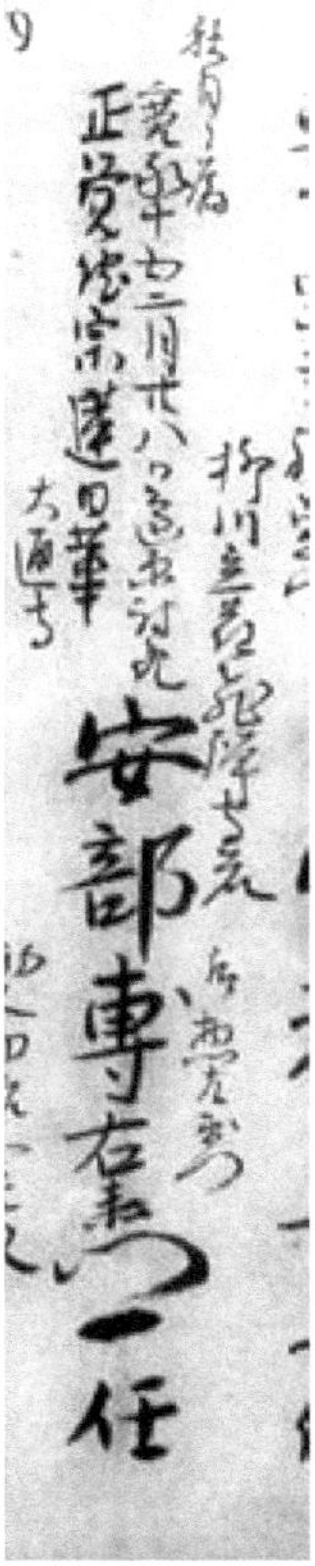

曹洞宗の寺に在るという「開雲宗豁信士」という墓は、一体誰の墓なのでしょうか。この墓が明らかに「頼任の墓」では無いという事実から、「宗任の墓」も極めて不確かなものと言わざるを得ません。

其の二、貝原益軒の「筑前国続風土記」の虚

次に、貝原益軒が編纂した「筑前国続風土記」大島の項を抜粋して記しますと、

安倍宗任初め讃岐国（史実では伊豫国）**に配流せられ**、後に此島に流され、終に此島にて死せり。

其子三人、長子は松浦にゆく。松浦黨の祖なりと云。次男は薩摩にゆく。三男は大島にとどまり、島の三郎季任と云。

宗任此島にて初居たりし所を、里民は毘沙蔵といふ。後に居たりし所を御所山といふ。

大島にのこれる安倍氏の遠孫、近世まで我産として嫁穡の利を収む。

永正の比、安倍伊豆という者、宗像大宮司と不和にして、宗像より亡され、其妻大島を去て糟屋郡薦野にゆく。遺腹の子ありて是を安倍和泉といふ。立花氏につかへて、薦野三河に属す。

天正十三年、七十餘にて清水原において戦死す。其子右馬助は、是より前天正七年に、生松原の戦に、鬼木清甫といふ者と槍を合せて戦死す。其弟六彌太も天正二年に道雪にしたがひ、筑後国西牟田にて戦死す。其子弟猶筑後国柳川にありしが、後に此国に来り、長政公の臣となり。其子孫今に至りて福岡につかふ。初**安倍伊豆が大島にて亡びし時、**其弟は

宗像大宮司よりゆるし置きて、猶大島に在りしが、其子掃部といふ者、また大宮司と不和となりてほろびぬ。その子次郎大夫幼かりしが、長じてのち、大島の神職となる。後には、その家衰微して、神職をうしなひ、農人と成りて、その子孫大島に残れり。宗任が配流せられし時、したがひ来たりしといふ屋形、萬澤、豊福の三氏の遠孫も、今に大島にのこれり。御所山の東の方、磯際の岩の上に社あり。安倍氏の説には、安倍宗任此島に流されて後、奥州の松島明神を勧請したる社なりといふ。東寧山安昌院　曹洞宗禅寺也。安倍宗任廿一世の孫妙任尼建立す。今は田島育王院の末寺也。

太字で記した部分は、「其の二」の考証の通り事実に反していることは明らかです。

安川淨生氏は、この「筑前国続風土記」の記述をそのまま著書に反映させているようです。

宗任の子について「長男は松浦にゆく、松浦党の祖なり」は、正しいことを言っているようですが、そもそも、宗任が島流しにされ、一緒に島流しにされた息子がどうして松浦に行けるのでしょうか。

もしも、大島で生まれた息子であったとしても、島流しという罪を受けた者の息子が、突然松浦にいって、松浦党の祖となれるでしょうか。

次男は薩摩へ、三男は島に残って季任と名乗った。その季任の子孫が、安倍伊豆守範任と続くという設定でしょうが、その系譜を証明するものはどこにもありません。

当時、宗像郡は神郡と言って、宗像大社の祭祀の為に与えられた領域、つまり神域でした。

特に大島は宗像大社の中津宮を祀る島で、大宮司の宗像氏にとって沖ノ島同様に神聖な場所です。

安倍宗任は偉大な人物ですが、宗任を流人として大島に受け入れるなど、往古から連綿と続く宗像信仰の司祭者として許すはずが有りません。

神郡であった大島が、平安の昔から流刑地であったとする安川淨生氏の見解は、宗像信仰を愚弄する軽はずみな発言と言わざるを得ません。

この島が流刑地となったのは江戸時代で、宗像氏が大宮司家でありながら、戦国大名となり、戸次道雪と死闘を繰り返した結果、時の当主、宗像氏貞は失意のうちに亡くなりました。

氏貞には後継者が無く、大宮司家、宗像氏は滅亡してしまったのです。

豊臣秀吉は氏貞死後の宗像一門に対し、島津征討に積極的に加勢させたうえで、その所領を奪い、筑後に三百町の替地を与え、小早川隆景の家臣団に組み入れるという非情な処分を行いました。

その後、宗像郡を直轄地とした黒田官兵衛（如水）は、大島を福岡藩の流刑地としたのです。

黒田官兵衛が「シメオン」という洗礼名を持つキリシタンであったことは有名です。

さて、貝原益軒は、本草学、儒学については、当時一級の学者であったのでしょうが、歴史についてはどこまで精通していたのでしょうか。「安倍氏の説には」等と、暗に責任回避とも取れる表現をしています。

勿論ここでいう安倍氏とは、福岡藩馬廻り役の安部宗左衛門のことです。

つまり、「筑前続風土記」大島の項は、貝原益軒自らが文献などの史料を調査、研究したものではなく、安部宗左衛門からの聞き取りで記したものであるということです。

本当に史料を調査、研究しての執筆であれば、「安倍宗任初めに讃岐国に配流」の一文は絶対に記されないはずです。

本頁には、文献や史跡といったものを詳細に調査し、証拠に基づいて記されたものがあるのでしょうか。

安昌院の開基という妙任尼《みょうにんに》という人物も、女性でしょうが、宗任の二十一世と言えば、世代的には江戸期の初めごろかと思われます。

曹洞宗が地方僧録制度を設立したのは寛永六年（一六二九）のことであり、この頃に安昌院を建立したとすれば時代は合います。

ところが、安川氏はこの妙任尼が、文応元年（一二六〇）に安昌院を再興したと記されています。宗任の死後、百六十年しか経っていない鎌倉時代の人物が、宗任の二十一世というのも無理を承知で記されたのでしょうか。

「今は田島育王院（医王院）の末寺」という、医王院は明応五年（一四九六）宗像氏佐《むなかたうじすけ》の開基とあり、この医王院を本山とする末寺に編入されたということでしょう。

江戸幕府は、寛永八年（一六三一）新たな寺院の建立を禁じ、本末制度を設け宗派の統制を強化しました。

また、島原の乱の後、寛永十五年（一六三八）には宗門改人別帳の作成を命じ、村々の寺院に寺請《てらうけ》証文の提出を求めました。

ところが、当時は村々に寺が無く、毘沙門堂や地蔵堂、釈迦堂と言ったお堂を、院や寺に格上げし、僧侶を置いてこの寺請証文を発行したのです。

多分、この安昌院もこの時、妙任尼によって建立されたものではないでしょうか。

宗任が、大島で持仏を崇拝し安昌院を建立したという風聞は、つい最近になって生まれたということがお分かりいただけたと思います。

宗任に従い来たりし屋形、萬澤、豊福という名字の者たちについても、奥州にこの名を名乗る者たちが居たのでしょうか。まさか、流罪の身で新たな家臣を得たとは考えられません。

このように、「筑前国続風土記」は風の便りを記したもので、歴史的考証に耐え得るものではないことは言うに及びません。

では、何故、安部宗左衛門は、当然知っているはずである、祖父や、曾祖父の経歴を隠してまでこのような作り話をしたのでしょうか。

前頁でも述べましたが、宗像郡が黒田官兵衛の直轄地となったことから、宗左衛門の黒田家に対する忖度《そんたく》でそうしたものか、役目や人間関係においてそうせざるを得ない状況があったのかは知る由も有りません。

もしかして、宗左衛門は祖父や曾祖父の経歴を知らなかったのではないでしょうか。

その理由として、父、頼任から全く聞かされていなかったということも考えられます。

父、頼任は十五歳で、父の惣左衛門（関ケ原合戦の後、黒田長政に仕官して専右衛門と名乗る）と共に、島原の乱に従軍し、そこで父を失っていますから、頼任自身も祖父、右馬助や曾祖父、和泉守の事を、名前は知っていても経歴や出自までは聞いていなかったのかもしれません。

筑前安倍氏と豊後安倍氏関係略系図

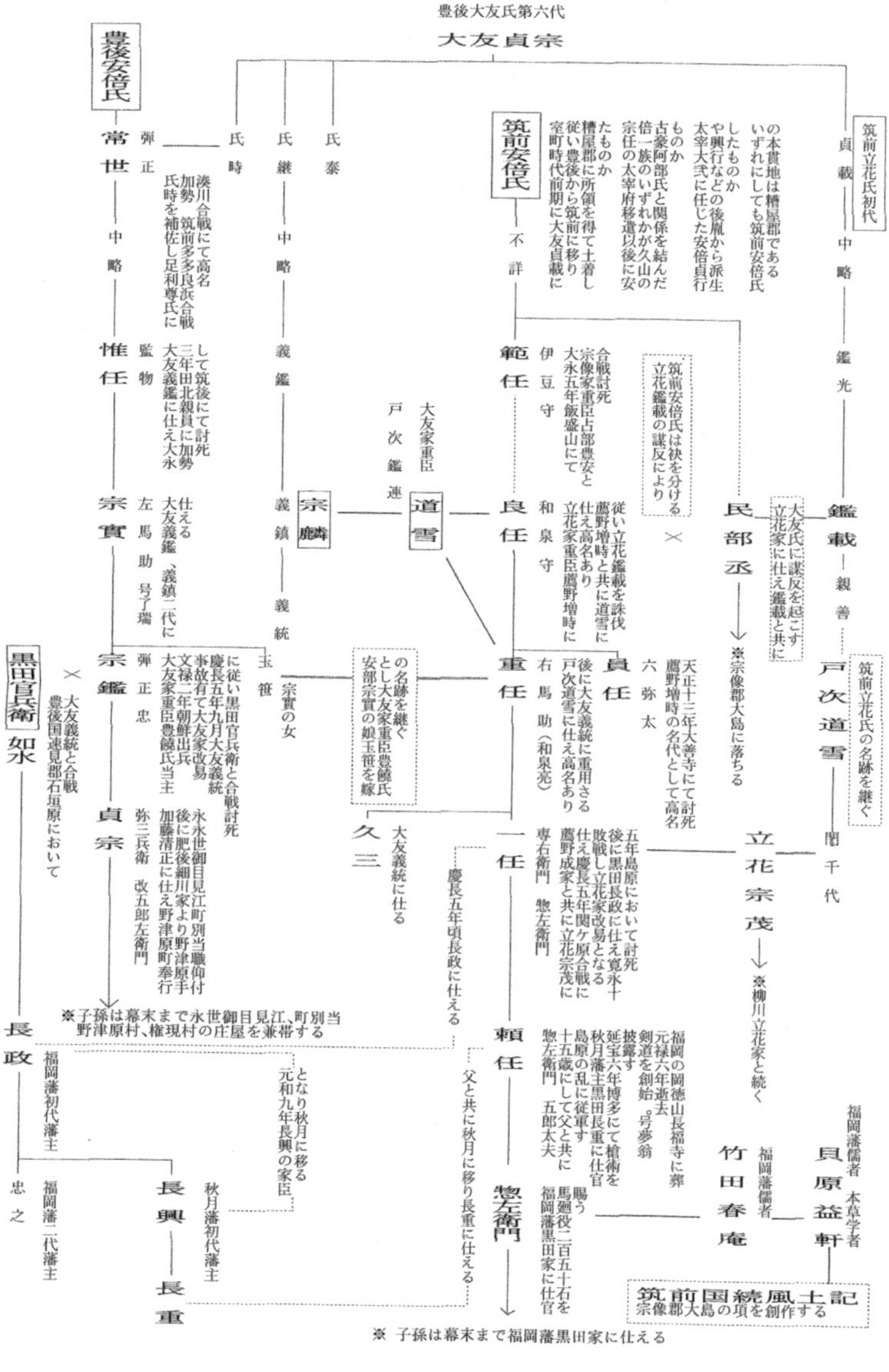

ＮＨＫで、ファミリーヒストリーという番組が有りますが、意外と祖父、祖母の詳しい経歴を知っている人は少ないようです。写真や戸籍が無かった時代ですから当然考えられます。

風の便りに、大島に安部氏を名乗る一族がいる（立花鑑載に従い、安部和泉守と袂を分けた安部氏部丞の末裔）と聞いて、安倍宗任と大島を結びつけてしまったのではないでしょうか。

本当は、豊後（大分）にこそ、深い繋がりを有する一族が居たのですが…。

唯一、この島の安倍氏が松島明神を祀ったという部分は、大島にはそのような神社は有りませんが、奥州安部氏の発祥に関わる伝承として取り上げるべきものと考えます。

宗任奥州に帰る

前述の通り宗任が九州に配流され、大島で死んだという俗説は根拠のないものだということがはっきり致しました。

そこで、宗任奥州帰還説を説く私の推論をこれから述べさせていただきます。

さて、当家の史料には永保二年、宗任が源義家の要請を受け、大宰府から奥州へ向かう途中、豊後白木に滞在した時のことを綴った「寶珠山理證萬代子孫相傳記《ほうじゅさんりしょうばんだいしそんそうでんき》写」というものがあります。

これは慶長十五年三月十五日に、豊後府内藩主であった竹中伊豆守重利《たけなかいずのかみしげとし》に宛て、白木龍雲寺の由緒を書いて提出した文書の写しです。長文ですので前文を要約して記しますと

「抑々《そもそも》当山の開基たるや奥州歴代の司安部頼時《あべのよりとき》之三男　鳥海前判官安部宗任《とのみぜんはんがんあべのむねとう》　征夷大将軍義家《よしいえ》ニ降テ忠勤を尽し折節《おりふし》　**祈願の旨ありて**豊後国函舊《ぶんごのこくかんたん》ノ湊《のみなと》笠縫《かさぬい》ケ島瓜生島尓《うりうしまに》滞在中　小庵を結び居里《おり》し尓《に》、永保《えいほう》二年正月七日　晴天奈里《なり》シガ　巳ノ刻《みのこく》依里《より》高崎《たかさき》ノ沖海岸函舊湊《かんたんみなと》ニ掛　地震ノ如ク天地逆《さか》サノ有左馬《ありさま》ニシテ　中略　宗任ノ寝所へ　沖ノ千尋《ちひろ》ノ海底依里乙姫《おとひめ》来リテ　枕元《まくらもと》立れ我ハ汝の母奈連《なれ》バ驚《おどろく》事奈可連《ことなかれ》　永キ別離《わかれ》ノ形見トテ　一糸《いっし》の宝珠《ほうじゅ》を是へ置く奈里《なり》　中略　宗任開眼《かいがん》有テ枕元《まくらもと》ヲ見レバ　丸盃《まるさかずき》ノ上ニ鱗三葉《うろこさんよう》ヲ授ケあ里し尓《に》　是則丸ニ三ッ鱗の紋の始免奈里《はじめなり》**依テ衣河の戦地**　兄貞任の霊と龍宮海乙姫の霊と合併して廟閣《びょうかく》を筑き乙姫の霊現ニよ里《り》　宝珠山《ほうじゅさん》龍雲寺《りゅううんじ》と名付《なづく》。中略　濱人《はまびと》信心厚念久シク　年月ヲ経テ宗任此濱地《このはまちに》滞在中　誕生ノ男子　沖清《おきのきよ》貞《さだ》ト名乗リ　函舊湊《かんたんみなと》　沖ノ濱《おきのはま》　白木《しらき》　田浦《たのうら》　生石《おうしこ》　駄原《だのはる》地名ヲ名付。」

この文書中の、永保《えいほう》二年（一〇八二）は、宗任が治暦《じりゃく》三年（一〇六七）伊予から大宰府に移って十五年が経過しており、その頃奥州では、清原氏が全盛期を迎え、武則の孫、清原真衡が棟梁として実権を握り、清衡や家衡などの庶子を抑えて権力の中心にいました。真衡は清原氏の権力集中を図るため、平氏から成衡《なりひら》を養子に迎え棟梁に据えようとしていました。

これに反対する吉彦秀武《きみこひでたけ》を中心とする清原一族との間に、一触即発の状況が起こりつつあったのです。

一方、源義家は延久四年（一〇七二）頃に下野守《しもつけのかみ》を退任し、その後これと言って叙任の記録もありませんので、十年間ほど無官の状態でした。

「扶桑略記《ふそうりゃっき》」には比叡山延暦寺と三井寺《みいでら》の紛争に関与し、三井寺の悪僧を追捕した記事があることから、京都を中心に白川天皇の護衛の士などをしていたらしく、つらい時期を過ごしていたようです。

ところが、永保三年（一〇八三）突然、陸奥守となって政界にカムバックするのです。

この陸奥守補任の陰に誰がいるのかは解りませんが、父頼義は承保《じょうほう》二年（一〇七五）に卒去《そっきょ》しており、惣領《そうりょう》単独相続の時代と違い、当時は兄弟姉妹で財産を分与したと思われますので、父の残した遺産も底を突き、相当財政は逼迫《ひっぱく》していたものと想像します。

つまり、後三年合戦は奥州に不穏な空気を感じた義家が、この機会に奥州に乗り込み、清原一族の内紛に乗じて、武士としての名誉と奥州の権益とを少しでも得ようと画策したものと思われます。

そこで、奥州に乗り込むに当たり、十年間のブランクを埋めるパートナーとして白羽の矢が向けられたのが、安倍宗任だったのです。

さて、義家から奥州への同行を依頼された宗任は、当然困惑したことでしょう。

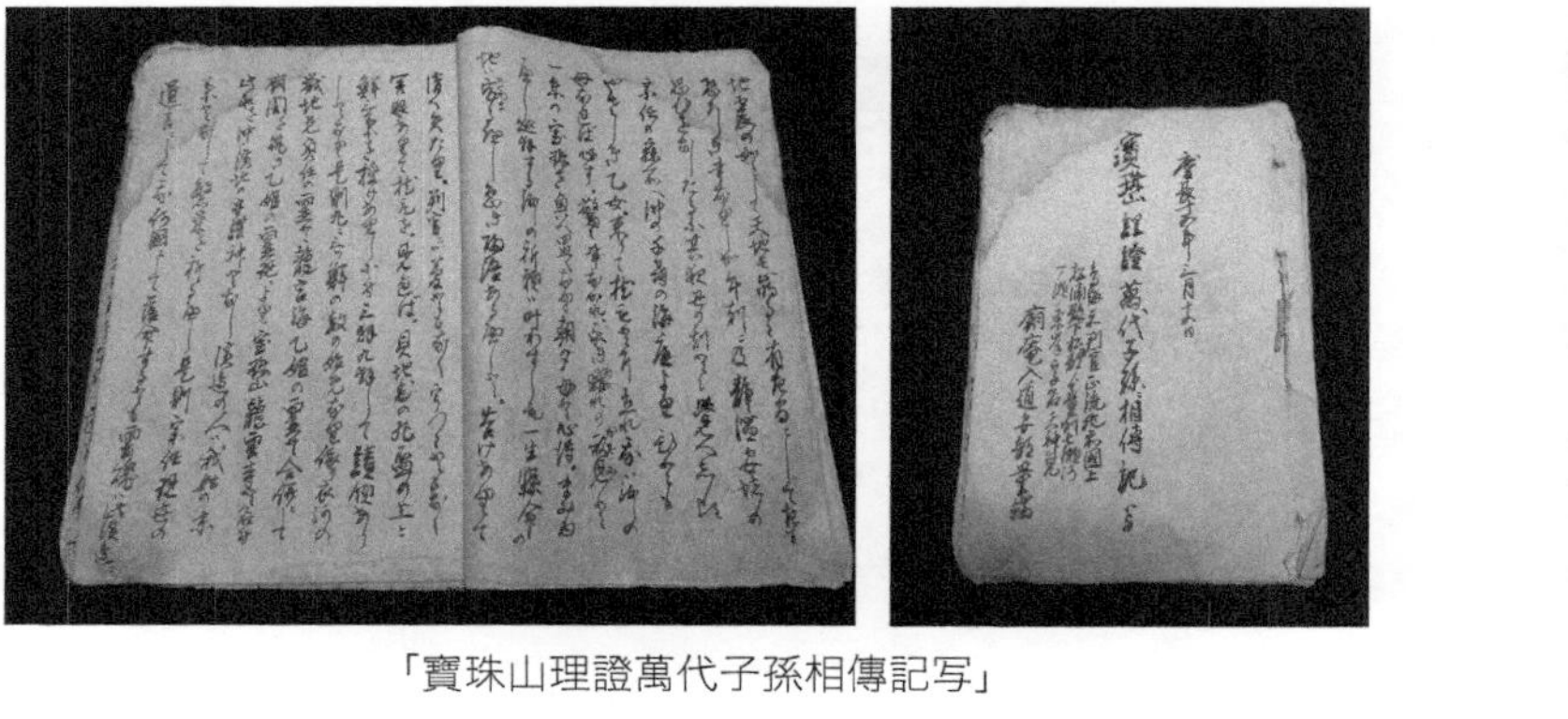

「寶珠山理證萬代子孫相傳記写」

大宰府に移遣《いけん》された宗任は、大宰府の武官菊池氏や当時肥前御厨検校《ひぜんみくりやけんぎょう》であった渡辺氏と密接な関係があったようで、当然両氏からは、義家の権謀術数《けんぼうじゅっすう》に掛らぬよう忠告されたことでしょう。

とはいえ、宗任にも奥州に残した未練がなかったとは言い切れません。

当家史料「安部軍記」には、意外にも次のような宗任の動向が記されています。

「義家からの要請に応えて奥州に従軍すべきところ、宗任が奥州に帰ったならば、宗任を担いで謀反を起こす輩《やから》が出てくる可能性もある。そうなれば、すべてが無駄になる。

思案の末、ここは動かず筑紫に留まり様子を窺うこととした。その代わりに、義家から肥前松浦の地を一所懸命の地として下賜されるよう帝に奏文《そうぶん》され、松浦に下向《げこう》して郡司となった」

しかし、これはおかしな話です。

奥州に帰らない代償として松浦郡を下賜されるはずがありません。

また、永保二年に白木に滞在していた理由は何かということです。

大宰府に遣わされた宗任が、十五年後に豊後に逆戻りして何をしようとしたのか?

そこで、「宝珠山理證萬代子孫相傳記写」を読み返すと、気になる一文があるのです。

「征夷大将軍源義家ニ降テ忠勤ヲ尽し折節祈願の旨ありて」この一文、「祈願の旨」とはいったい何でしょうか。

衣川陥落の時、貞任の遺言を守り、生き恥をしのんで「存命」した理由、それは、安倍家の再興ではなかったでしょうか。

貞任の忘れ形見、松若丸も無事元服をし、厨川三郎貞政《くりやがわさぶろうさだまさ》と号し、今宗任の傍《かたわら》に居て、義家からの奥州参陣を求められている。

この状況に祈願することと言えば、奥州に帰り安倍家の再興を期すこと以外に考えられません。

そこで、私は「安部軍記」に記された内容は、真実を隠すための反語法的な表現ではないかと考えたのです。

つまり、宗任は実際は奥州に帰った。

しかし奥州に帰ったと書くと大宰府に遣わされたという公の立場を失ってしまう。

あくまで大宰府に遣わされ、松浦郡司となってその地で没した。と記さなければならない。

しかし義家から強く請われ奥州に帰ったという事実も記さねばならない。

苦慮した結果、安部軍記には、義家から強く要請はあったが、自分が帰ると奥州に大乱が起こるので、帰らないという条件で松浦を下賜された。と記したものと考えます。

こう考えると、実際は「義家からの要請に応え、宗任は後三年合戦に参陣するため、永保二年、豊後白木に滞在し、貞任の子、厨川三郎貞政と共に出立の時を待っていた。

義家が帝に奏文した内容は、宗任が参陣すれば、謀反を起こした武士たちも、みな宗任の許に改心するというものであった」と記されるべきものと考えます。

かくして源義家からの要請を受託した宗任は、肥前の渡辺氏、肥後の菊池氏、筑前の原田氏、そして、豊後の大神氏の強大な軍事力を味方につけ、出立の時期を計っていました。

その間、宗任は、この地の末葉に連なる人々のために高崎山に城を築き、奥州累代の供養の為、小庵を結び貞任の霊を弔いました。この小庵が今に伝わる龍雲寺です。

当家の史料で確認できる宗任の動向は、「義家に要請され陸奥に赴いた後（軍記には奥州には帰らない代わりに）その功により肥前松浦を賜り、彼の地に下向し松浦郡司となる」と、あるのですが、宗任の死亡年月日と戒名は過去帳に記されているのに、どこで死んだとは記されていないのです。

この事から、私は奥州に帰った宗任は、そのまま奥州に留まり、九州には帰ってこなかったのではないかと推理したわけです。

宗任が、奥州に帰り、その地で没したとなればその証拠を探さねばなりません。

ところで、後三年合戦の顛末を見ますと、初めから清原氏の滅亡が画策されていたような気がしてなりません。

真衡の突然の死（暗殺か？）や、家衡の反発、沼柵籠城、そして清原武衡の参戦。すべてが清衡にとって、奥州を我が手に治める布石が筋書き通りに進行したような不思議な思いに捉われます。

義家個人に、清衡に対する特別な感情があったとは思えません。

それどころか、義家にしてみれば清原氏の内紛に乗じて陸奥に乗り込み、真衡の養子、平成衡の後見となって陸奥を我がものにするチャンスでもあったはずです。

「奥州後三年記」には、平成衡の妻は、源頼義の娘とあり、義家にとっては妹でもあるわけです。

一方、清衡にとって義家は父を殺した仇であり、真衡館の襲撃や、義家との合戦も交えていますから、この際に追討されてもおかしくありません。

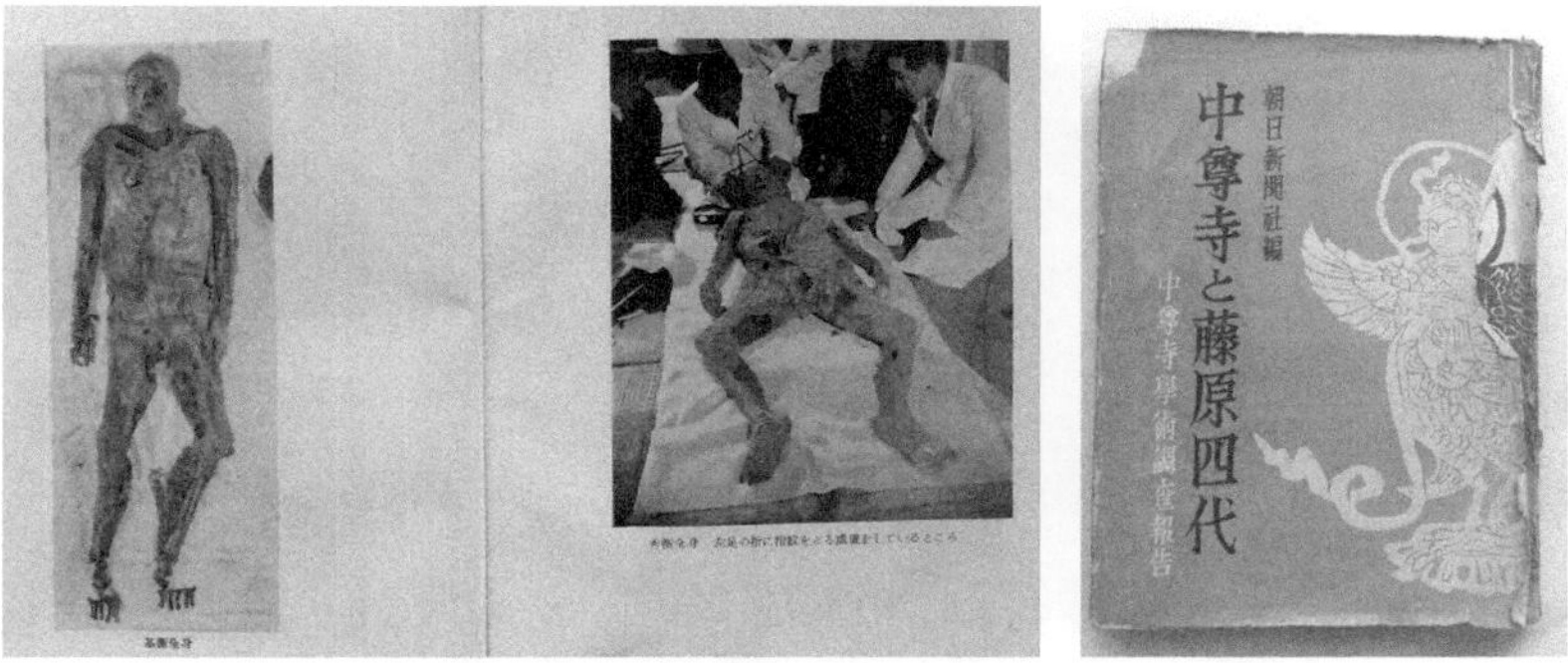

朝日新聞社編「中尊寺と藤原四代」

ところが、追討どころか、あれよあれよと清衡にとって有利な状況でことが進んでいくのです。

この顛末を見る限り、宗任が義家に従い参陣したうえで、裏では貞政と共に清衡を援け、奥州支配への道筋を付けたとしか思えないのです。

そこで、宗任の奥州帰国を裏付ける伝承を探ったところ、証拠とまではいきませんが傍証と言えるものが四つほど見つかりました。

その一つは、清衡の子、基衡の妻が宗任の娘とあることです。この娘の出生時期が宗任の動向に深く関わってくるのではないかと考え、次の通り推察しました。

まず、基衡の出生時期は、毛越寺の建立の時期や、中尊寺のミイラの解剖等の調査によって、応徳年間（一〇八四～一〇八六）から寛治年間（一〇八七～一〇九三）にかけての頃と推測されます。

昭和二十五年、中尊寺金色堂に安置された藤原三代のミイラが、朝比奈貞一、鈴木尚、古畑種基、足澤三之介等の権威ある調査員によって行われました。

私の手元には、この調査結果を載せた「中尊寺と藤原四代」という本があります。この解剖が行われた昭和二十五年当時、この本にも記されていますが、基衡と秀衡のミイラが逆なのではないかとの説があったそうです。

ところが、当時はそれも伝承ということで、そのまま調査が行われました。

この調査の結果、ミイラの歯の摩耗や頭骨縫合《とうこつほうごう》、脊椎融着《せきついゆうちゃく》等の解剖結果から、基衡の死亡年齢を五十四歳とする鑑定結果がくだされました。

しかし、後年このミイラは、実は秀衡のものであることが詳しい調査によって判明したのです。

秀衡は、通説（源平盛衰記、結城系図）では、六十六歳で死んだと言われていますので、調査結果の死亡推定年齢五十四歳が六十六歳となると、実際は十一歳長く生きたということになります。

次に、秀衡（**実際は基衡**）のミイラの死亡推定年齢は、基衡（**実際は秀衡**）より長く生きたようだとの鑑定結果が出ていますので、推定五十五歳（秀衡より一歳長く生きたとして）プラス十一歳＝六十七歳となります。

よって、基衡の出生は、基衡の死亡年、保元二年（一一五七）の六十七年前、寛治四年（一〇九〇）となり、応徳年間から寛治年間と推定できます。

つまり、基衡出生の時期を、応徳から寛治年間とすると、娘の出生は応徳年間以後、つまり宗任が義家に乞われて奥州に帰ってから生まれたものと推測されます。

後三年合戦の終結が寛治元年（一〇八七）ですから、奥州に再び平和が訪れた頃に生まれたのではないでしょうか。

仮に康平五年当時、宗任が三十歳に達していたと仮定すると、宗任が五十歳から五十五歳にかけての子となります。

当家系図では、宗任は天永元年（一一一〇）に逝去していますので、七十八歳まで生きたことになります。

七十八歳というと当時としては長生きをした方でしょうが、逆を言えば、歳をとっても元気だったということでしょう。十分に血脈は繋がるわけです。

但し、この娘が九州で生まれた可能性が無いわけではありませんから、あくまで傍証としたわけです。

二つ目は、同じく宗任の娘に関するものですが、鎌倉から室町時代にかけて有力な大名として活躍した佐々木氏の家系を記した、明応本「佐々木系図」に、鎌倉幕府成立に功績のあった佐々木定綱、経高、盛綱、高綱兄弟の父である佐々木秀義の母が、宗任の娘とあることです。

佐々木氏は、宇多天皇第八皇子、敦実《あつざね》親王の三男 源 雅信《みなもとまさのぶ》に始まる宇多源治の流れと言われていますが、実は皇別氏族「沙沙貴山公《ささきやまのきみ》」の末裔で、古代阿倍氏と同族と「新撰姓氏録」にあるようです。

平安時代の末には近江国佐々木庄（近江八幡市）を本貫地としていたようです。

佐々木秀義の出生が天永三年（一一一二）と有りますから、宗任が奥州に帰ってから生まれた娘が佐々木氏に嫁いだとすれば年代的違和感無く受け入れられます。

以上、宗任の娘が奥州の藤原氏と、近江の佐々木氏に嫁いだという系譜伝承は、物理的に十分あり得るもので、宗任奥州帰還説にとって興味深い傍証となり得ると考えます。

次に、三つ目として、茨城県下妻市に宗任神社という古社があります。

この神社の由緒には、天仁二年（一一〇九）、宗任の家臣松本七郎秀則、八郎秀元父子が、旧臣二十余名と共に、奥羽の鳥海山の麓を発して、幾多の困難を克服し、漸く当地に宗任を祀る社を造建する過程が記されております。

「茨城県下妻市に鎮座する宗任神社」

その中に、秀則の夢枕に立った宗任の言葉が「我れ予ねて吾が子に示すところ、この境地なり。千古より有縁の地である」とあります。

鳥海山の麓から旧臣が発したというのは、この頃宗任が出羽国に住んでいたという傍証となり、秋田県にかほ市の象潟をはじめ、周辺に数多く残された宗任の痕跡と符合します。

また、宗任の言った「有縁の地」というのが、宗任の妻の里を意味しているのではないでしょうか。この宗任神社のある下妻市は、常陸平氏の本拠地と言える地で、常陸平氏を妻に持つ宗任の屋敷があったとしても不思議ではありません。

また四つ目として、岩手県に鎌倉以前からの家系を守る菊池家があるということです。岩手県に菊池氏を名乗る人々が多いというのも、南北朝時代に肥後から移住したとする見方があることは承知していますが、それ以前から家系が続いているということは、何かの理由で肥後から奥州に移動し土着したということでしょう。

私は、宗任が後三年合戦に九州の武士を率いて参戦したと記した通り、その中に菊池氏があったものと考えます。

この説は、もう一か所、茨城県久慈郡稲村神社の由来書にも、傍証となる伝承が残っています。それは、鎮守府将軍源義家が、藤原広重の娘に産ませた子、藤原義弘に従属した武士に、松浦氏、菊池氏、原田氏という、九州に縁のある武士の名があったというものです。

以上の四つの傍証を重ねてみますと、「宗任奥州帰還説」の真実味が増してきたと言えるのではないでしょうか。

他にも、宮城県石巻市給分浜には、鳥海弥三郎（宗任）を祀る鳥海神社が鎮座し、伝承では、前九年合戦の後、この地に逃れてきた宗任が大網でマグロを取る漁法を考案したとあります。

また、戦国期に成立したとされる「葛西盛衰記」には、胆沢郡の上伊沢三十三郷、下伊沢二十四郷、西根九郷の合わせて六十六郷が松浦郡という俗称で呼ばれていたことが記されているようです。

宗任ゆかりの松浦の地名が、如何なる理由でこの地に伝わったのかは定かではありませんが、宗任と共に奥州に下った松浦ゆかりの人々が、故郷を偲んで伝えたと考えるのが自然ではないでしょうか。

さて、宗任が九州には戻らなかったもう1つの理由として、義家の目論見《もくろみ》が外れたということもあると思います。

後三年合戦は義家の私闘と見なされ、恩賞どころかあらゆる公職から一時追放となってしまうのです。

宗任としては、義家の話に期待して奥州に帰ったのではなく、既に大宰府に残した息子、宗敦《むねのぶ》が元服して肥前松浦に下向しており、豊後の大神氏と関係を築いた安倍實任《あべのさねとう》と同様に、大宰府の官人として、肥前宇野御厨《うのみくりや》の渡辺氏と結び、地盤を築きつつあり、安心して帰国を決断したものと思えるからです。

当家の史料では、宗任の子、宗敦が肥前において、松浦を含む十一郡を指揮し、弟の宗實《むねざね》はその内、下松浦郡を執権し長者（平戸松浦氏の祖）となったとあります。

また、渡辺氏の祖とされる渡辺久《わたなべのひさし》が、摂津国渡辺庄から肥前国宇野御厨検校《ひぜんのこくうのみくりやけんぎょう》として下向したのが、延久《えんきゅう》元年（一〇六九）とあり、宗敦は渡辺氏の後を追うように、肥前の国に赴任したことになるのです。

そして、共に荘園の管理を任されての赴任ですから、利害関係が一致したものと思われます。

こうして渡辺氏と血縁で結ばれた安倍一族は、松浦の諸所において宗任の逸話を語り継いできたものと考えます。

江戸期において、松浦党は嵯峨天皇の末という貴種を重んじ、誤解から生まれた、俘囚安倍宗任の末を疎《うと》んじて、多くが嵯峨天皇末孫渡辺氏系を採るようになりました。が、平家物語『剣の巻』には、「宗任筑紫へ流さる。子孫繁盛して不絶とぞ承る。今の松浦党是なり。」と、鎌倉末期には既に、松浦党は安倍宗任の末裔であると認識されていたようです。

逆を考えると、俘囚安倍氏の末裔ゆえに、長い間、松浦党とまるで海賊のような呼び名で扱われたのかもしれません。

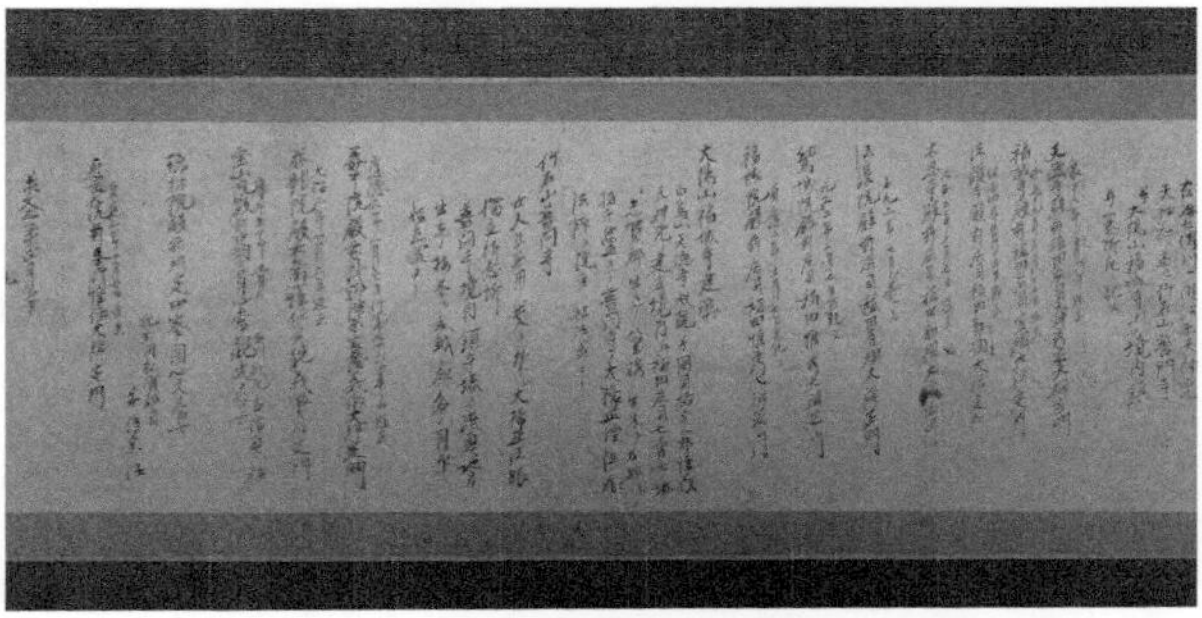

当家過去帳

宗任は公には大宰府に遣わされたわけですが、個人的には子宝に恵まれ多くの子孫を残しました。

伊予から北部九州にかけて、多くの宗任伝説が語られ残されています。これは各地で宗任が慕われ、愛され続けたという事の証です。

宗任にしてみれば、衣川敗戦の折、貞任の残した遺言を忠実に守り、奥州に帰ってからは、前述の通り貞政と共に、甥である清衡の助けとなり、藤原三代の栄華の基礎を築いたといっても過言ではないでしょう。

それは、後三年合戦で勝利を得た後も、清衡の立場が決して盤石《ばんじゃく》では無かったことからも想像出来得るでしょう。

清衡は、奥州での地位の確保のため藤原頼通の子、師実に取り入ります。

この関係は、祖父頼良の頃からの人脈が、宗任を介して清衡にも引き継がれたという証ではないでしょうか。

清衡の胸の内には、父経清や伯父貞任の死に報いなければならないという強い決意があったものと思います。

衣川陥落の時、母に抱かれながら、清衡は伯父貞任の死を決する姿を幼き眼《まなこ》に焼き付けたことでしょう。

清衡にとって、藤原と安倍の両家の再興こそ、生かされた使命と感じていたのではないでしょうか。

当家系図には、頼良の子、万加一乃前《まかいちのまえ》が清衡の妻となったと記されております。

そう、衣川の関陥落の時、白木の方（宗任の母）のすぐ傍に座っていた幼き少女こそ、清衡の妻となる万加《まか》だったのです。

後には、宗任の残した娘が基衡に嫁ぎ、二代に渡り安倍の娘が藤原に嫁ぎ栄華を築くのです。

宗任にとって、妹と娘を奥州の棟梁に嫁がせたことで、貞任の遺言を忠実に守り、恩に報いることが出来たと実感したことでしょう。

平泉の毛越寺《もうつうじ》に並び、宗任の娘が観自在王院《かんじざいおういん》を建立しますが、父宗任を始めとする安倍一族の菩提を弔うためだったのかもしれません。

貞任の死を見届けた奥州の大地が、安倍の血を絶やすことを望まず、宗任にその使命を託したとするならば、宗任はその神託に見事に応えたと言えるでしょう

当家過去帳には
天永《てんえい》元年二月十五日逝去。
（人々の中心にいて、気高く円かな心を持った人）
珠林院殿前判官中 峯圓心大居士《じゅりんいんでんぜんはんがんちゅうほうえんしんだいこじ》と諡《おくら》れています。

御館三郎良隆《みたちさぶろうよしたか》は良昭か？

豊後の国衙機構《こくがきこう》は十一世紀の中頃から、豊後大神氏《ぶんごおおがし》によって支配されつつありました。

豊後大神氏の祖、大神惟基《おおがのこれもと》は、豊後介《ぶんごのすけ》大神良臣《よしおみ》の孫で、豊後国大野郡尾形《おがた》庄日小田《ひおだ》郷宇田《うだ》の郷司から一代で豊後の棟梁になったという人物です。

惟基は、国衙機構を拠点に在庁官人や、地域豪族との婚姻関係を通じて政治的結合をはかり、豊後国内の支配を固めていきました。

その頃、大宰府に於いては豊後国司を通じて、大神氏や有力な地方豪族を郡司、郷司に任命し徴税権、検断権を与える代わりに、武力を借りて国衙領の確保を計っていました。

権門が持つ荘園からの浸食を防ぐためです。

ところが、こうして郡司、郷司に任命された大神氏などの武士は、権門《けんもん》との関わりも有しており、国衙と権門からの庇護《ひご》を巧みに使い分け、自らの政治的地位を高めていました。

延久元年（一〇六九）、後三条天皇が荘園整理令を公布し、同時に記録荘園券契所が設置されました。

後三条天皇は、表立って摂関政治に反発をした天皇で、藤原氏を外戚に持たない天皇としては、宇多天皇依頼、実に百七十年ぶりに即位した天皇でした。

これを受けて大宰府は、大分郡の稙田荘《わさだのしょう》の荘園整理に目代《もくだい》を送り込む事となりました。

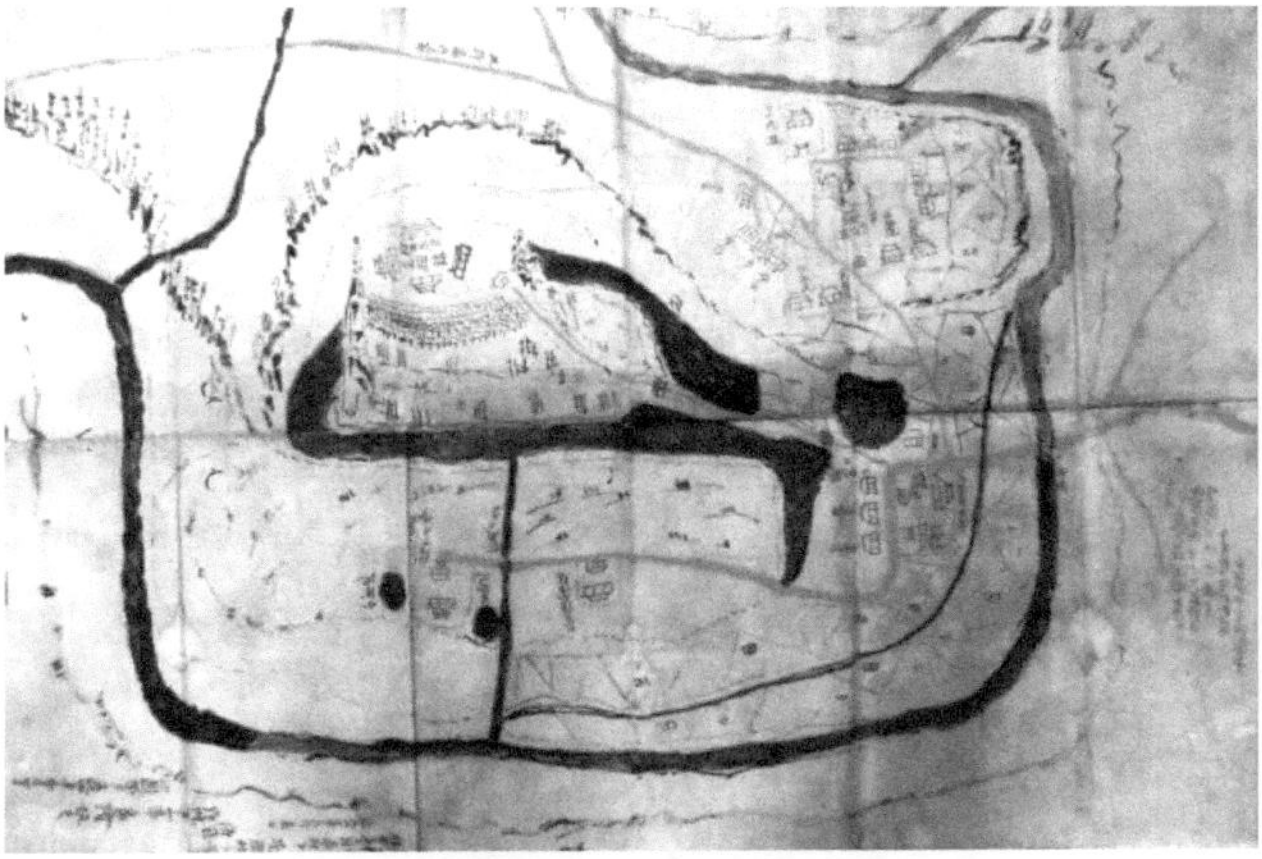
当家史料「野津原城絵図」
（大分県の歴史、郷土史野津原所載）

送り込むというのは建前で、実際は大神氏からの要請でもあったと思われます。

先述の通り大神氏は、既に豊後の国衙機構を権力機構に転嫁させており、大宰府の人事権にも影響力を行使できたものと考えます。

こうして、延久二年二月、目代として送り込まれたのが当家の祖、御舘《みたち》三郎《さぶろう》安倍《あべの》良隆《よしたか》だったのです。

植田荘の初見は、保元二年（一一五七）三月二十九日の太政官符で、この前年、保元の乱において客死した藤原頼長の所領の全てが没収されたのですが、その中に「故左大臣領　豊後国壱所　植田荘」とあり、平安の末頃は藤原頼長に寄進されていたようです。

寄進をしたのは植田氏と考えられますが、延久二年当時の領家が誰であったかは不明です。いずれ植田氏と関わりのある寺社か権門であったことは想像できます。また荘園の半分は国衙領であったと思われますから、目代の存在意義もある訳です。大神一族にとって前九年の合戦で源氏と戦った安倍氏の事は伝え聞いていたでしょう。

また、三年前には、宗任一行が豊後に上陸し、当然その時、大神氏との接触があったはずです。

当時の植田荘司は植田氏二代の植田二郎《わさだのじろう》大神定綱《さだつな》でしたが、父大神季定《おおがのひでさだ》が、康平六年二月六日に逝去していますので、この定綱が宗任に対面していたかもしれません。

植田氏は大神惟基の七男、植田七郎大神季定が大分市大字入蔵《いりくら》の吉熊川の上流にある浅内、別名長者屋敷に居館してより始まる植田庄の開発領主で、定綱の頃には大分市大字野津原《のつはる》の権現《ごんげ》に居を移していました。

植田荘に下向した良隆は、七瀬川の浸食によって形成された河岸段丘の北端、一ノ瀬に居館し土着しました。屋敷内には大宰府より天満宮を勧請し祀りました。

後に宗任の子、松浦弥三郎實任《まつらやさぶろうさねとう》が大分郡武者所《むしゃところ》として、この地に十六町二反の所領を賜り下向します。

實任は、生まれ故郷の松浦に因んで、地名を天神免《てんじんめん》と名付け、大分、大野、直入の三郡を指揮しました。

良隆の三代の孫、安倍良門《よしかど》は、實任の娘、百世《ももよ》を妻とし實任の名跡を継ぎ、松浦弥三郎良門と名乗り、大分郡を中心に、以後大神姓植田氏との姻戚関係を軸に、勢力を拡大させたものと思われます。

ところで、この良隆は当家系図では宗任の叔父、良昭の子となっておりますが、私は良昭自身ではないかと考えています。

というのは、良隆の没年が、応徳三年（一〇八六）三月二十一日とあり、行年七十五とあるのです。

この記述から、生年は寛弘《かんこう》八年（一〇一一）ということになりますので、「良昭の子」となれば年代が合いません。

これを、良昭本人とすれば兄、安倍頼良が天喜五年（一〇五七）流矢に当たり死んだという記録が有りますので、弟としての生年に違和感がありません。

では何故、良昭と記されなかったか、これは宗任が義家に従って奥州に帰国したのと同じく、公には大宰府に遣わされたとの立場でしたから、良昭の名は出せなかったものと考えます。

良昭が出家していたことは、陸奥話記に記されている通り周知の事実です。

当家系図に記された良隆の牌名は、泰了院殿前目代良隆義徹大禅定門とあり、この大禅定門は在家の出家者に諡《おくら》れる号ですから良隆が出家していた事が判ります。

没年と出家をしていたという点から、良昭と良隆は同一人物であった可能性が高くなります。

もし、良隆が良昭であったなら、大神一族にとって心強い人物を招聘《しょうへい》した事になると思います。

というのは、良昭はこの時、五十七歳ですから人生の円熟期を迎え、人脈も奥州から京の公家、また大宰府にかけて相当なものを有していたと思われます。

自身も岩瀬入道と呼ばれた人ですから、荘園の経営にも通じており、何より甥の宗任が大宰府に在って時勢を窺っていた時分ですから、大神一族にとっては注目の人材であったはずです。

それに、初めて豊後に居館した場所が、一ノ瀬というのも、良昭の小松の柵があった岩手県の一関、そして、阿武隈川の流れる岩瀬郡（現在の福島県須賀川市）の市之関と繋がります。

驚くことに、良隆が居館した場所は、七瀬川の河岸段丘の北端と述べましたが、阿武隈川の支流にも七瀬川という名の川があり、場所は現在の郡山市で、岩瀬郡からそう遠くない場所というのも、何かの縁を感じざるを得ません。

貞任の遺児、松若丸の系譜

前頁「衣川落城秘話」で、貞任の遺児、松若丸は元服し、厨川三郎貞政と名乗り、宗任と共に奥州に帰ったと記しました。

滋賀県長等山三井寺

貞政には豊後白木に残した男児がありました。名を安倍《あべの》大膳大夫貞頼《だいぜんだゆうさだより》と言います。

貞頼は幼き頃、父が大叔父宗任と共に奥州に旅立った後、母と白木の館で暮らしていたようですが、何があったのか、寛治三年（一〇八九）、母と共に肥前松浦の安倍宗敦《あべのむねのぶ》の許に引き取られ成長しました。

後三年合戦の直後のことですから、私闘と見なされ、恩賞どころか、官位まで取り上げられた義家の空手形で、白木での生活が困窮したものかもしれません。

松浦で成長した貞頼は、その後、父貞政を頼って上洛し、源義国のもとで奉公していたところ、突然出家をしたことが記されています。

当家系図には、鳥羽院御宇《とばいんのぎょう》、天仁二年（一一〇九）に、近江の長等山三井寺《ながらさんみいでら》にて出家し、行尊大阿闍梨《ぎょうそんだいあじゃり》の弟子となったとあります。

この出家の理由は解りませんが、源義国に仕えていたという身分を考慮すると、次のような推測が成り立つのではないでしょうか。

源義国は、嘉承《かしょう》元年（一一〇六）常陸合戦において源義光《みなもとのよしみつ》と戦い、結果帝《みかど》の勅勘《ちょっかん》を蒙り、捕縛命令を下されました。貞頼は義国とは従弟の間柄であり、この合戦に深く関わっていたことから、自身にも向けられた捕縛命令を避けるために三井寺に隠棲したというものです。

貞頼は大膳大夫という高い官位であったと記されておりますが、真偽の程は定かでないにしても、それ相当の地位ある武将であったものと思われます。

天仁二年の出家となると、父貞政の出家に先立つこと八年前で、二十八歳の時ですから、よほどの覚悟があったものでしょう。

貞頼が何処を本拠にしていたか定かではありませんが、父貞政と行動を共にしていたとするならば越前に住んでいたものかもしれません。

出家して後に、修験道を弘めるために豊後白木に帰り、宝珠院の院主となりました。

この頃の龍雲寺は、寺というより坊と言った方が良い、小さな少庵であったようです。

貞頼の子は、当家系図や、大分市田浦二組阿部真一氏家蔵系図には貞隆《さだたか》、貞賀《さだよし》、貞盛《さだもり》の三人の

貞頼系略系図

◆貞頼
後三年役ノ後寛治三年筑紫松浦方へ母共ニ下向。
鳥羽院御宇天仁二年長等山三井寺行尊大阿闍利ノ弟子成。
豊後ニ帰リ宝珠院開基。保元元年七月十一日逝去。

貞隆
大和守　入道全道ト号　法充寺殿
齢八十九ニテ逝去。

述嗣
鬼王丸　勘解由　法名玄徹
齢七十九。

貞盛
治部丞

貞泰
岡　藤吾ト号

述直
竜童丸　越中守　法名圓貞
嘉禄元年二月三日逝去。

鑑郷
鬼太郎　隼人正　後ニ兵庫正
於阿波津討死　行年三十八。

鑑重
安達玄蕃允ト号

認富
源次郎　山城守　法名道貞
正応元年三月六日逝去。齢六十二

安陳
鶴丸　肥前守　宝壽寺殿玄信
元應元年十二月六日逝去。

貞秋
鬼市丸　主税　法名虚雲
観応元年二月五日逝去。

親国
式部助　貞観ト号
近江国長等山三井寺圓舜僧都ノ弟子ト成。
安倍貞任十一代ノ後胤ニシテ宗任ノ遺訓ヲ伝承シ永徳三年八月豊後国ニ下向。　大友家九代氏綱殿へ去ル元弘元年十月海底ニ滅院シタル玖珠山龍雲寺ノ霊神由来ヲ言上シ再建ヲ願。　高崎山ノ麓ニ再建シ貞任宗任ノ位牌並貞任ノ木像ヲ安置シ竜宮海乙姫ノ霊神ヲ鎮守ス。

貞房
鶴若丸　左衛門尉　入道圓心阿闍利ト号　応永二十年九月二日逝去。

貞鎮
安達次郎ト号　越前守

貞虎
鬼王丸　越後守　楠正義ニ組シ福井ニ住。　応永二十三年六月六日逝去。

貞家
弥四郎ト号

貞次
河村五郎ト号　大炊頭

親家
天龍院龍海阿闍利ト号
修験道弘通ノ為玖珠山龍雲寺ヲ開基。
函舊湊　笠縫島　白木　田ノ浦管領地賜。

親盛
安倍弾正ト号　入道貞心阿闍利
承久三年四月十五日逝去。

貞光院
貞光阿闍利ト号
康元元年六月十六日逝去。

女子

龍子

玖珠院
観源阿闍利　弘安元年十月六日逝去。

龍光院
龍門阿闍利ト号
文保元年八月十六日逝去。

現光院
賢龍阿闍利ト号
貞和四年十月七日逝去。

親貞
安部弾正ト号　後泰龍阿闍利ト号
応安三年八月三日逝去。

龍雲寺滅院ノ事
大友六代近江守貞宗政権中　元弘元年十月二八日　卯刻从丑刻迄風雨雷鳴凄シク高崎ノ沖海岸从黒雲起リ龍雲寺ノ院地ヲ包海上拋リ大山ノ如高浪ノ打寄　黒雲トノ間拋リ恐シキ大蛇来タリテ寺院ヲ海底ニ巻落シ院中僧尼不残滅亡ス。

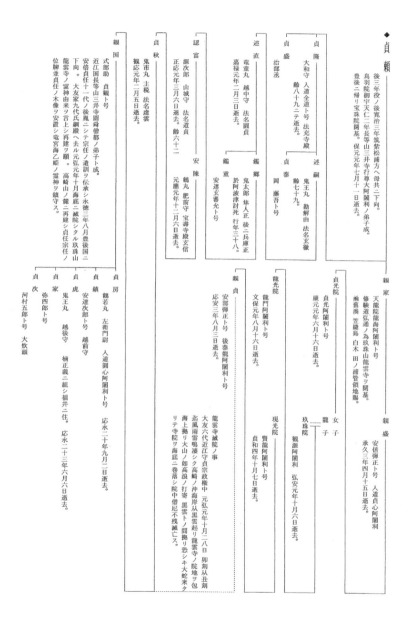

男子が在ったと記され、大分県速見郡日出町南畑阿部祐吉氏家蔵系図には貞隆、貞盛の子があり、貞賀は貞頼の弟貞言《さだのぶ》の孫とあります。

大分県杵築市山香町大字小武《おたけ》の安部宗和氏家蔵系図には貞隆、貞言、壹任《かずとう》の三人が記され、貞賀と貞盛は貞隆の子として記されています。

この様に若干の相違はあるものの、貞頼には三人の男子が有ったようですが、いずれも豊後以外の地で暮らしたようです。

貞頼は、保元《ほうげん》元年（一一五六）七月十一日に逝去したと記されています。

貞頼の後、龍雲寺を守った者に親家《ちかいえ》があり、この人は貞政三代の孫とありますが、貞頼の子とは記されておりませんので、豊後に帰った貞頼が、龍雲寺の名跡を継がせるために入嗣《にゅうし》させたものと思われます。

この親家は出家して天龍院龍海阿闍梨《りゅうかいあじゃり》と号し、養和《ようわ》元年（一一八一）、緒方三郎惟栄《おがたのさぶろうこれよし》に願上して、宝珠院を改建し、玖珠山龍雲寺を開基しました。

また、函舊湊、笠縫島、白木、田浦に寺領を得て、東西南北六里四方に繁栄したと伝わります。天龍院と号していることから安倍實任の開基した石林山東岸寺の坊、天龍院から白木龍雲寺に遷ったものかもしれません。

その後、龍雲寺は親家の子孫が代々出家し法灯を守ることになりますが、親家の子、親盛《ちかもり》が入道して貞心《ていしん》阿闍梨と号し、承久《じょうきゅう》三年（一二二一）四月十五日逝去しています。その後は、

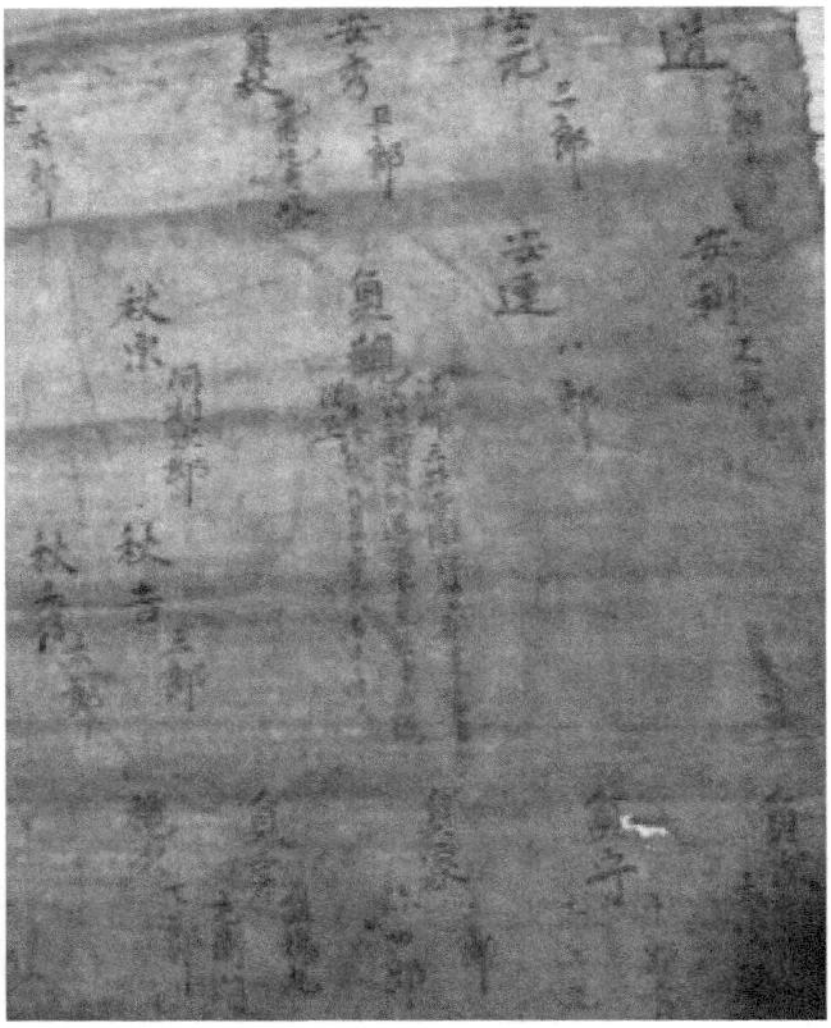

「安部宗和氏家蔵系図」

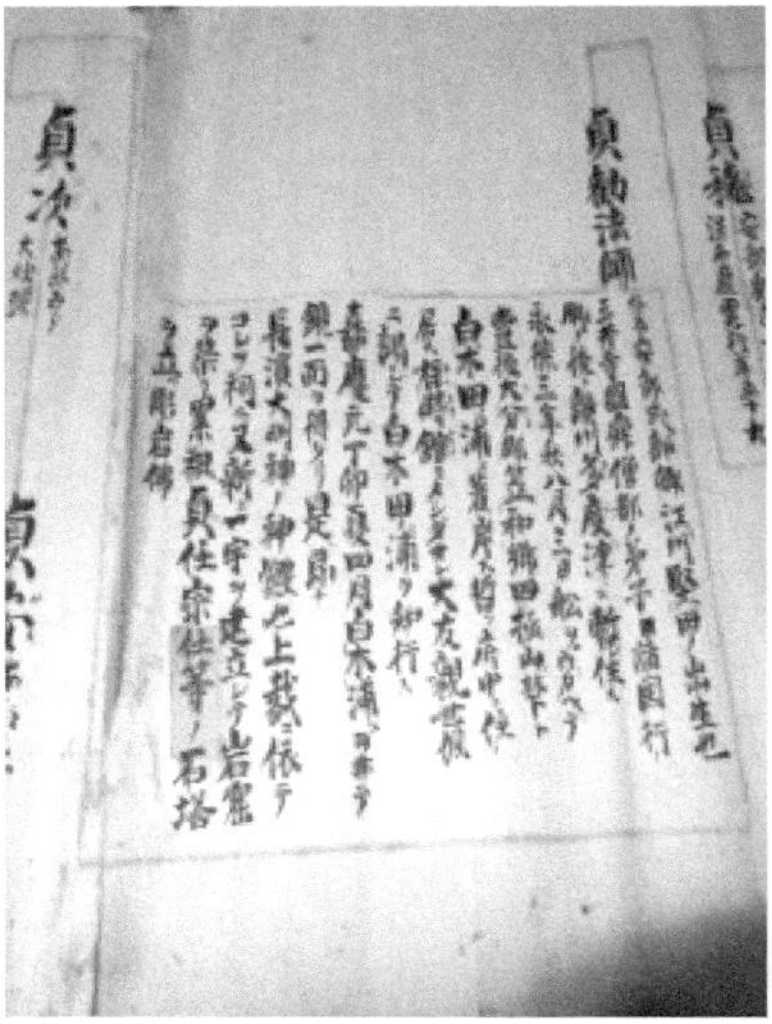

「阿部祐吉氏家蔵系図」

貞光《ていこう》阿闍梨、康元《こうげん》元年（一二五六）六月十六日逝去。

玖珠院観源《かんげん》阿闍梨、弘安《こうあん》元年（一二七八）十月六日逝去。

龍光院龍門《りゅうもん》阿闍梨、文保《ぶんぽう》元年（一三一七）八月十六日逝去。

現光院賢龍《けんりゅう》阿闍梨、貞和《じょうわ》四年（一三四八）十月七日逝去。

安部弾正親貞《ちかさだ》、泰龍《たいりゅう》阿闍梨、應安《おうあん》三年（一三七〇）八月三日逝去。と六代続き、この親貞の代に、元弘《げんこう》元年（一三三一）十月二十八日の大地震によって別府湾に押し流されます。


この大地震から約五十年の後、貞観《ていかん》和尚が、永徳三年（一三八三）宝珠山龍雲寺と山号を改め再興するのです。

この貞観和尚は、大分県各地の安倍系図に普く記されており、松若丸の系譜を語る上で欠かすことのできない人物です。

この貞観和尚とは如何なる人であったのでしょう。その足跡を追ってみますと、貞観和尚は安部式部助親国と言い、当家系図では貞任から数えて十一代目に当たります。

松若丸に始まる豊後安倍氏の一族で、前述の安倍大膳大夫貞頼の長男、貞隆の系譜が貞観和尚に繋がります。

貞観和尚の実在は、大分の安倍系図に「出家に際し三井寺の圓舜僧都の弟子となる」とあることから、当時の三井寺に関わる僧を調べたところ、藤原北家長家流（御子左流）公長の子、悛定の末に園城寺の僧圓悛があり、時代も合う事から貞観和尚の実在が証明できるものと思います。

大正時代に書かれた、山田宇吉著「安倍宗任と緒方惟栄」には、

「貞観和尚の父、貞次は大友に属し、元弘三年大友氏上洛に随行し、同年五月六波羅を攻め功ありて、大炊介に任じられる。江州川村を賜り川村五郎と称する。その後、大友は足利に属し北朝となるも貞次は南朝に属し、正平三年（貞和四年）正月五日、楠正成の軍に属して河内国佐々良郡鹿房庄飯盛山の麓に於いて武蔵守高師直、高師泰の軍と戦い討死す。貞次の子、貞観は三井寺に入院、弘和（永徳）三年八月十五日、貞次の生国、豊後に帰り来たりて白木龍岸寺の廃墟に住する」と記されています。

ところで、山田宇吉氏の著書では、貞観は貞次の子となっておりますが、当家系図（貞頼系図）では、貞観の父は貞秋とあり、他にも田浦の阿部真一氏家蔵系図、杵築市山香小武の安部宗和氏家蔵系図、日出町南畑の阿部祐吉氏家蔵系図、豊後高田市草地の安田（安部）系図等のいずれも

が、貞観和尚の父は貞秋とある事、また安部宗和、阿部真一、阿部祐吉氏所蔵系図において、貞次は貞観和尚の子として記されている事から、貞観和尚の父は貞秋、貞次は子であったものと思われます。

加えて当家系図に、父貞秋の没年が観応元年（１３５０）二月五日とあることから、世代の周期を考慮し、貞観和尚は貞秋の子であるとするのが正しいようです。

貞観和尚の子孫という安部又二郎貞信の開基した、大分市小佐井の汗牛山光国寺の寺傳に、貞観和尚の事が記されており、昭和十年、十八世清乗院釈尼香苗師の筆による光国寺再建趣意書には

「我が寺院の由来を閲するに、天台の僧貞観法師（伝え云う安部貞任十一世ノ裔なりと）中略長等山三井寺焼失の為豊後国に下降し、当初は白木の里に一宇の草堂を構えて居住したまいけるに、その子孫貞信、法名了西法師浄土真宗に帰依して直ちに上京、蓮如上人の弟子となり御本尊申し受け帰着の後、道場をこの地に開きて居住す。これ当山の開基にして時は文明年間なり」と記されています。

さて、貞観和尚は南北朝対立の時代をどの様に生きたのでしょう。

由布市挾間町来鉢の安部礼次郎氏家蔵系図には次のような記述があります。

安部貞員が定住した来鉢一帯

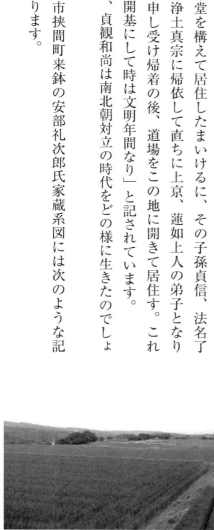

「上洛時宿室津、貞観貞員母子之振舞見非常人間、中略　明日貞観飛○之京師、此ヨリ貞観京師走毎宿此家」

　これは来鉢の安部家の祖となった安部貞員の若き日、京と豊後を行き来する貞観和尚との出会いの場面です。

　この記述から貞観和尚は頻繁に上洛していた様子が見て取れます。当時の豊後守護職、大友親世《おおともちかよ》の子大友持直《もちなお》の外交に貞岩和尚という存在が確認されることから、貞観和尚は安部式部助と名乗り若き頃より何らかの目的で京都と豊後を往復していたと思われます。

　室町時代前期の醍醐寺座主であった満済の記した満済准后日記《まんさいじゅごうにっき》、永享三年八月二十一日条には、

安部貞信の開基した汗牛山光国寺

「八月廿一日、雨、（中略）自大友中務大輔方使者長老**貞岩和尚**云々。参洛内々状勝鬘院方へ在之。」

と記されています。

　察するに幼き頃、父を合戦で失った貞観は南朝に属し、南朝側の外交として活動していたものではなかったでしょうか。

　ところが、南朝の中心的象徴であった懐良親王の薨去により、主柱を失った南朝側は急速に衰えを見せ、それを察した貞観は、出家して永徳三年八月大友氏継を頼って豊後に下向し、龍雲寺の再興を成し遂げたものでしょう。

貞観和尚の若き頃からの活動や三井寺での人脈が、当時の大友氏にとっては大変貴重なもので、大友氏継の外交官として、また南北朝合一の後は大友持直の外交相談役として近侍したのかもしれません。

貞観には五人の子が有り、嫡男鶴若丸が後に出家して龍雲寺を継いだとされています。

鶴若丸は安部《あべ》左衛門《さえもん》貞房《さだふさ》と名乗り、豊後守護職大友氏に仕え、晩年出家剃髪し圓心《えんしん》阿闍梨と号し、応永《おうえい》二十年（一四一三）九月二日に逝去したと記されています。

貞房の後、龍雲寺を継承したのは、貞房の甥にあたる謙心《けんしん》阿闍梨で、この人の父は幼名を鬼王丸といい、安部越後守貞虎《さだとら》と号し、南朝の士として楠　正儀《くすのきのまさよし》歴代に組して越前国福井に住し、応永二十三年（一四一六）六月六日に逝去したとあります。

謙心阿闍梨には二人の男子が有り、兄は出家剃髪して天龍院と号し龍雲寺を継ぎます。弟は安部《あべ》石見正《いわみのしょう》照貞《てるさだ》と号したとある事から、この人が、前述の大分市小佐井の汗牛山《かんぎゅうさん》光国寺の開祖了西法師《りょうせいほうし》の祖父か父に当たるのではないかと思われます。

謙心阿闍梨の後は天龍院、明応三年（一四九四）十月七日逝去。

白木院、大永《だいえい》五年（一五二五）九月三日逝去。

西正院、弘治《こうじ》二年（一五五六）六月二日逝去。と代々継承され、寛正院の代に至り、天正《てんしょう》十四年（一五八六）十一月、島津家久の軍勢によって龍雲寺は焼打ちに遭い、その後に別府湾の津波で壊滅的被害を蒙ったともあります。しかし、豊後安倍氏にとって、奥州累代の廟所たる龍雲寺の法灯は消えることなく、その後、江戸期に入り、慶長《けいちょう》十五年（一六一〇）三月十五日付け、府内藩主竹中伊豆守に差し出した「寶珠山理證萬代子孫相傳記」にある通り、白木、田浦の安部一族によって脈々と受け継がれていく事になるのです。

終わりに

お祝い事や法事と言った家族の行事は、田の字の部屋の襖を外し大広間を仕立てて執り行われました。

私の脳裏には、祖父の兄弟や親族の長老たちが紋付の羽織を着て、上座から順に席に着き、母や叔母たちが慌ただしく料理を並べている光景が焼き付いています。

私は幼いながらも、父の隣に座らされ、本家の跡取りという意識が芽生えていました。

お酒が進み、話が前九年合戦に及ぶと「頼義に騙された、武則が裏切った」と、つい先日の事のように、合戦の経緯を話しながら、「先祖に恥じぬように」「長男は墓を守れ」「系図を見たか、しゃんと勉強せえよ」等と、私に向けられた酒臭い説教の一つ一つに「はい、はい」とうつむいたまま答えるのが常でした。

こうして、我が家では奥州安倍氏の真の姿を口伝えにし、系図や過去帳、軍記に記して守り続けてきたのだと思います。

大分県内、諸所の安倍家に伝わる口伝や古文書も同じように記されてきたものでしょう。

語り継ぐという伝達方法は、文字を持たない文化圏では当たり前のことで、内容の真偽はともかく、用語や意思疎通は確かなものと思います。

一方で、史実は合理的、科学的に解釈して納得できるものでなければならないと考えます。

科学捜査と同じで、史実の背後には、生体、文献、遺品（出土品）、自然環境、政治体制、風土、風習、信仰、経済、産業、因縁等、様々な要因が隠れているとみるべきです。

奥州安倍氏の研究において争点となる出自について、大分に伝わる安倍系図には、中央貴族安倍氏が奥州に土着した時期や、過程が口伝を通じ、文字として記されています。

その内容は、近年の研究によって初めて明らかにされたものを含み、往古《おうこ》に知り得ることは不可能です。

例えば、岡《おか》の三郎と号した安倍頼任《あべのよりとう》の記述からは、塩釜神社を中心に、宮城県亘理郡鳥の海から柴田町、角田市にかけての地域が、奥州安倍氏の発祥地として浮かび上がってきました。

それに加え、国《くに》つ神《かみ》より三種《みしゅ》の宝珠《ほうじゅ》を賜うという一文からは、地方豪族や俘囚《ふしゅう》、蝦夷《えみし》の反乱を武力ではなく、話し合いによって解決し、平和裏に政権譲渡を受けた様子が伝わってきます。

頼任と崇任の二代は四郡（栗原、磐井、胆沢、和賀）を支配し、忠頼の代に紫波、岩手の二郡を加えた六郡を支配し、衣川に柵（関）を設けたという記述から、奥六郡の成立時期や過程を垣間《かいま》見ることが出来ます。

承和年間から貞観年間に至る間に、陸奥を襲った天変地異や、鎮守府の権限強化に伴う領民の逃亡など、この時期の陸奥には武力では人心を掌握《しょうあく》できない不穏《ふおん》な状況が続いていたようです。

この状況を解決するには、優れた地方行政の執行官が必要だったのではないでしょうか。

安倍安仁を陸奥出羽按察使《むつでわあぜち》に任命し、その子、安倍貞行《あべのさだつら》が陸奥守となり、弟の清行《きよつら》が、その後を引き継ぐといった人事は、この時期の奥州を治める人材としてこれ以上のものは無かったでしょう。

また、これを支えた地方豪族、取り分け気仙郡の金氏一族、阿倍陸奥臣を始めとする、安積臣《あさか》、信夫臣《しのぶ》、柴田臣、磐城臣、会津臣等の仗部《はせつかべ》一族は、同じ安倍一族として協力を惜しまなかったと考えられます。

これこそ、国つ神よりの政権譲渡であり、武力を用いなかったことにより、領民の支持を得たものと思います。

六箇郡の司となった安倍氏の成立過程において、地方豪族との婚姻や養子縁組が行われたことは想像に難くないわけですが、頼良の頃には奥州の大地にしっかりと根を張った大樹《だいじゅ》として、陸奥の領民や俘囚と呼ばれた人々にまで、その政策が行き届いていたものと思います。

俘囚の長と呼ばれた要因は、常に陸奥に暮らす領民の側に立って、国家権力に対抗した姿が反映したものではないでしょうか。

安倍氏の支配地域は、奥六郡に限らず、実際は北上川や阿武隈川《あべくまがわ》の流域に広く及び、大伽藍《だいがらん》の寺院を建立するなど、平泉に先行する文化が華開いていたものと想像します。

水陸萬頃（すいりくばんけい）と言われた胆沢扇状地の豊かな恵みは、この文化を育み、仏教の慈悲《じひ》の心を生起《せいき》させ、人々を普く幸福へと導く理想郷となり得たでしょう。

しかし、その栄華は反面として、人間の醜い嫉妬の対象となり、欲望の捌《は》け口となって陸奥を襲ってきたのです。

陸奥に押し寄せた時代のうねりは、時を経てその勢力を増大させ、奇珍に釣られた裏切り者の出現により、終焉の時を迎えました。

本来一族の末路というのは、親兄弟が憎しみ合い、殺し合い、禍根《かこん》を残して終末を迎えることが多いのですが、十二年に及ぶ過酷な状況の中で、安倍一族の結束は揺らぐことがありませんでした。

それは、安倍氏の血脈を通して流れる「人倫《じんりん》」を尊重する思想であり、仏法から学んだ「慈悲《じひ》の心の実践《じっせん》」ではなかったかと思います。

幼き頃から「先祖に恥じぬように」と教えられてきたものの、貞任、宗任の生き方に学ぼうとしても、前九年合戦の敗北という負の歴史が、私の心の重荷となって伸し掛かっていました。

「勝ってこそ名を残し、負けた者は消え去るだけ」というのが世の常だと感じていたのです。

しかし、先祖が残した口伝や古文書類を深く読み解いてみると、それまでの考えが如何に浅はかであったかを思い知らされました。

陸奥の誇りと義侠心を胸に抱き、玉砕を択んだ貞任。

生き恥を忍び、逃げるが勝ちという道を択んだ宗任。

この二人が演じた見事な敗北によって、民衆の間に英雄としてその名を留め、後《のち》の藤原三代の栄華を現出させたといっても過言ではないでしょう。

貞任、宗任のこの生き方は、何を手本とし、誰によって教えられたものなのでしょうか。

安倍倉橋麻呂《あべのくらはしまろ》が建立した安倍寺の伽藍配置《がらんはいち》は、法隆寺（斑鳩寺）を模したものであることが最近の研究で明らかとなりました。

また、倉橋麻呂は乙巳《いっき》の変（大化の改新）の後、孝徳《こうとく》天皇の左大臣を務め、大化《たいか》四年には四《し》天王寺《てんのうじ》に仏像四体を安置し盛大な法要《ほうよう》を執り行っています。

国見山廃寺《くにみやまはいじ》や長者ケ原廃寺は、安倍氏の陸奥における仏教思想の顕現《けんげん》とみるべきでしょう。

無駄な争いは避け、民衆の安寧《あんねい》を願うことこそ仏の教えに適うことであり、そのことで身が滅びようとも一向に構わない。

前九年合戦の真実を見つめ直した時、安倍氏の辿《たど》った軌跡は、正にこのことを実証しているのではないでしょうか。

当家の歴史

宗任が伊豫の桜井を発ち、函萏湊《かんたんみなと》笠縫嶋《かさぬいしま》に着岸した治暦《じりゃく》三年（一〇六七）から、三年が過ぎた延久《えんきゅう》二年（一〇七〇）二月、安倍頼良《あべのよりよし》の弟、僧良昭《りょうしょう》の嫡子、安倍良隆《あべのよしたか》が大宰府より稙田荘《わさだのしょう》の目代として下向《げこう》し、大分郡稙田荘一ノ瀬《いちのせ》に居館しました。当家の歴史はここに始まります。

良隆は、稙田荘を分断するかのように、西から東に流れる七瀬川《ななせがわ》の、河岸段丘が形成された要害の地、一ノ瀬に館を築き天満宮を勧請しました。奥州安倍氏の柵や館の立地する河岸段丘に、よく似た地形です。

この前年、後三条天皇の荘園整理令が発布され、豊後国大分郡の国衙領の管理のために下向したものと思われます。

丁度この時期に、大宰府《だざいふ》から九州各地に派遣されたもので有名な氏を挙げますと、肥後菊池に派遣され土着した菊池氏や、松浦郡宇野御厨検校《うのみくりやけんぎょう》（荘官）として下向した渡辺氏がいます。

良隆は野津原三郎《のつはるさぶろう》と号し、稙田庄司大神定綱《おおがのさだつな》と共に庄内を

豊後国大分郡稙田荘松武名
（現在の大分市野津原）遠望

稙田荘遠望

執権し、大神姓稙田氏との同族関係を軸に大分郡内に勢力を広げました。

稙田荘とは、大神惟基《おおがのこれもと》の七男、稙田七郎大神季定《おおがのひでさだ》が、大分市大字入蔵《いりくら》字浅内《あさうち》長者屋敷に居館し、開発領主として開いた荘園で、豊後国府に隣接し、凡そ三百三十五町の田地を有する荘園でした。

元永《げんえい》元年、（一一一八）松浦彌三郎安倍實任《まつらやさぶろうあべのさねとう》が、松浦から京に上り、大分郡稙田荘松武名《まつたけめい》（野津原）に十六町二反の所領を得て当地に下向し、武者所《むしゃところ》として大分郡、大野郡、直入郡の三郡を指揮しました。

また、この地を松浦に因んで天神免《てんじんめん》と名付けました。

實任は、大分郡阿南荘《あなみしょう》に石林山東岸寺《せきりんさんとうがんじ》を建立し、仏教だけでなく、学問や文化の拠点を作りました。

實任は、以後の安倍一族が広く大分郡全域に広がり繁栄するための基礎を築きました。

平安の末から戦国期に到るまでに冒《おか》した氏は、松浦《まつら》、稙田《わさだ》、

一ノ瀬天神免一帯

石林山東岸寺跡

野津原《のつはる》、豊饒《ぶにょう》、生石《おうしこ》等で、御舘《みたち》を名乗る本家を中心に一族としての纏まりを守っていたようです。

当家が使用した家紋は、向う梅、丸に三つ鱗、亀甲に鷹の羽違い、丸に九枚笹の四つです。

平安時代の末（一一八〇年頃）には、安倍豊後亮実任《あべぶんごのすけさねとう》が、緒方《おがた》三郎惟栄《さぶろうこれよし》と供に源義経《みなもとのよしつね》に与同し、豊後武士を先導して平家を九州から追います。

義経と頼朝《よりとも》との関係が悪化すると、義経は惟栄を頼りに豊後に下ろうとしますが、失敗し、奥州へと逃れました。義経が藤原秀衡《ふじわらのひでひら》の許で匿われたことは歴史の通りです。

この事もあって惟栄は、源頼朝によって、上州沼田に流罪となり、豊後大神氏の勢力は減退しました。

実任は、豊後武士が動揺する中、大分郡司となり郡内の政情を安定させ、豊後守護代として下向してきた大友能直《おおともよしなお》に所領を譲渡し、自らは出家剃髪して法眼《ほうがん》法師と名乗り、天神免に竹石山普門寺《ちくせきさんふもんじ》を開基し、民衆のために仏法を解き、加持祈祷を行いました。

石林山因性寺

妙雲山勝光寺

甘木都高院

実任は、普門寺の他にも大分郡内を始め各地に寺社仏閣を造営します。熊群山《くまむれさん》東岸寺、竹石山《ちくせきさん》普門寺、宝珠山龍雲寺、高城《たかじょう》山観音寺、石林山因性寺《せきりんさんいんしょうじ》、妙雲山勝光寺《みょううんさんしょうこうじ》、甘木《あまぎ》の都高院《とこういん》等は実任由縁の寺です。

所領を譲渡された大友氏は、在地豪族との養子政策を積極的に進め、豊後国内の抵抗勢力を懐柔し、家臣団を形成していきました。

安倍、大神両氏の連合はいち早くその旗下に属し、大友氏の屋台骨を支え、加判衆《かばんしゅう》として豊後守護代や筑後守護代を務めます。

室町期は、大友家の主流に付き従い、諸所の合戦で多くの功績を残しましたが、反面討死した者も数知れず、幾つかの合戦秘話が伝承されています。

当家の菩提寺　朝陽山福城寺本堂

安倍、大神両氏は同族関係を維持し続け、大分郡稙田荘の庄司と日代を所職として連綿し、戦国時代末期まで勤めました。

慶長五年（一六〇〇）九月十三日、大分県別府市の石垣原において大友宗麟の嫡男、大友吉統《おおともよしむね》と黒田如水《くろだじょすい》が合戦を交え、大友氏は滅亡します。

同、大永六年銘、三界逆襲塔
（大分市有形文化財）

福城寺境内の永享七年建立の
宝塔—高さ2，44m
（大分市有形文化財）

この石垣原合戦で討死を遂げた豊饒弾正忠《ぶにょうだんじょうのじょう》こと安部弾正宗鑑《むねあき》の義兄、和泉亮重任《いずみのすけしげとう》は蟄居を命ぜられるも、後に加藤清正《かとうきよまさ》に召し抱えられ野津原町奉行職を仰せつかりました。

重任が没すると、宗鑑の嫡子豊饒弥三兵衛宗正《やさひょうえむねまさ》が慶長十年（1

安部和泉亮重任が加藤清正より報義録を拝受する図

605）二月十日、十九歳で伯父の跡を継いで町奉行職を仰せつかり、御舘《みたち》五郎《ごろう》左衛門《さえもん》貞宗《さだむね》と名乗り、町奉行として宿場の整備に勤め、七瀬川に堤防を築きました。

寛永九年（一六三二）肥後熊本藩主加藤《かとう》忠広《ただひろ》は、参府の途中、品川で加藤家改易を告げられます。

後に細川忠興《ほそかわただおき》が藩主として肥後熊本に入封すると、在郷に士分を置かずということで、肥後熊本に出仕《しゅっし》を命ぜられましたが、先祖累代の地である豊後を離れがたく、歎願申し上げたところ、野津原に留まる事を許され、名を御舘五郎左衛門から安部五郎左衛門と改めました。

以後、当家は明治に到るまで永世御目見江株町別当と野津原村、権現村の庄屋を兼帯する事になります。

五郎左衛門は、熊本の氏家《うじいえ》家より妻を娶り、肥後藩から家職として造酒、質、小間物の三商を与えられ、家臣が代々番頭役として取り仕切っていたという事です。

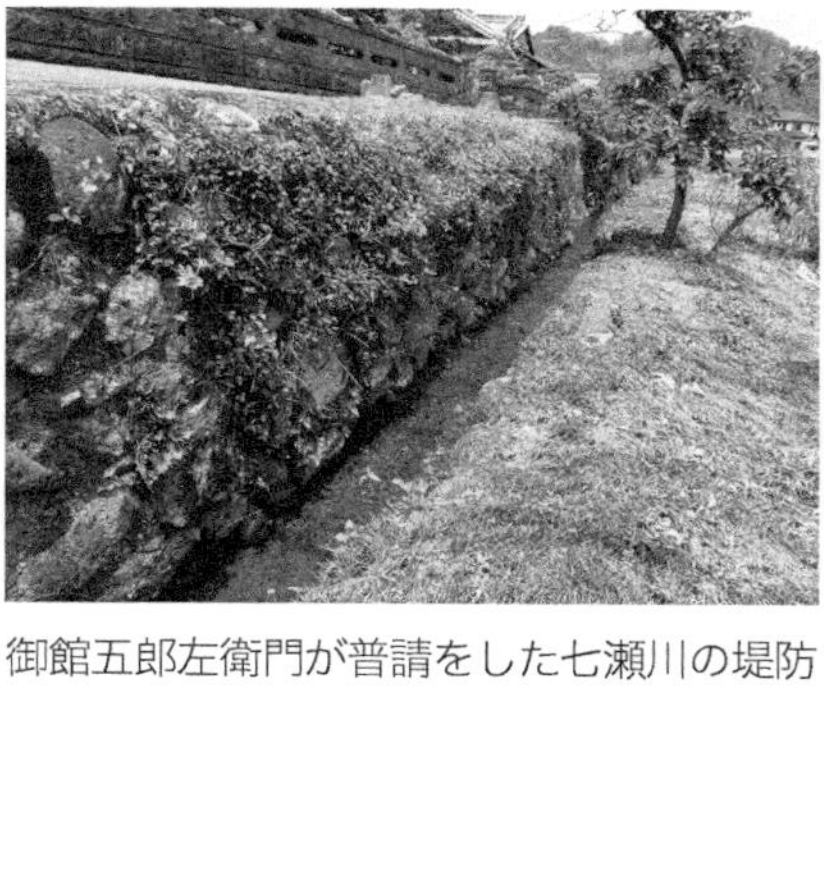

御館五郎左衛門が普請をした七瀬川の堤防

造酒は米高九百石とありますから、現在であれば一升瓶で九万本を生産する規模であったようです。酒造業は宝暦三年（一七五三）、桜屋傳蔵という人物に権利を譲るまで五代に渡って営みました。

野津原宿

当家史料

但し、不運にも享保二年（一七一七）十二月八日と、宝暦七年（一七五七）正月四日の二度、大火に見舞われ慶長以前の古書の多くを焼失したようです。

以後焼失を免れる為、古文書類を本家、分家に別けて保存し写本を残しました。

猪の坂墓所

五郎左衛門は延宝五年十一月二十五日、八十八歳の天寿を全うしました。

泰平の世となった元禄時代、五郎左衛門の嫡子、安部太次右衛門《あべたじえもん》宗眞《むねざね》は、安部家の墓所を猪ノ坂《いのさか》に定め、墓碑を集会し、榎《えのき》の苗木を植え付けました。

その榎は残念ながら、平成二十四年九月十七日の未明、台風の直撃で幹が裂け倒れてしまいました。

樹木医の診断では、残りの幹が生き残る可能性は無い、直系一メートルを超す榎の大木は珍しく、木の寿命は疾《と》うに過ぎているとのことでした。

奇しくも、本著では衣川の関が陥落したその日、「陸奥話記」では厨川の柵落城の日と同日でした。

五郎左衛門と妻の墓はこの榎の直ぐ根元に寄り添うように並んでいます。

安部五郎左衛門貞宗と妻の墓

豊後安倍氏年表（斉衡二年正月より慶長五年九月十三日の七百四十五年）

年	月	日	西暦	出典	出来事
斉衡2	1		855	三代実録	安倍安仁が陸奥出羽按察使に任ぜられる。
貞観7	1		865	三代実録	安倍比高が陸奥守に任ぜられる。
貞観14	7		872	三代実録	安倍貞行が陸奥守に任ぜられる。
元慶2	6		878	三代実録	安倍比高が鎮守府将軍に任ぜられる。
仁和2	1		886	三代実録	安倍清行が陸奥守に任ぜられる。
延喜21	11	6	921	当家系図	安倍頼任が逝去。
天暦9	12	21	955	当家系図	安倍崇任が逝去。
正暦1	10	15	990	当家系図	安倍忠頼が逝去。
長元9	11	21	1038	当家系図	安倍忠良が逝去。
長元9	12	22	1038	範国記	陸奥権守安倍忠好あり。
天喜5	7	26	1057	百練抄	諸卿定中陸奥守頼義言上俘囚安倍頼時去七月廿六日合戦之間之間中矢死去事。
天喜5	9	2	1057	扶桑略記	鎮守府将軍源頼義與俘囚阿倍頼時合戦之間頼時流矢所中還鳥海柵死了
天喜5	9	5	1057	当家系図	安倍頼良が、富忠説得のために出向くも、栗坂の合戦で流矢に当たり鳥海柵にて逝去。大了院殿喜山と諡。
天喜5	9	5	1057	安倍昌任氏家蔵系図	安倍頼良が源頼義と合戦、流矢に当たり鳥海柵にて戦死。
康平5	春		1062	安部禮次郎氏家蔵系図	貞任の愛妾、象形が男子を生む。松若丸と名付く。
康平5	9	17	1062	安倍系図	衣川の関が陥落し、安倍氏軍と源氏、清原連合軍の雌雄が決する

				安部軍記	貞任と宗任は袂を分かち、貞任は厨川の柵での籠城を期し、宗任は生きて安倍氏の再興を期す。
康平5	9	17	1062	安部豊治氏家蔵系図	衣川敗軍とあり。
康平5			1062	安部禮次郎氏家蔵系図	貞任が遺言を残し、松若丸に奴一人を付け高梨宿へ落ちるよう諭す。
康平5	9	17	1062	陸奥話記	厨川柵が陥落し貞任、重任、経清が討死。奥州安倍氏が滅亡。
康平5	11	9	1062	普門寺縁起	貞任が戦死。寶山院殿月心常観と謚。千代童子も斬首さる。
康平5	11	9	1062	宇佐市熊安倍系図	貞任が厨川柵にて戦死。
康平5	11	17	1062	安倍昌任氏家蔵系図	貞任が戦死
康平5	11	29	1062	本宮山秘仏大観音略縁起	康平五年みずのえ寅十一月二十九日に責落し貞任一家を亡ぼすと、記されている。（昭和四十八年四月、渡辺房雄解読）
康平5	11	29	1062	宇佐市拝田	康平五壬寅天十一月廿九日
				安倍貞任墓	寶山院殿月心常観大居士と刻まれている。
康平6	2	6	1063	稙田系図	稙田氏初代、稙田季定が逝去。天徳寺殿玄量と謚。
康平7	3	29	1064	朝野群載	宗任、正任等伊予に安置さる。貞任従類大男一人とあり。
					良昭等は直接大宰府へ遣わされる。
治暦3			1067	百練抄	伊予の宗任等が大宰府に移遣される。
延久2	2		1070	当家系図	安倍良隆が大宰府より豊後国稙田荘一ノ瀬に下向し居館。野津原三郎と号し大神定綱と共に庄内を執権す。
永保2			1082	理證傳記	宗任が一時豊後に滞在し母と貞任の菩提を弔うため龍雲寺を開基する。
永保2			1082	安部軍記	奥州合戦に参戦しない褒美として松浦を賜わる。
永保3			1083	宇佐郡地頭傳記	宗任が松浦の地を賜わる。

				松浦市史	岩栗神社の鳥居に松浦郡司安倍宗任と刻まれている。
				伊万里神社	安倍宗任が松浦郡司として下向と刻まれている。
応徳3	3	21	1086	当家系図	良隆（良昭）逝去。行年七十五才、泰了院殿義徹と諡。
寛治3			1089	当家系図	清貞の子、貞頼が母と共に松浦の安倍宗敦の許に行く。
永長1	3	27	1096	稙田系図	季定の子、定綱が逝去。福城寺殿と諡。
天仁1	9	9	1108	宗任神社	安倍宗任が肥前国にて逝去。享年七十八。
天仁2			1109	当家系図	貞頼が三井寺行尊阿闍梨の弟子となり出家し、豊後白木に帰り宝珠院を開基する。
天永1	2	15	1110	当家系図	宗任が逝去。珠琳院殿中峯圓心と諡。
永久2	2	6	1114	当家系図	良隆の子、野津原権五郎安倍忠良が逝去。大心院殿道信と諡。
永久5			1117	当家系図	清貞が出家剃髪して義親法師と号す。
永久5	2		1117	熊群山由来略記	宗任の子、實任が大分郡阿南荘左陀羅に移住す
元永1	2		1118	当家系図	宗任の子、實任が松浦より京に上り豊後国大分郡武者所として下向。一ノ瀬天神免に居館す。大分、大野、直入三郡を指揮す。大分郡に高崎山、大野郡に鳥屋山、直入郡に熊牟礼山と山城を築き、阿南庄野畑に石林山東岸寺を開基す。
元永1			1118	宇佐郡地頭傳記	宗任の子、伊賀介宗直が高崎山の下白木村に移住し白木氏を称す。
元永3	2	15	1120	東岸寺縁起	安倍實任が薬師、弥陀、観音を祀り東岸寺を開基。
保安4	5	15	1123	稙田系図	定綱の子、惟定逝去。法護寺殿と諡。
大治2	10	6	1127	当家系図	宗任の嫡子、安倍左馬助惟任が逝去。泰龍院殿貞観と諡。
大治4	11	2	1129	阿部康義氏家蔵系図	宗任の子、盛任逝去。

長承2	5		1133	当家系図	忠良の子、良門が目代に任じ野津原弥三郎と号す。後に実任の娘、百世を娶り、松浦弥三郎を名乗る。
保延1	1	19	1135	宇佐市熊 勝光寺位牌	實任が逝去し寶山院殿月心常観大居士と謚。
保延5			1139	当家系図	清貞が越前において七十八歳で入寂す。
保延5	5	15	1139	当家系図	實任が逝去し東岸寺殿前武者所松浦實任大禅定門と謚。
保延6	8	14	1140	石林山 因性寺過去帳	實任が逝去し普門寺殿崇蓮華光大禅定門と謚。
永治2	5	20	1142	当家系図	良門が逝去。真門院殿大意と謚。
康治2	11	9	1143	当家系図	宗敦が逝去。
久安5	10	7	1149	稙田系図	惟定の子、助綱逝去。大恩寺殿と謚。
仁平2	12		1152	当家系図	宗敦の子、宗則逝去。
仁平3	1		1153	当家系図	實任の子、宗貞が松浦郡司に任ずる。
久寿1	11		1154	当家系図	良門の子、貞良が目代に任じ野津原三郎大夫と号す。
保元1	7	11	1156	当家系図	貞頼が逝去。この頃親家が天龍院龍海僧都と号し貞頼の名跡を継ぐ。
平治2			1160	当家系図	惟任の子、頼忠が藤原信頼謀反の砌、六波羅にて深手を負う。
応保2	2		1162	当家系図	惟任の子、頼忠逝去。
長寛1	8	23	1163	大分県の文化財	稲積山上角塔金石文に安部三□□とある。
仁安1	12	16	1166	当家系図	良門の子、貞良が逝去。宗香院殿信義と謚。
嘉応2	3	2	1170	当家系図	宗貞が逝去。
承安1	5		1172	当家系図	宗貞の子、正任が肥前守に任ずる。
承安2	6	12	1172	水分神社 由緒	横尾の安部氏が水分神社を勧請。
安元2	11	18	1176	稙田系図	助綱の子、有綱逝去。

養和1			1181	当家系図	親家が緒方三郎惟栄に願上げ、玖珠山龍雲寺を開基する。函萏港、白木、田浦等の寺領六里四方に及び繁栄する。
寿永2	10	20	1183		緒方三郎惟栄が佐賀惟憲、戸次惟澄等と平家を攻め、原田種直、山鹿秀遠、菊池隆直を敗走させる。
元暦2	3	20	1185		壇の浦において平家滅亡す。
文治2			1186		豊後が源頼朝の知行国となる。
元暦3	1	31	1186	当家系図	實任の孫、正任が逝去。
元暦3	2		1186	当家系図	正任の子、鬼一丸こと安倍三郎実任が大分郡司となる。
建久7	4		1196	宇佐郡地頭傳記	安倍伊賀介宗直の曾孫、主殿助宗時が高崎城を大友能直に致し、その臣となる。
建久7			1196	当家系図	貞良の子、安倍兵衛亮隆良と稙田左衛門惟則が能一太郎二郎の取次で大友能直に対面し、稙田、安倍両氏が大友能直の旗下に属す事となる。この頃実任が大分郡司を辞し、竹石山普門寺を開基する。
建仁3	1	10	1203	当家系図	隆良が逝去。嶽山院知勇と諡。
元久2	10	7	1205	稙田系図	有綱の子、惟季逝去。
承久3	2	15	1221	当家系図	実任が天神免の普門寺にて入寂す。普門寺殿前郡司大掾正法眼法師と諡。
承久3	4	15	1221	当家系図	親家の子、龍雲寺貞心阿闍梨こと安倍弾正親盛逝去。
貞応2	2		1223	当家系図	実任の子、安倍長門守貞實が大友家社奉行を預かる。
貞応2	7	25	1223	志賀文書	備後法眼が所領を大友能直に譲る。
天福1	2		1233	当家系図	隆良の子、景隆が家督目代に任じ安倍出羽助と号。
宝治2	10		1248	当家系図	貞實の子、實盛が大友家社奉行を預かり安倍長門守と号。
康元1	6	16	1256	当家系図	龍雲寺貞光阿闍梨逝去。
弘長3	8	3	1263	当家系図	景隆が逝去。寶宗院貫道と諡。
文永3	5		1266	当家系図	景隆の子、清任が家督目代に任じ安倍与一郎と号。
文永11	7	18	1274	当家系図	清任が逝去。知了院一心と諡。

弘安1			1278	当家系図	清任の子、吉任が家督目代に任じ安倍三郎大夫と号。
弘安1	10	6	1278	当家系図	玖珠院観源阿闍梨逝去。
弘安8			1285	大分県史料	豊後国図田帳が成立する。この頃大友頼泰の弟、能泰が野津原三郎と号し稙田荘吉藤名、永富名を領する。
嘉元2	12	10	1304	当家系図	吉任が逝去。善了院良海と諡。
文保1	8	16	1317	当家系図	龍光院龍門阿闍梨逝去。
元応2			1320	安部敏彦氏家蔵系図	常陸国鹿島より安部一族が豊後に下向し白木氏を称す。
元徳2			1330	大友家資料	大友貞宗の次男、貞載が筑前国粕屋郡立花城主となる。この頃、貞載に随い筑前に下向する安部氏あり。
元弘1	10	28	1331	理證傳記	龍雲寺が津波により被災し滅院する。
元弘2	8		1332	当家系図	吉任の子。貞世が家督目代に任じ安部豊後亮と号。
元弘3	12		1333	大友家史料	大友貞宗が京において逝去。
延元1			1336	太平記	足利尊氏が豊島河原の戦いに敗れ九州に敗走する。
建武3			1336	当家系図	貞世の子、安部弾正常世が大友氏時に随い、足利尊氏に味方し、多々良浜から湊川合戦に出陣し高名を上げる。
建武3			1336	当家系図	常世の弟、将常が湊川合戦にて南朝に味方し討死。
建武3	6	8	1336	大友家史料	この頃稙田寂円が豊後守護代を務める。
貞和4			1348	当家系図	安部将世と則任の兄弟が四條畷で討死す。
貞和4	10	7	1348	当家系図	現光院賢龍阿闍梨逝去。
観応1	2	5	1350	当家系図	貞観和尚の父、貞秋が逝去。
延文3	10	3	1358	当家系図	貞世が逝去。
延文4			1359	当家系図	肥後の菊池武光が豊後に侵攻し、石林山東岸寺を接収す
應安3	8	3	1370	当家系図	安部弾正親貞こと泰龍阿闍梨逝去。

應安5			1372	大友資料	肥後の菊池武光父子が再度豊後に侵攻す。光任は鷲ケ城を吉弘、狭間の援軍を得て死守するも普門寺は滅院す。
弘和2	9	6	1382	当家系図	常世が逝去。この頃常世の次男兵部助宗親が白木、田浦を、三男与左衛門良任が生石、駄原を管領する。
永徳3	8	3	1383	当家系図 阿部祐吉氏家蔵系図 安部宗和氏家蔵系図 安部正夫氏所蔵系図	貞観和尚が豊後国に下向し龍雲寺を再興す。
嘉慶1	4		1387	阿部祐吉氏家蔵系図	貞観和尚が長浜大明神の御神体を祀る。
嘉慶3			1389	安部禮次郎氏家蔵系図	安部平六左衛門頼員が楠正勝に組して討死す。
明徳3	10		1392	安部禮次郎氏家蔵系図	貞観和尚が安倍頼員の子、貞員と出会う。
明徳4	3		1393	当家系図	常世の子、光任が家督目代に任じ安部左馬助と号。この頃、同じく宗親が白木田浦を、正任が生石駄原をそれぞれ管領す。
応永4	9	15	1397	大友家史料	生石遠江入道定勝が大友家重臣として立願状に連署す。
応永7			1400	安部正夫氏	安部貞氏が大友親世より白木、田浦を賜わる。駿河守を拝受す。賀来宮例衛所蔵系図祭護を務める。
応永12	7	29	1414	大友家資料	生石定勝が大友親著の家老職として本庄入道宛て連署す。
応永13	6	25	1415	阿部康義氏家蔵系図	貞観和尚が塩九升村にて長浜大明神の社を祀る。
応永15	6	15	1408	大友家資料	生石定勝が由原八幡宮宛て料田の安堵状に連署す。
応永17				安部正夫氏所蔵系図	安部貞氏が逝去す。
応永20	9	2	1413	当家系図	貞観和尚の子、左衛門尉貞房こと圓心阿闍梨が龍雲寺にて入寂す。
応永23	6	6	1416	当家系図	貞房の弟、貞虎が福井において逝去。

応永24	7		1417	阿部康義氏家蔵系図	安倍親郷が大友親著に仕え石丸村に所領三十町を賜う。
応永24	7	10	1417	大友家資料	生石殿宛て田染庄段銭結解状
応永26	5	10	1419	大友家資料	安倍泰□宇佐宮造営に付立柱の日時を勘申す。
応永29	12	21	1422	永弘文書	田原親幸より豊饒、石合両氏に宛て御奉書あり。
応永30	10		1423	当家系図	光任の長男、良任が家督目代に任じ安部平左衛門尉と号。この頃二男鑑任が豊饒弾正と号し豊饒を、三男照貞が治部右衛門と号し賀来を、四男祐任は内蔵助と号し朴木を、五男時任は次郎衛門と号し小狭間をそれぞれ管領す。
応永31				安部正夫氏所蔵系図	安部次郎右衛門貞生が賀来宮生石濱離宮の護衛を務める。
正長1	10	6	1428	当家系図	良任が逝去。
永享3	8	21	1430	満済准后日記	大友持直の長老貞岩和尚が使者として京に上る。
永享7	6		1435	大友家史料	大友持直が姫岳に籠城す。この合戦において豊饒弾正が持直に加勢して高名を上げる。
永享8			1436	安部敏彦氏家蔵系図	安部貞法が速見郡藤原村に居住す。
永享12	6		1440	当家系図	良任の子、則貞が家督目代に任じ安部五郎左衛門尉と号。
嘉吉1	6			当家系図	則貞、貞奥、貞員の兄弟三人が播州赤松左京大夫満祐を征伐の為出陣。白旗城にて討死す。
文安1	6	7	1444	大友家文書	大友親隆の原十郎宛て文書に直弘（豊饒弾正忠）の連署あり。
宝徳1	6		1449	当家系図	則貞の子、則任家督目代に任じ安部権五郎と号。
享徳1	10	5	1452	永弘文書	大友親繁の田染栄忠宛て文書に直弘の連署あり。
享徳2	11	3	1453	永弘文書	大友親繁の田染栄忠宛て文書に直弘の連署あり。
長禄2	2	1	1458	当家系図	則任逝去。

長禄2	3		1458	当家系図	則任の子、道貞家督目代に任じ監物太郎と号。
長禄3	12	13	1459	永弘文書	田染弥五郎宛て直弘書状あり。
寛正1	5	7	1460	永弘文書	大友親繁の長野伯耆守宛て文書に直弘の連署あり。
寛正6			1465	当家系図	道貞が大友親繁と筑後に出陣し、謀反人を征伐する。
文正1	9		1466	当家系図	道貞の子、貞房が家督目代に任じ安部左衛門と号。
応仁3	4	27	1469	安部正夫氏所蔵系図	安部藤四郎貞雄が大友政親に随い、城井、長野を討つべく先陣を切り糸原口にて両者を破る高名を上げる。
文明1			1469	宇佐地頭傳記	生山藤四郎安部貞雄が猿渡川の一騎駆けで高名を上げる。
文明4			1472	宇佐地頭傳記	貞雄が大友政親より拝田の地を賜わり政貞と号す。
文明14	9	15	1483	当家系図	道貞が逝去。
文明15	7	15	1484	当家系図	貞房が大友政親に仕え事故在りて切腹す。
文明18	12		1487	宇佐郡地頭傳記	政貞の子、貞政が宇佐宮造営の功により兵庫介を賜わる。
文明18	11		1487	安部正夫氏所蔵系図	政貞の子、貞政が速見郡六所宮宇奈伎日女社造営の功により、兵庫助を受領す。
文明年間				臼杵藩寺社考	この頃、汗牛山光国寺開基了西法師の祖父又二郎が蓮如上人より名号を賜わる。
延徳1			1489	安部正夫氏所蔵系図	安部貞政が拝田の柵を守り大園監物の子息に加冠す。
延徳2			1490	宇佐郡地頭傳記	生山五郎左衛門貞政が拝田の城に在番す。
延徳3			1491	歴代鎮西記	この頃豊饒氏が筑後に所領を宛がわれ進出す。
明応3	10	7	1494	理證傳記	龍雲寺天龍院が入寂。
明応5			1496	大友資料	大友政親が長門舟木地蔵院にて切腹す。

明応5	6	10	1496	阿部康義氏家蔵系図	親郷の子、綱貞が大友政親と共に討死す。
永正4	4	17	1507	大友家文書	大友親治が催した犬追物の手組書に豊饒孫次郎有り。
永正5	2	20	1508	田北文書	大友義長が催した犬追物手組書に豊饒孫次郎あり。
永正6			1509	当家系図	貞房の子、則光が家督目代に任じ御館出羽助と号。
永正6	9	17	1509	草野文書	大友義長の草野長門守宛て文書に豊饒親富の連署あり。
永正8	5	12	1511	志賀文書	義長の佐藤因幡守宛て文書に弾正忠（親富）の連署あり。
永正13	5		1516	鏡山家文書	義長の高良山大祝宛て文書に親富の連署あり。
永正14	3	2	1517	永弘文書	宇佐宮社家一同に対する連署状に親富の署名あり。
永正16	4		1519	大友家文書	大友義鑑の本田木工助宛て文書に親富の連署あり。
永正17	2	15	1520	当家系図	則光が逝去。
永正17	2		1520	当家系図	則光の子、惟任が家督目代に任じ御館監物と号。
大永2			1522	柞原八幡宮文書	この頃豊饒常陸介が大友家社奉行を預かる。
大永2	10	14	1522	草野文書	大友義鑑の草野中務少輔宛て文書に豊饒常陸守あり。
大永2	12	3	1522	柞原八幡宮文書	大友家社奉行に豊饒常陸介あり。
大永3	1		1523	当家系図	惟任が田北親員に加勢し筑後にて討死す。
大永3			1523	筑後将士軍談	筑後合戦の節、大友旗下の兵に豊饒永源あり。
大永4	9	6	1524	西寒田神社文書	犬追物手組に豊饒孫次郎あり。他に田北弥十郎、同勘解由左衛門尉あり。大友家の重臣なり
大永5	9	3	1525	理證傳記	龍雲寺白木院賢心阿闍梨入寂。
大永5	10	11	1525	占部家系傳	安部伊豆守範任が占部豊安と宗像氏続の館を囲む。後に占部豊安、許斐氏任に飯盛山にて合戦し討死す。
大永5	11	19	1525	大友家文書	大友義鑑の平井親宣宛て文書に豊饒美作入道あり。

大永6	6		1526	宇佐地頭傳記	生山次郎左衛門貞生の三男、安部安芸守政貞が逝去。
享禄3			1530	宇佐郡地頭傳記	安部偶宗が宇佐郡に進出し、松本村に居を構え、烏帽子山中腹に観音堂を建立す。
享禄4	11		1531	門注所文書	永源が門注所親照、鑑豊と大友義鑑との面関に立ち会う。
天文4			1535	宇佐郡地頭傳記	生山五郎左衛門安部貞政逝去。
天文5	7	3	1536	大友家文書	大友義鑑の賀来民部丞宛て打渡状に豊饒美作入道あり。この頃筑後竹野郡に所領を賜わる。
天文6	2	13	1537	大友家文書	大友義鑑の志賀民部大夫宛て打渡状に豊饒美作入道あり。
天文7	8	16	1538	大友家文書	大友義鑑の恵良盛綱宛て打渡状に豊饒美作入道あり。この頃筑後三井郡に所領を賜わる。
天文13	8	23	1544	大友家文書	大友義鑑の高良山大祝宛て文書に豊饒美作入道あり。
天文17	6		1548	当家系図	安部良秀が御館監物惟任の家督を継ぎ目代に任ずる。
天文19	3	18	1550	三原文書	大友義鎮の三原和泉入道宛て文書に豊饒美濃守あり。
天文20	11	22	1551	上妻文書	上妻郡衆に宛て大友家加判衆連署状に豊饒美濃守あり。
天文21	3	25	1552	大友家文書	大友義鎮の鶴原新二郎宛て文書に豊饒美濃守あり。
弘治2	6	2	1556	当家系図	龍雲寺院主西正院が入寂。
弘治3	8	6	1557	富来文書	富来彦三郎宛て所領打渡状に豊饒美濃守あり。
永禄5	10	17	1562	立花家文書	大友義鎮の戸次伯耆守（鑑連）宛て、門司表合戦の感状に豊饒弾正忠、田北招鉄の軍労を賞す一文あり。
永禄10			1567	清浄院由緒	永源が三潴郡西牟田に松林山到明寺小清浄院を建立す。
永禄11	4		1568	鷹野家譜	鷹野宗鎮が立花鑑載の兵に攻められた際、安部和泉守が一戦を交え立花勢を退かす。
永禄12	1	15	1569	当家文書	田北鎮周同陣辛労に対する薄尾飛騨宛て宗麟感状あり。

元亀1	8	20	1570	死生決すべし	大友親貞が鍋島信昌の奇襲を受け、肥前今山に於いて討死す。この時豊饒弾正も深手を負い共に討死す。
元亀1			1570	宇佐郡地頭傳記	安部宗實が拝田靭負と号し所領を大友家に返し帰農す。
元亀2	2		1571	当家系図	良秀が剃髪し入道了端と号し野津原に閑居す。
天正6	11		1578	諸侍歴世過去帳	安部掃部助良任が日州耳々津合戦に出陣す。
天正6			1578	阿部祐吉氏家蔵系図	安倍主殿助貞弘が日州合戦において先陣を切って討死
天正8			1580	熊群山由来略記	大友家重臣田北招鉄が謀反を起し熊群山に籠城す。
天正9	11	13	1581	安部文書	安部和泉守が小金原合戦で高名を上げる。後に戸次道雪より感状を賜わる。
天正12	7	20	1584	通称寺跡宝篋印塔銘	安部左近亮が筑後黒木において戦死す。
天正12	10	8	1584	惟福寺六地蔵幢銘	石城川の惟福寺に安部玄蕃允貞述が六地蔵幢を建立す、
天正13	9		1585	薦野家譜	安部和泉守二男、安部六弥太が所々の合戦で忠義無比類の活躍をするも西牟田大善寺において討死す。
天正14	7	12	1586	薦野家譜	六弥太討死に対し安部和泉守が戸次道雪、統虎連署の感状を賜わる。
天正14	8		1586	薦野家譜	星野兄弟の籠る高鳥居城責めに於いて安部新助が討死す。
天正14	11		1586	理證傳記	島津の兵火に龍雲寺焼失す。
天正14	12	13	1586	大友家文書	安部右馬助入道祐清に大友義統より坪付けが発給され豊饒に所領を賜わる。
天正15			1587	大宇佐郡史論	拝田靭負こと安部宗實が宇佐三十六士の一人となる。
天正15				当家系図	安部三左衛門秀宗肥後八代に於いて討死す。

天正18	11	20	1590	大友家文書	安部右馬助に大友吉統より萩原村塩濱の領地を賜わる。
天正19	2	15	1591	大友家文書	安部右馬助に宮内卿局より長利内記跡の領地を賜わる。
天正19	7	23	1591	永富文書	大友吉統より豊饒弾正忠宛て文書が発せられる。
天正19				当家系図	安部和泉亮重任が加藤清正に命じられ野津原宿陣軍監となる。
天正20	1		1592	大分の歴史	豊臣秀吉が朝鮮征伐の大号令を発する。大友義統に随い豊饒弾正、豊饒新助、安部左京が出陣。杵築三郎左衛門に随い阿部弥忠太、安倍十左衛門が渡海する。
文禄1	6	16	1592	大友家文書	安部久三に大友吉統より、父右馬助抱え分の所領の内入田郷六貫、草地五貫、津守浮免拾貫その他を賜わる。
文禄2	8			石丸村由緒	石丸村惣庄屋安部次郎左衛門貞義が村境の事を記す。
文禄2	11	9	1593	大友家文書	安倍久三延貞に宗巌（大友吉統）より感状を賜わる。
慶長1	9	8	1596	生石子家	生石与左衛門が生石村他四ケ村の肝煎りとなる。
慶長3	1	18	1598	辻小野山	安倍九郎左衛門入道浄明が西明寺に鰐口を寄進す。
鰐口銘					この頃安倍九郎左衛門が内河野の大庄屋となる。
慶長5			1600	安部敏彦氏	日出藤原の長玉山宗龍寺が石垣原合戦の戦火に焼失す。
慶長5			1600	安部重幸氏家蔵系図	安部常右衛門が石垣原合戦にあたり吉弘統幸に諭され山浦に隠棲す。
慶長5	9	13	1600	当家系図	石垣原合戦にて稙田多門介貞世こと豊饒弾正忠宗鑑、安部勇治郎光任、稙田宗三郎宗眞（野津原三郎良連）、安部掃部助良任及び当郷の武士十五名が討死
慶長5	9	13	1600	宇佐郡地頭傳記	安部左京宗忠が石垣原合戦において討死す。
慶長5	9	13	1600	豊饒覚書き	豊饒弾正忠こと高祖安部宗注が石垣原合戦で討死する。

安倍氏略系図

孝元天皇—大彦命—御間城姫—活目入彦五十狭芽命—景行天皇—熱田大明神—（数代略）—安倍倉橋麻呂—比羅夫—益麻呂—東人—寛麿—安仁

- 安倍倉橋麻呂　左大臣
- 比羅夫　太宰師
- 益麻呂　太宰師
- 東人　豊後守
- 寛麿　太宰大弐

安仁　太政大臣
- 清行　陸奥守
- 貞行　塩飽島冠者
- 宗行　奥州四郡司
- 良行

清行—頼任—宗任—忠頼

- 頼任　岡三郎
- 宗任　奥州四郡司
- 忠頼　奥州六郡司

忠頼
- 忠良　奥州六郡司　陸奥守
- 為基　斯波判官
- 富忠　岩手判官

為基
- 為時　亘理左近亮
- 貞重　稗縫次郎
- 師方　安達藤馬
- 時任　柴田四郎

忠良—頼良—良任

- 頼良　奥州六郡司、大夫
- 良任　厨川判官　早世

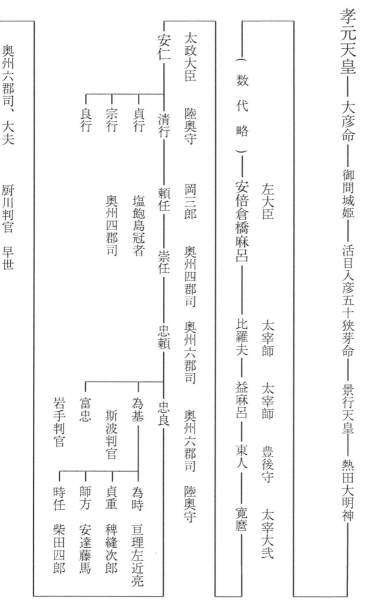

良眼
岩瀬入道

鳥海彌三郎　珠琳院中峯圓心
宗任
正任　黒沢尻四郎
家任　磐井五郎
重任　比浦六郎
則任　比与鳥七郎
中カ一前　亘理権大夫、藤原経清室
有カ一前　伊具十郎　平永衡室
万カ一前　御館清衡室

良隆
野津原三郎　泰了院義徹
稙田荘目代

式妙姫　源義家北方
幼名松若丸、厨川三郎
貞政
左馬亮、母平惟基の娘
惟任
松浦孫太郎　松浦弾正
宗敦
松浦孫次郎
良任（宗實）——平戸松浦氏の祖
松浦彌三郎、大分郡武者所
實任
石林山東岸寺開基
貞政（清貞、貞任の子）
市野

忠良
野津原権五郎、大心院道信
稙田荘目代

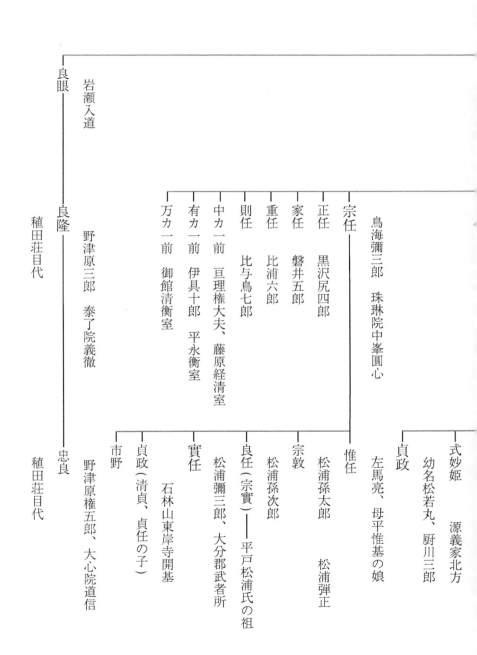

陸奥安倍氏累代の古文書が語る
逆説　前九年合戦史

著　者　安部　貞隆
発行日　2018 年 7 月 1 日
発行人　細矢　定雄
発行所　有限会社ツーワンライフ
印刷所　有限会社ツーワンライフ
〒 028-3621
岩手県紫波郡矢巾町広宮沢 10-513-19
☎ 019-681-8121
製本所　石川製本所
ISBN 978-4-907161-99-6

◆本書は今回出版の「陸奥安倍氏累代の古文書が語る　逆説前九年合戦史」 の基となった本です。2015 年に限定出版されましたが現在在庫が多少ございますので、ご希望の方お分け致します。

「豊後安倍氏の伝承」 2015 年刊

安倍宗任から 35 代目の血脈を持つ著者が、秘蔵の古文書を
1 千年の封印を解いて公開、おどろきの史実が今、明らかに！

A 5 版、559 ページ、￥8500（税・送料込）